浙派大先生

探寻“浙”里教育家

浙江教育报◎主编

指导单位 浙江省教育厅教师工作处

编委会

山西出版传媒集团　山西教育出版社

图书在版编目（CIP）数据

浙派大先生 ：探寻“浙”里教育家 ／《浙江教育报》主编. 太原 ：山西教育出版社，2024. 8. — ISBN 978-7-5703-4128-3

Ⅰ. K825. 46

中国国家版本馆 CIP 数据核字第 2024TS4709 号

浙派大先生——探寻“浙”里教育家

ZHEPAI DA XIANSHENG——TANXUN “ZHE” LI JIAOYUJIA

责任编辑 刘少夏 徐 元
复　　审 陈旭伟
终　　审 康 健
装帧设计 张 瑜
印装监制 蔡 洁

出版发行 山西出版传媒集团·山西教育出版社
（太原市水西门街馒头巷 7 号 电话：0351-4729801 邮编：030002）
印　　装 山西基因包装印刷科技股份有限公司
开　　本 890×1240 1/32
印　　张 15. 25
字　　数 276 千字
版　　次 2024 年 8 月第 1 版 2024 年 8 月山西第 1 次印刷
书　　号 ISBN 978-7-5703-4128-3
定　　价 63. 00 元

前　言

在中国，“先生”一词，是一种尊称，是对德高望重者和学识渊博者的称呼，比如父兄长者，又比如教师。“先生，早!”这是学生早晨见到老师时的问安语。

“从于先生，不越路而与人言。遭先生于道，趋而进，正立拱手。先生与之言则对，不与之言则趋而退。”《礼记·曲礼》就曾将老师称作“先生”，充分体现了古人对师者的敬意与崇拜，所强调的是一种修为、一种精神和一份崇敬。

大先生的“大”，就是一个人张开手脚、顶天立地。“先生”冠之以“大”，不仅是一种称谓，更是一卷隽永，突出了为人师者所需要的境界和风范。

自古以来，中国知识分子就有做“大学问家”“大先生”的传统。成为德高望重的“大先生”，是人生圆满的标志。孔孟程朱，作为“大先生”的标识性人物，高高耸立在历史的纪念碑上，千秋万代，供人景仰。“学高为师，身正为范”，“大先生”的精神特质与传统士人“修身”“齐家”“治国”“平天下”的追求，既有一脉相承的精神品质，又赋予了新的时代内涵。

成为塑造学生的“大先生”，是习近平总书记对新时代教师的殷切期许。2016年12月，习近平总书记在全国高校思想政治工作会议中强调“教师不能只做传授书本知识的教书匠，而要成为塑造学生品格、品行、品位的‘大先生’”；2021年4月，习近平总书记考察清华大学时强调“教师要成为大先生，做学生为学、为事、为人的示范，促进学生成长为全面发展的人”；2022年4月，习近平总书记考察中国人民大学时再次强调“做学生为学、为事、为人的大先生”。

浙江自古以来人杰地灵，是中国古代文明的发祥地之一，有距今4000~5000年的良渚文化、距今5000~7000年的河姆渡文化、距今6000多年的马家浜文化、距今7000~8000年的跨湖桥文化、距今1万余年的上山文化……悠久的文明、灿烂的文化，滋养了一大批在教育理论和实践上颇有建树的大先生。

王充、王羲之、沈约、陆贽、沈括、陈亮、黄宗羲、蔡元培、经亨颐、章太炎、王国维、马寅初、鲁迅、夏丏尊、蒋梦麟、陈鹤琴、丰子恺、竺可桢……他们是一代先生，开风气之先，树后世之典。他们是学贯中西的鸿学硕儒，享誉盛名的教育大家，宛如灯塔，各自照亮一方山河。他们为国传承与担当，有放眼宇宙的大视野，有悲天悯人的大胸襟，有度己度人的大气度，有培根铸魂的大智慧，有与时俱进的大境界。

他们还有一个共同的身份——“浙派先生”。浙江的文化底蕴孕育了他们的人文情怀，浙江的山水地理滋养了他们的灵性雅致，浙江的改革开放造就了他们的锐意创新。浙江的美，美在气象更新，美在人才辈出，也美在先生辈出。

人与地域，总是紧紧相依。法国地理学家阿·德芒戎曾说：“凡是人类生活的地方，无论何处，他们的生活方式中，总是包含着他们与地域基础之间一种必然的关系。”这些生于浙江或长于浙江的大先生，也最善于从熟悉的土地中汲取灵感。

2023年初，浙江教育报编辑部启动“浙派大先生”主题采访。从富庶丰饶的杭嘉湖平原，到风光旖旎的唐诗之路；从涛声依依的东海之滨，到绿意绵延的浙南山区……记者行走在诗画江南里，探访那些悠远的事迹，以记者和教育人的双重视角，让一位位大先生的意态神韵，跃然于报纸上、网络里。如今，又呈现出一本书。

细细梳理，我们不难有这样的发现——

浙派大先生胸怀“国之大者”，有“大情怀”。“国者，天下之大器也，重任也，不可不善为择所而后错之，错险则危。”他们在“国家蒙辱、人民蒙难、文明蒙尘”中，带来救亡之道；他们想国家之所想、急国家之所急、应国家之所需，把实现个人理想和服务国家人民相结合。黄宗羲作为一介平民，却这般毅然决然，把民族危亡同自己的命运牢牢地捆绑在一起，将国家和民族的复兴当成终生奋斗目标。鲁迅一生的行动思想指南就是爱国。他以犀利的文笔直陈社会弊病，批判围观者的冷漠，对国人的国民性阴暗面哀其不幸怒其不争……这样的铮铮铁骨，这样的家国情怀，令人动容。他们均于社会、国家、民族、人类未来，抱以深刻洞见及满腔热忱，成为世人景仰的“大先生”。

浙派大先生德才兼备，有“大学问”。“教，上所施，下所效也；育，养子使作善也。”“大先生”，是对有德有才者的尊称，有卓越精湛的“大学问”，还有风雅与高尚的“大德行”。德高望重、为人师表，是“大先生”的形象特征。“大先生”着力言传，但更加注重身教，善于以人格魅力、模范行为树立榜样，善于用自己的道德情操感染学生、引导学生。但凡“大先生”，必然品格高尚、行为世范。一个人的德行，历经1700余年依然被人称颂；一个人的书法，历经1700余年仍然被奉为楷模。可以说，王羲之的一生是灿烂的。美国学者、实验主义学派创始人约翰·杜威曾如是评价蔡元培：“拿世界各国的大学校长来比较……以一个校长身份，而领导那所大学对一个民族、一个时代起到转折作用的，除蔡元培而外，恐怕找不出第二个。”毛泽东主席则赞其曰：“学界泰斗，人世楷模。”

前言

浙派大先生既脚踏实地又锐意创新，有“大境界”。“涉浅水者见虾，其颇深者察鱼鳖，其尤甚者观蛟龙”，这是浙学源头第一人王充的“得实”“疾虚”。黄宗羲基于“学贵适用”，提倡教育教学以“著实”“实行”为准则，强调学用一致。从中国最早传播教育理论的王国维，到引领近代中国高等教育改革的蔡元培；从推动师范教育和中等教育发展的经亨颐，到开创近代中国幼儿教育的陈鹤琴……他们一直用扎实行动与锐意创新，引领、推动着中国教育的发展。惟创新者强、惟改革者进、惟开放者赢，深深地镌刻在他们基因里。他们的“大境界”，如春风化雨，能够让“一棵树摇动另一棵树，一朵云推动另一朵云，一个灵魂唤醒另一个灵魂”。

“大先生”之大，不在年龄之大，不在地位之大，也不在学段之高，而在于信仰之“高”、修为之“深”、底蕴之“厚”、创新之“深”、育人之“智”。范仲淹云：“云山苍苍，江水泱泱，先生之风，山高水长。”浙派大先生的背影，是我们民族品格的体现。高山仰止，景行行止，虽不能至，心向往之。

“人类灵魂的工程师，人类文明的传承者”，揆诸文明长河，教师承担着最庄严、最神圣的使命。三尺讲台所承载的价值，绝不仅仅是教人算数识字，更有人才的培护、文明的传承、道德的赓续。教师所扮演的角色，也绝不仅仅是靠粉笔直尺谋生的“教书匠”，而是承载着传播知识、传播思想、传播真理，塑造灵魂、塑造生命、塑造新人的时代重任。

“一个人遇到好老师是人生的幸运，一个学校拥有好老师是学校的光荣，一个民族源源不断涌现出一批又一批好老师则是民族的希望。”教师“一个肩膀挑着学生的未来，一个肩膀挑着民族的未来”。愿每一位为师者，都立志成为新时代的“大先生”，为党育人、为国育才，做无愧于中华民族“梦之队”的筑梦人。

目　录

第一章　千古雅韵

“江山如画里，人物更风流。”在历史的长河中，浙江这片沃土孕育了无数才情横溢的教育家，他们以深厚的学识、宽广的胸怀和卓越的教育理念，为中华文化注入了源源不断的活力。王充、王羲之、沈约、陆贽、沈括、陈亮、黄宗羲……他们的教育思想、精神事迹，穿越历史的尘埃，回响在今日的教育殿堂中，留下了一系列千古雅韵。

王　充

先生名片

王充像

王充（27—约97），字仲任，会稽上虞人。东汉杰出的唯物主义思想家和教育家，与王符、仲长统并列“后汉三贤”。代表作《论衡》，是中国思想史上一部重要著作。近人黄晖撰《论衡校释》30卷，是较为通行的版本。《论衡》系统地总结了汉代的自然科学知识，批判了神学目的论和物质不灭论，对当时和后世的思想产生了深远的影响。王充的思想包括元气自然论、无神论、认知论、历史发展观、人性说、命定论等。

生平事迹

王充：浙学源头第一人

池沙洲

绍兴市上虞区章镇林岙村与嵊州市三界镇沈湖村交界的地方，有一片连绵起伏的茶山，名为乌石山。

一到春天，杏花、樱花、桃花、油菜花次第开放，风景这边独好。苍松翠柏之间矗立着一座高大的坟茔，碑石上刻着“汉王仲任先生充之墓”。这是清朝嘉庆至光绪年间由当地士人兴建，并于1981年人民政府重修的王充墓。

王充是谁？沉陷在信息海洋中的我们，回答这个问题时仍感到力不能胜。

王充是“后汉三贤”之一、中国古代著名的唯物主义哲学家，其代表作为《论衡》。

习近平总书记的书架上就有《论衡》，他在很多场合的讲话中引用过《论衡》。比如，2016年2月19日《在党的新闻舆论工作座谈会上的讲话》中，引用了“涉浅水者见虾，其颇深者察鱼鳖，其尤甚者观蛟龙”（《论衡·别通篇》）；而“知屋漏者在宇下，知政失者在草野”（《论衡·书解篇》）在关于党的群众路线、网络舆论引导等主题的讲话中曾多次出现。此外，还有“人才有高下，知物由学”（《论衡·实知篇》）、

“然则文人之笔，劝善惩恶也”（《论衡·佚文篇》）、“凡贵通者，贵其能用之也”（《论衡·超奇篇》）等文句。

为什么《论衡》会成为党和国家领导人的案头书？这部书到底是写什么的?《论衡》的作者王充是个什么样的人？让我们穿越时光隧道，去一窥那个读书人还在用竹简抄书著书的时代。

寒门才子

王充的生平见于南朝刘宋史学家范晔所著的《后汉书》中，与王符、仲长统合为一传，即《王充王符仲长统列传》，这三人被合称为“后汉三贤”。三人的思想前后相承，具有共同点（如朴素唯物主义哲学观)。三人中以王充年辈最长，著书最早。

范晔的部分史料取自王充的自传，即《论衡·自纪篇》。据此文记载，王氏祖上为汉武帝刘彻时的改革家王贺，世居魏郡元城（河北大名)，“几世尝从军有功”。

西汉末年，王氏一族中的王莽篡汉自立，改国号为新。新朝存在了15年，天下大乱，连年灾荒、疾疫、兵燹，民不聊生。

王充的祖父王汎（与王莽同族不同宗）这一支受牵连，失去了爵位和俸禄（“贫无一亩庇身，贱无斗石之秩”），全家移居会稽郡钱塘县（今杭州)，以种地、养蚕、经商为业。

王汎有二子王蒙、王诵（王充父亲)，不改燕赵子弟豪侠任气的本色，与当地土豪结下梁子。结果，全家又从杭州迁居上虞。（“故蒙、诵在钱唐，勇势凌人。末复与豪家丁伯等结怨，举家徙处上虞。”）

一个有着蛮勇好斗行事传统的家庭，周围又是三教九流的市井环境，王家竟然诞生了一个神童——王充。

王充之所以能够跻身“古代勤学小故事”主人公之列，很重要的一个原因是他独特的品性。6岁时，王充就显露出与周围人的强烈反差，“不好狎侮”“恭愿仁顺、礼敬具备、矜庄寂寥”“才高而不尚苟作，口辩而不好谈对”。

小时候的王充很爱学习。小伙伴们喜欢的捉鸟、抓知了、掷铜钱、爬树，这些王充都不感兴趣（“侪伦好掩雀、捕蝉、戏钱、林熙，充独不肯”），就爱一个人“在知识的海洋里遨游”。

因此，王充8岁时就开始学习佶屈聱牙的《尚书》，并以《论语》中的章句修养自己的品德，每天能背诵一千字的儒家经典，致使“所读文书，亦日博多”。

16岁时，王充聪慧博学已远近闻名，于是被乡里举荐，进入全国最高学府太学深造。

东汉时期，造纸术虽已发明却远未普及，所谓的“书”仍是既贵且重的竹简。王充出身“孤门细族”，因此“家贫无书”，只能通过逛书肆的方式阅览典籍，也只能通过目成诵的方式吸收知识（“常游洛阳市肆，阅所卖书，一见辄能诵忆”）。

因为短期记忆不可能很精准，这使得王充“好博览而不守章句”，反而练成了将知识融会贯通的本领，“遂博通众流百家之言”。洛阳的每一间书肆都成了王充的书斋，少年苦读的这段经历对王充形成“博通能用”的治学风范起到了奠基作用。

儒学正脉

王莽时期“礼乐分崩，典文残落”，有学之士“遁逃林薮”。建武五年（29年），也就是王充出生后的第3年。此时东汉政权刚刚建立，海内初定，光武帝效仿汉武帝重建太学，访求各地名儒，设五经博士（教授），打造了一支全国最顶尖的师资力量。

进入太学以后，王充遇到了人生中的两位贵人——班彪和桓谭。

班彪是著名的政治家、史学家和教育家，培养了3位才学卓著的子女：《汉书》作者班固、名将兼外交家班超和中国第一位女史学家班昭。

桓谭是著名的哲学家和天文学家，他的“烛火之喻”断言：精神不能离开人的肉体而独立存在，即后世俗语“人死如灯灭”的先声。

这两位学者对王充的学术生涯产生了重大影响。他从班彪那里，继承了秉笔直书的中国史学传统；又从桓谭那里，继承了从荀子思想发展而来的唯物主义“形神论”。

两汉时期，学术有经纬之分。经学，指的是关于儒家正典“六经”的学问；纬学，则是指星相术士编造祥瑞灾异、预测吉凶祸福，以神秘荒诞的隐语诓骗世人。

纬学又叫“谶纬之学”，它甚至超越了正统经学，成为官方主流意识形态。一国之尊的皇帝“不问苍生问鬼神”，俗儒们为迎合上意，背离了“子不语怪力乱神”“敬鬼神而远之”的儒家精神，沦为皇权证明自身合法性的工具。

有良知的大儒如班彪、桓谭、张衡、王符等人，与儒学的神学化潮流进行了斗争，其中桓谭被光武帝当众批为“非圣无法”，并下令将其处斩。桓谭“叩头流血，良久乃得解”，差点为之付出了生命的代价，他所代表的儒者尊严已丧失殆尽。

“非圣无法”这个罪名被清朝乾隆皇帝用来指责王充，可见，王充的思想无论在当时还是后世，与皇权政治都势如水火。在熟睡或者装睡的人眼里，个别清醒的人反倒成了“异端”。

王充所钦佩的儒家圣人孔子和孟子，在他们所处的时代也不被主流接纳，因此，王充也没有觉得自己不向世俗低头有什么不对。那么，少年成名的他，在仕途上不能飞黄腾达也就在情理之中了。

王充在扬州下辖的丹阳、九江、庐江等郡担任掾功曹一类的属官，相当于县级普通公务员，主管一县的人事和考功。王充为人低调，“不肯自彰”，在自己的岗位上办事勤勉，积极推荐优秀的读书人做官（“专荐未达”）；在庄稼歉收之年建议官府厉行节俭、停止酿酒，但都“言不纳用”。

王充与当政者道不同不相为谋，在一生中几次辞官回乡，一边教化学生，一边潜心著书。在将近40年的时间里，王充写出了《论衡》《政务》《讥俗》《养性》四部书。只可惜，仅有《论衡》一书较为完整地保存到了今天。

《论衡》其书

王充撰写《论衡》用了30多年，全书共85篇，缺《招致》1篇。这本书的文本文件在硬盘里只占非常小的空间，而在当时需要用掉竹简7000多枚。

王充墓园内的论衡碑

《论衡》的思想精髓如果用两个字概括，那就是——“博”和“实”。

先说“博”：《论衡》描述了丰富的科学知识和中国古代技术成就。全书涉及自然科学、哲学、政治、文化、历史、宗教、伦理和社会生活等诸多方面，仅就科学而言，涉及天文、数学、农学、生物、地理、医学、物理、化学等诸多学科；仅就物理而言，又包含力学、热学、声学、电磁学等内容。

例如“司南”一词战国末年就已出现，但历代典籍当中都没有详细介绍。多亏了《论衡·是应篇》，我们才知道“司南之杓，投之于地，其柢指南”，确定司南是中国人发明的世界上最古老的指南针。

王充把博学之士比作大海：“海不通于百川，安得巨大之名？夫人含百家之言，犹海怀百川之流也。”（《论衡·别通篇》）。他认为“博”是读书人应该拥有的力量（“博达疏通，儒生之力也。”《论衡·效力篇》）。

再说“实”：“博达疏通”的“鸿儒”特质与“求实疾虚”的古典唯物主义思想是不可分割的，整部《论衡》“实”“真”两字共出现723处，提倡实事求是的地方有1088处。

王充在书中不断提出论据反对迷信，驳斥将人世吉凶与天体运行、自然灾害等硬扯上关系，认为这只不过是统治者恐惧和反省的主观感受罢了（“灾变恶征，何为至乎？引过自责，恐有罪，畏慎恐惧之意，未必有其实事也。”《论衡·感类篇》）。他对当时盛行的天人感应论进行了系统性的批判。

2006年，时任浙江省委书记习近平在《浙江文化研究工程成果文库总序》中提及浙江精神时写道：“从沈括的博学多识、精研深究，到竺可桢的科学救国、求是一生；无论是陈亮、叶适的经世致用，还是黄宗羲的工商皆本；无论是王充、王阳明的批判、自觉，还是龚自珍、蔡元培的开明、开放，等等，都展示了浙江深厚的文化底蕴，凝聚了浙江人民求真务实的创造精神。”

习近平的这段论述不仅将浙学的核心精神概括为“求真务实”，还梳理了浙学的脉络，并上溯至其思想源头——东汉的王充。

光照后世

写完《论衡》的第2年，王充以60岁的年纪第4次出仕，任扬州刺史府功曹从事、治中从事等职，他的一生就这样在“仕”（实践探索）与“隐”（理论总结）的循环往复中上下求索。

可能是由于竹简受到运输的限制，也可能因为意识形态的“出位”，王充在世的时候，他的著作传播范围只在吴越一带，“中土未有传者”。

《论衡》横空出世之后，受益最大的自然是其诞生地的读书人。据《袁崧书》记载，王朗为会稽太守时，得到《论衡》一书。当他回朝廷任职后，同事们觉得他学识大进，猜测背后一定有什么“异书”助力（“时人称其才进。或曰：‘不见异人，当得异书。’”），通过询问王朗本人，才知道是得益于《论衡》（“问之，果以《论衡》之益”）。

177年至189年，东汉著名学者蔡邕（蔡文姬父亲）在江南避难，意外发现了《论衡》，如获至宝。蔡邕复职后，将《论衡》带到京师。据晋代葛洪《抱朴子》记载，有人听说此书，甚至上蔡邕家“明抢”（“或搜求其帐中隐处。果得《论衡》，抱数卷持去”）。

王充在撰写《论衡》时，就对浙江学界产生了深厚影响。谢夷吾称王充为“天才”，将其列入孟子以来的第一流学者，并越级向汉章帝奏荐：“充之天才，非学所加。虽前世孟轲、孙卿，近汉扬雄、刘向、司马迁，不能过也。”

于是，汉章帝览奏后下令征召王充，却被62岁的王充以老病谢辞，其困厄自守、淡泊养性、贫不移志的儒者风范深受世人敬重。

葛洪对王充的评价很高，称其“学博才大”，是汉晋第一人（“汉兴以来，未有充比”）；南朝齐梁间的刘勰称王充为“学问大家”、《论衡》为“传世巨文”。

到了近代，王充的思想在新文化运动中再次起到了积极作用，胡适评价：“中国的思想若不经过这一番破坏的批评，决不能有汉末与魏晋的大解放。”

梁启超在《中国近三百年学术史》中说：“王充《论衡》实汉代批评哲学第一奇书。”

章太炎更是将王充列为汉代儒学兴起以来的“第一人”：“汉得一人焉，足以振耻。至于今，亦鲜有能逮之者也。”

清明时节，一队队穿着校服的学生走入墓前神道，他们是王充墓附近王充小学的学生。在2019年之前，这所学校的名字是绍兴市上虞区章镇镇中心小学，它有100多年的历史。学校有一项延续多年的老传统，就是每年清明节，教师会带领学生到王充墓祭扫。

绍兴市上虞区王充小学的学生在清明节祭扫王充墓

近年来，为了实施乡村振兴战略，章镇镇人民政府不仅打造了600亩樱花谷旅游资源，还将目光朝向2000年前的乡贤——王充。作为浙江省文物保护单位的王充墓得到修缮，墓园得到扩建，墓旁还修建了名为“王充清廉思想展厅”的墓庐。

2021年9月，王充、滨笕、大勤、龙浦等小学完成撤并，新校址建成并投入使用；2022年，校园内的王充史迹馆建成，王充和他的思想作为一项重要的人文教育资源，进入到学校的“养真”课程，学校的培养目标设定为——“真鸿儒”，鼓励学生“做真人、有真知、谋真事”。

从孔子的“思无邪”，到王充的“得实”“疾虚”，再到竺可桢的“求是”，直到浙江精神的“求真务实”，一代又一代的中国人将中华文脉的微言大义在新的时代发扬传承。

大事年表

27年（东汉光武帝建武三年），生于会稽上虞（今属浙江绍兴）。

32年（建武八年）6岁，在家学习。

34年（建武十年）8岁，进书馆学习。

35年（建武十一年）9岁，学完识字课程，学习《论语》

《尚书》，每天能背诵一千字。

37年（建武十三年）11岁，其父王诵去世。

44年（建武二十年）18岁，赴洛阳，入太学深造，见到班彪儿子班固（13岁），抚其背说：“此儿必记汉事。”常游洛阳书肆饱览群书。

48年（建武二十四年）22岁，在上虞县任掾功曹，后在会稽太守府任掾五官功曹行事。因为多次谏争与上级意见不合而离去。

59年（明帝永平二年）33岁，在家教授生徒，著《论衡》八十五篇，二十余万言。

86年（章帝元和三年）60岁，徙家避难扬州，至丹阳、九江、庐江。被刺史董勤辟为从事。

88年（章和二年）62岁，自免还家。同郡友人谢夷吾上书举荐王充之才学。汉章帝特诏公车征之，因病不能成行。

89年（和帝永元元年）63岁，王充续写《论衡·讲瑞篇》文稿。

97年（约永元九年）71岁，辞官回家，创作《养性》之书十六篇。不久，卒于家中。

教育思想

传承王充“真思想” 培育当代“真鸿儒”

吴冠军

绍兴市上虞区王充小学的历史可追溯到1913年，从民国时期的“虞南高等小学”到抗日战争时期的“章镇战时联合小学”，再到今天的王充小学，先后易名15次、迁址3次。2020年2月，在上虞区及章镇镇政府的关心下，投资6500万元的新校园建成并投入使用。

章镇地处虞南腹地，风光秀丽，钟灵毓秀，历史文化积淀深厚，东汉著名思想家王充就出生在这片土地上。

王充小学校园内矗立的王充像

王充将知识分子分成5个级别，分别是：文吏、儒生、通人、文人、鸿儒，并把培养杰出的政治人才（文人）和学术人才（鸿儒）作为教育的最高目标，其显著的人才特征为“精思著文”“连接篇章”和“兴论立说”，尤其是提出“知为力”，即人才应具有创造性的理论思维能力。这种“理想人才”的培养标准，与现代社会注重“人的全面发展”和“具有创新精神”的人才标准具有一致性。

王充主张，要获得知识必须打破唯师是从的心理。凡做学问的方法，不在于有无才能，而在敢于质疑教师的说法，打破崇拜权威的心理，核实道理，确定是非（“凡学问之法，不为无才，难于距师，核道实义，证定是非也。”《论衡·问孔篇》）。

王充提出，知识、道德和能力的获得，既要靠日积月累的功夫（“河冰结合，非一日之寒；积土成山，非斯须之作。”《论衡·状留篇》），也要靠师友之间讨论琢磨。同时，通过“任耳目”的感性认识、“开心意”的理性认识、“引效验”的实用认识3个阶段，专心致志，学思结合，将知识运用到实践中，是学习进步和做事成功的重要保证。

为传承王充思想，践行王充的教育观，不断厚积这所百年老校的文化，促进其可持续、有特色地发展，学校提出了“知物由学”的校训和“真鸿儒”的人才培养目标。

“知物由学”出自《论衡·实知篇》，意思是：要认识事物，获得知识，必须认真学习。校训与学风“勤学、善思、自主、合作”相符，“勤学”和“善思”是王充的两大学习法宝，也是一个人构筑人生根基、取得成功的保障。

学校的教风是“博学、深研、求新、崇真”，这既是王充思想中的重要教育观点，更是教师发展的思想指南。王充本着“疾虚妄”的精神，提出“博通众流百家之言”，这也是当代教师应有的治学理念。

学生在墓庐中瞻仰王充的思想与事迹

学校的培养目标“真鸿儒”，紧紧围绕立德树人的育人总目标，涵盖三方面要求。

一是“做真人”，即学生有道德、讲诚信、活泼开朗、身心健康。

二是“有真知”，即勤于学习，善于思考，学识丰富，学以致用。

三是“谋真事”，即学习、做事态度端正，认真细致，一丝不苟。

当前世界各国教育都聚焦于人的核心素养的培养。我国于2016年发布的《中国学生发展核心素养》总体框架，提出以培养“全面发展的人”为核心，将人的素养划分为“文化基础、自主发展、社会参与”三大方面，具体表现为“人文底蕴、科学精神、学会学习、健康生活、责任担当、实践创新”六大核心素养。

遵照国家颁布的六大核心素养，针对小学生的生理、心理发展实际，结合学校王充思想文化特点，学校确立了以“身心健康、学识广博、审美雅趣、创意纷呈”4个方面为重点的学生核心素养发展目标，设计了“养真”课程体系。

课程取名“养真”，体现了王充的教育观点。王充思想的实质是“真实”。学校只有通过构建“真课程”，打造“真课堂”，修炼“真教师”，才能实现培养“真鸿儒”的目标。

“养真”课程的构建，以身心健康、学习能力、自我规划、公民素养、跨文化交流、国际理解、人文艺术、科学思想、信息意识等为根本，面向全体学生，改革育人模式，保护和培养每一个学生的学习兴趣，让每一个学生都能愉快学习、幸福成长。

具体来讲，“养真”课程体系由基础性课程和拓展性课程两部分组成。基础性课程由国家课程和学校课程组成，拓展性课程由“三真”课程、综合实践课程两大类组成。

课程设置基于学情和师情，注重基础性课程校本化、拓展性课程多元化，着力体现课程的均衡性、综合性和选择性。

“三真”课程分“校一级提高”“年一级普及”两个层面实施教学，以学期为单位，确保每个学生在小学阶段有12次以上的课程选择机会。

学校清醒地认识到，实现基础性课程教学，“轻负高质”是重头戏；变革教学方法，“切磋琢磨”是突破口。“切磋”即合作学习，“琢磨”即独立思考，“切磋琢磨”也是王充的重要教育观点（“人之学问知能成就，犹骨象玉石切磋琢磨也。”《论衡·量知篇》）。

因此，学校正在确立“学生先学，学生能学”“琢磨切磋”的教学理念，着力构建“面向每一个学生”的课堂，最终实现“让课堂内每一分钟都能发挥最大效益，让课堂内每一个学生都能体验学习和成功的快乐，让课堂内的每一个环节都能体现人性关怀”的教学理想。

（作者系绍兴市上虞区王充小学校长）

课堂传承

知物由学 学之乃知

——王充故事在课堂上的讲演悟

池金萍

学校开设了两门跟王充有关的校本课程，分别是“唯物生活”课程和“研学章镇”课程，列入基础性课程之中。“唯物生活”课程内容主要为王充故事、生活哲理、经典国学等；“研学章镇”课程内容主要为清潭根雕、章镇茶文化、章镇历史、章镇人文风貌、章镇特产等。

其中王充故事是针对小学生这个年龄阶段的特点，组织教师集中智慧，从王充的著作中撷取情节、观点、典故、寓言等，用现代白话文重新编写创作的，并且以课堂渗透、故事会、四格连环画、微型戏剧等形式在学生中传播，让学生懂得校训“知物由学”的由来和道理，告诫学生要多读书、多操练、勤思考，注重文化知识和生活经验的积累。

我今年执教的是三年级，中段年级是培养学生学习水平和情感态度的重要时期，也是学生养成良好学习习惯的关键时期。这个时期学生的意志发展从他律向自律过渡，开始具有自觉克服困难的意识，因此，培养学习的专注力和恒心非常重要。

学生晨读王充经典语录

平时我会有意识地拍摄一些学生学习懒散的场景，如背课文心不在焉、玩手上的橡皮、作业字迹潦草等。我把这些视频和照片在班级中呈现，总是会引起学生的共鸣。

我事先设计了一张学习自评表，让学生对照和思考自己平时的学习习惯，在自己存在懈怠和不足的项目上勾画。

在班队课中，我融入了王充的教育思想和“学知”主张，让学生分小组演绎王充学生时代的小故事。学生们自己分配好角色，穿上汉服，声情并茂地体会“知物由学”的内涵。

第一个场景：

王充坐在桌前认真读书，一个小男孩走过来说：“王充，我们去捉麻雀吧。”

王充：“我在读书，不去了，谢谢。”

一个小女孩走过来说：“王充，我们去抓蝴蝶吧。”

王充：“我很想去，可是我还有字没写完。”

还有很多小孩邀请王充一起去玩，都被王充婉言谢绝了。

“那我们就不等你了，我们去玩了。”

王充：“等我读完今天的书，习完今天的字，再去找你们也不迟。”

第二个场景：

王充特别喜欢读书，但是家里穷买不起书。

王充：“我每天会到书店里去读书，这样就不用花钱买，还可以读到很多书。”

一个学生看到王充在洛阳街上的书店里读书，他想：“我去考考他，看他是不是真的在专心读书。”

“王充，你在读什么书？你能讲讲书里都写了些什么吗？”

王充合上书本，把书背了出来。

那个学生行揖礼说：“听说你过目不忘，果然是真的。你已经有这么高的天赋了，还如此用功，真是我们学习的榜样。”

整个表演过程虽然是学生之间在对话，其实是学生在与王充对话，感受王充勤奋好学的精神。

演完之后，我让学生说说自己的感受，学生们以王充为榜样，反思自己的学习态度：烦腻学习、需要督促、用心不专、贪玩嘴馋等毛病会妨碍自己变得更优秀；而王充学而不厌、专心致志、自主学习、先学再玩等学习品质是值得自己效仿的。

接下来，我出示《论衡·实知篇》中的句子“人才有高下，知物由学。学之乃知，不问不识”。学生自由发表对这句话的理解。

学生知道了自己在学习态度上的不足，明白了学习的重要性，现在又有了榜样，就能把想法落实到行动中去。

在课堂的最后，我让学生学习行动表的书写，然后将行动表粘贴到班级展板上，以时刻提醒他们：承王充的勤学，改自己的不足。

中华传统文化特别注重“学”的意义。《论语》开篇“学而时习之，不亦说乎”就表明，学习是一件快乐的事情，是人生的一种享受。曾子也说“君子爱日以学”，荀子则说“学不可以已”，学习被看作是一个人终生的使命。周秦两汉不乏以“劝学”“勉学”“勖学”“赞学”为题的篇章，王充的“知物由学”，为这些文章，做了一个简明而精到的诠释。

传承和践行王充思想，梳理王充的教育观，并根据学生的年龄特点，将其渗透到学生学习的各个阶段，是我们作为教师的责任。

感知是知识的来源和基础，是学习的第一阶段，即王充的教育思想中提到的“任耳目”，通过“目见、耳闻、口问、手为”等外在方式，个体感知外在客观事物，积累经验并获得知识。我们将感知主要落实在年段较低的学生中，让学生明白多听多看才能学到更多知识，意在培养学生学习的专注力。

而王充所说的“开心意”的理性认识阶段，强调学习要开动脑筋，举一反三，并深入思考，做到学思结合，主要落实在高段学生的学习中，让学生不再只是死记硬背，而是灵活地运用知识，在学习中有自己的思考。

（作者系绍兴市上虞区王充小学教师）

书影音推荐

书　名：《秦汉思想研究（壹）：王充哲学思想新探》

作　者：周桂钿

出版社：福建教育出版社

本书着重探讨了自然科学与哲学的关系。作者着重分析了王充思想中的天论、气论、知论三论。另外，本书还收录了作者关于王充研究的争鸣文章和作者70岁学术年表。

书　名：《秦汉思想研究（贰）：王充评传》

作　者：周桂钿

出版社：福建教育出版社

作者将王充丰富的思想概括为“十论”，《秦汉思想研究（贰）：王充评传》收录了七论，包括形神论、性命论、适偶论、政论、贤佞论、儒论、文论，并对王充以及王充哲学进行了全面梳理和解说，同时对王充的生平和著作进行了深入考证，是一部极具参考价值的王充评传。

书　名：《中华传统文化百部经典·论衡》

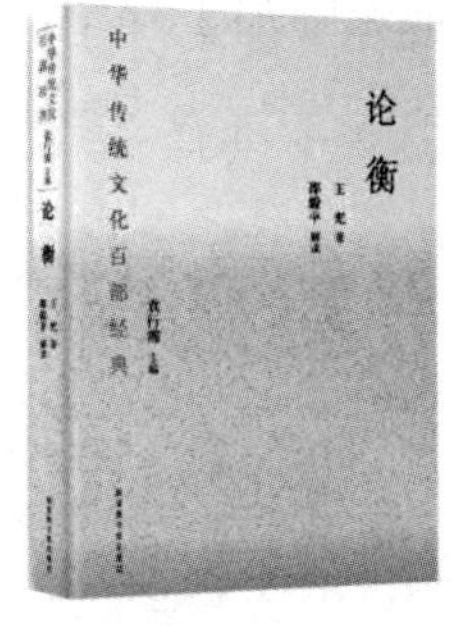

作　者：王充

解　读：邵毅平

出版社：国家图书馆出版社

《论衡》是一部伟大的唯物主义论著。主旨在于解释世俗之疑，辨析是非之理，其无神论思想和朴素唯物主义理论运用了天文、物理、生物、医学、冶金等领域的知识，对于思想史而言具有极为重要的价值。《中华传统文化百部经典·论衡》解读人，复旦大学中国语言文学系邵毅平教授，精选《论衡》85篇中的14篇进行阐释，“以供读者尝鼎一脔”。

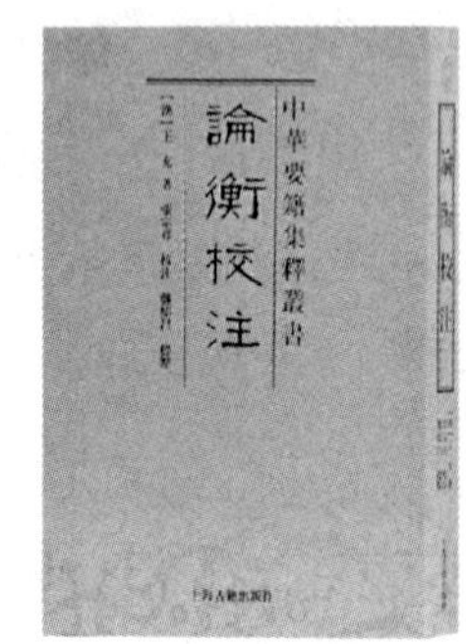

书　名：《中华要籍集释：论衡校注丛书》

作　者：王充

校　注：郑绍昌

出版社：上海古籍出版社

《中华要籍集释丛书：论衡校注》由近代著名学者和书法家张宗祥先生校注。此版《论衡》以张先生手抄本为底本排印，并结合通津草堂本、衍芬草堂15卷本、三朝本、日本所藏25卷残宋本鞬，由张先生弟子郑绍昌先生整理标点。《论衡》有85章，本书共分30卷，每卷2—3章不等，是有关《论衡》整理的有价值的学术成果。

书　名：《经典新探：王充〈论衡〉的传播学释读》

作　者：吉峰

出版社：九州出版社

本书从传播环境着眼，梳理在经学的权力场域之下，王充如何能够提出独特的思想，有着振聋发聩的学术意义，为重新审视王充传播思想及两汉经学提供借鉴。本书有效地拓展了经学以及王充思想领域的研究空间，重新挖掘出经学以及王充思想中对当代有积极传播价值的部分。

王羲之

先生名片

王羲之像

王羲之（303—361），字逸少，东晋时期著名书法家，有“书圣”之称。琅琊（今山东临沂）人，后迁会稽山阴（今浙江绍兴），晚年隐居剡县金庭（今浙江嵊州）。王羲之历任秘书郎、宁远将军、江州刺史，后为会稽内史，领右将军。其书法兼善隶、草、楷、行各体，精研体势，广采众长，摆脱了汉魏笔风，自成一家。王羲之是中国书法史上“拱顶石”般的人物，影响深广，其代表作《兰亭集序》被誉为“天下第一行书”。

生平事迹

走过“书圣”王羲之的一生四季

刘丹丹　俞沁

江南水乡的春与北方平原的春大相径庭。干燥、沙尘、乍暖还寒是北方春天的主调。相较而言，南方的春天就要肆意洒脱很多，从杭州到绍兴再转入嵊州，越往山里走，风光越发旖旎。

穿越层层山峦，远近黛色有深有浅，山涧泉水冲破冬日束缚，带着满身苍翠，一跃而下。勤奋些的鸟儿开始呼朋唤友，静谧的群山从睡梦中苏醒，清风徐来，铮铮然似嵇康操琴于幽深处。

绍兴兰亭景区御碑亭

不知道当年王羲之选择来剡中（今嵊州）养老，将灵魂安置于此，是不是也因被同样的美景打动。“越中山水之奇丽者，剡为之最；剡中山水之奇丽者，金庭洞天为之最。”唐代文学家裴通想必是非常理解王羲之的选择。

王羲之出生于琅琊（今临沂），少时随家族南迁至建邺，人生的高光时刻起于会稽，59岁那年在嵊州落幕。穿越1700多年的历史烟云，我们踏上追寻王羲之足迹的旅程，从临沂到绍兴再到嵊州，试图从浩渺的文献资料和繁星散落的现时痕迹中，去感受这位古今中外声名远播的“书圣”，他的欢喜与无奈，他的坚守和遥望，他的一生四季、万千风光。

一日千载，春风得意

“永和九年，岁在癸丑，暮春之初，会于会稽山阴之兰亭，修禊事也……”走进兰亭镇的那一刻，仿佛搭上“时光机”，崇山峻岭、茂林修竹、清流激湍登时出现在眼前，虽然历经了1700多年的时光冲刷，却总有一些瑰宝岿然未动。

每年的农历三月初三都是绍兴兰亭镇的大日子——兰亭书法节，这是绍兴书法文化深厚底蕴的一个缩影。

说兰亭是写在《兰亭集序》里的小镇，毫不为过。在这里，随时随处都能看到“兰亭序”的元素。在兰亭景区内，高高的牌楼上书“群贤毕至”4个大字，恰如其分，门口的石碑上刻着《兰亭集序》全文，进门一片茂林修竹将“东晋风”氛围拉满。

与王羲之的对话即将展开，我内心澎湃不已，景区讲解员细致的讲解如一叶扁舟，带我们在历史的长河中溯流而上，拨开层层迷雾，终于抵达“永和九年，三月上巳日”，那个值得被称为“一日千载”的天朗气清日。

元代画家王蒙《修禊图卷》中描绘的兰亭雅集

绍兴郊外的兰亭，清澈的兰溪河畔，列坐着41位峨冠博带的文人，一场由时任会稽内史王羲之倡议的曲水流觞雅集活动就此开始。所谓“曲水流觞”，即文人们把一种叫作羽觞的轻便酒杯放在水上，任其顺流而下，流到谁的面前谁就要饮酒赋诗。

绍兴的酒文化与书法文化一样，源远流长，二者相得益彰。谈笑间，曲水上有酒杯慢慢游过来，酒杯中上好的酒在溪水中闪着光、散着香。在座的文人各怀心思，已经打好腹稿胸有成竹的，眼巴巴地盼着精致的酒杯停在面前，只想把新酿佳句一吐为快；还没找到感觉的，既想让酒杯继续前行，又想将美酒一饮而尽，召唤出诗意；座中还有刘伶这样的，喜欢将备好的诗句藏在心中，先饮下几杯再说，诗可以不歌，酒一定要喝。

优哉游哉的酒杯终于停在了王羲之面前，他面带微笑，侍者从流水中端起酒杯呈到内史大人面前。王羲之款款接过，笑道：“诗如潜龙，无酒不行。我还是先饮了这一杯，庶几可得司马相如的指点或曹子建的启发。”众人鼓掌，氛围热烈，王羲之颔首微笑，拂了拂飘飘长髯，宛如世外之人。

如果用一个词形容魏晋风度，“飘逸”或可当此任。王羲之与在座的文人雅士，一举一动都流露出飘逸的气质。用当今社会流行的一个词语来形容这种飘逸，就是“松弛感”。物质生活富足、精神生活自由之后，文人们向内追求心灵自在，释放真性情。

待流觞巡回数次，好酒流进心田，兴奋的状态从内到外染红脸颊，诗情刹那间迸发。当酒杯第二次停到王羲之面前，他不再矜持，开口吟诵：

代谢鳞次，忽焉以周。

欣此暮春，和气载柔。

咏彼舞雩，异世同流。

迤携齐契，散怀一丘。

年近花甲的王羲之动员人们敞开心扉，不负良辰美景。政局动荡，人生苦短，颠沛流离是人世常态，像这样惠风和畅的春日，更是极其难得。诗味浓郁，修辞清雅，众人齐声称赞，“热场”效果明显。

隐居山阴的谢安、才子孙绰、和尚支道林……都在这场雅集中留下诗文，气氛越发热烈起来，不知不觉间37首新诗跃然纸上，这场雅集逐渐演变为一场洋溢着文人情趣的“文化饕餮”。

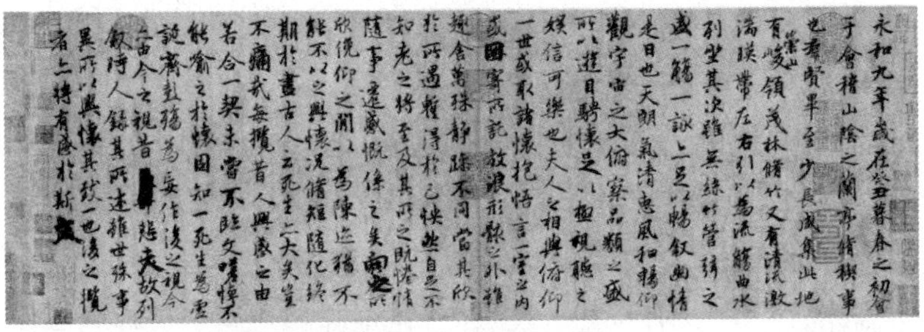

《兰亭集序》（冯承素摹本）

有人提议：人有冠冕之美，雁有领衔之歌，此集乃众人和声，若有君子为之序，方称全美。王羲之当仁不让成为众人共推的贤德之人：“此事非右军不可。”王羲之面带微醺，自觉责无旁贷：“诸位且去游玩，待我稍作斟酌，须臾便好。”

“千年之后，我等尸骨朽尽，此文将依然灿烂，甚或超过今日。”谢安看完《兰亭集序》有此感慨。那一日，被后人称为“天下第一行书”的《兰亭集序》，如一颗璀璨的明珠镶嵌在了中国书法艺术史上，历经千年淬炼，光彩越发夺目。

拥抱炽热，乘势夏长

王羲之出生的鲁南地区土地肥沃，物产丰饶。从东夷首领蚩尤会战炎黄到周公封于鲁地，从孔子“沐乎沂”到荀子治兰陵，从诸葛亮南迁襄阳到琅琊王氏永嘉南渡。这片土地上，历史车轮滚滚而过，留下无数灿烂的印记。

王羲之是幸运的，他出身显贵的世族大家，琅琊王氏在两晋时期政治上举足轻重、经济上富裕优渥、文化上底蕴深厚。相较于普通人，王羲之生来就拥有很多资源，比如教育。

如今，在临沂市兰山区洗砚池街21号有一座王羲之故居。名为“故居”，实为一座新建仿古典式园林，内里陈列书法、绘画作品，又名为“羲之公园”。洗砚池畔，总有一些孩童手持几乎与身高等长的海绵头毛笔，蘸池水就地写写画画。看到这个场景，我不禁思考：王羲之小时候是怎么学书法的？

王羲之故居洗砚池

王羲之的第一位老师，是他的父亲王旷。生在名门望族的王羲之，从小就熟悉读书、写字、行文诸事。书法对于魏晋氏族而言，如同冠冕。对王氏家族来说，书法文墨作为家学渊源流淌在家族基因中。耳濡目染之下，这位未来的书法家对书法艺术的感悟，一定是超于常人的。

羊欣《笔阵图》载有王羲之窃读《笔说》的故事："晋王羲之，字逸少，旷子也。七岁善书。十二，见前代《笔说》于其父枕中，窃而读之。父曰：'尔何来窃吾所秘？'羲之笑而不答。母曰：'尔看用笔法？'父见其小，恐不能秘之，语羲之曰：'待尔成人，吾授也。'羲之拜请：'今而用之，使待成人，恐蔽儿之幼令也。’父喜，遂与之。不盈期月，书便大进。”

一个小故事就将王羲之所接受的家庭教育展现得淋漓尽致：面对“窃书”这件事，父亲王旷没有急于指责，而是给孩子申辩的机会，12岁的王羲之说出：“等我长大了再教，恐怕会让我走很多弯路呢。”可谓是有理有据，预判了父亲的预判。

正式教授王羲之书法的老师，是他的姨母卫夫人。羲之姨母卫铄，字茂漪，曾学蔡邕、钟繇书，但有变化和创新，楷书端庄优雅，尤善隶书。卫夫人有《名姬帖》《卫氏和南帖》传世，其书法称名于当代，声誉甚高。

请卫夫人教授王羲之书法，通俗理解就像请一位博士生导师为幼儿做启蒙教育。可以说，王羲之书法艺术的基调就是在卫夫人的教导下奠定的。他后期在书法艺术上的创新和拔类超群，离不开站在巨人肩膀上的高远视野。“此子必蔽吾名。”行家的眼光总是深刻的，数年学习后，卫夫人见王羲之行将“青出于蓝而胜于蓝”，喜极而泣。

王羲之的第三位老师，是他的叔叔王廙。王廙在艺术才能和文学修养的全面性上，可称东晋第一人。他工书画，晓音律，善射御、博弈、杂艺等，几乎无所不通、无所不晓，堪称大师级人物。继东汉蔡邕之后，王廙也将书、画、文等多种艺术元素进行融合。他认为，文学是艺术的根本，书画则可达至玄妙。更可贵的是，他形成了一套艺术创作理论：创作要“行己道”，即注重继承但不因袭前人，要走自己的路。

如果说，卫夫人是王羲之书法艺术上走过的桥，那王廙就是桥上的画廊。王廙对王羲之的教学方法很有趣：在很长一段时间内，他不让侄子动笔，只是让他看陆机的《平复帖》，一直看，达到心中有一种狂放之气直冲喉咙，马上就无法遏制非要挥毫泼墨的状态。王羲之终于提笔横扫，在宣纸上留下龙蛇形迹，似与不似，都不去计较了。王廙看后，眼底流露出满意：“此子可教也！”

硕果高挂，功在千秋

王羲之成名很早，20岁之后，便有人求其书法以为楷模，从大文豪庾亮到当朝皇帝，无不赞许，以至于上下模仿，争习逸少书。王羲之59年的一生看似不长，但他在书法艺术上，一口气走完从继承到创新到完善再到全社会认可的大师之路。

民间流传的关于王羲之习书的故事有许多，民间故事的意义不在于严谨记录历史，而是民心所向，主打的就是群众影响力。“老妪烹鹅”“道士以鹅换道德经”等故事都是王羲之爱鹅的有力佐证。

在兰亭风景区，第一景便是“鹅池”，池塘里6只大白鹅悠闲度日。王羲之为什么喜爱鹅？可谓众说纷纭。有人说卫夫人握笔的手像鹅头，有人说王羲之从鹅的姿态中领悟出线条的弹性。仔细观察，不难发现鹅的步伐慢条斯理自带节奏，优雅高贵的精神确能启发一位书法艺术家。

《兰亭集序》共324字，在用笔上每个字都不断地出现新的变化。全篇有7个“不”字、21个“之”字，个个富于个性，无一雷同。然而，“之”字的写法就神似一只只神态气度各异的大白鹅。

《羲之爱鹅》清　任伯年　绘

作为王羲之最小的儿子，王献之犹如另一颗明星，他在书法艺术上的超高造诣足以令王羲之欣慰。“太字碑”“十八缸水”等故事都反映了王羲之对孩子的教育情况。王羲之改革书写繁琐的隶书和章草，创造了今楷、今行、今草，实为历史创举。王献之的改革步伐也很大，以致“父子之间又为今古”。

绍兴文理学院兰亭书法艺术学院校园

鲜有人知，在兰亭风景区的对面，有一所建立了近20年的书法学院。兰亭书法艺术学院是绍兴文理学院的二级学院，与其说这是一所大学，不如说是一座有着浓厚魏晋风格的书法艺术品博物馆。

占地150亩的校园满目苍翠，水榭亭台如水墨画一般。2005年，经学校申请，教育部在高校本科目录增设书法学专业，学校成为全国首个书法学本科专业布点高校。“学院在教学、研究和传播等方面始终坚持‘守正固本’的理念，传承发扬‘二王’书风。”学院党委书记孙仕龙介绍，这也是学院选址兰亭的“初心”。

在海外，王羲之的书法艺术亦久负盛名。在今年兰亭书法节上，几名留学生身着汉服挥毫泼墨，引人注目，他们是来自绍兴文理学院海外“兰亭书法学堂”的学生。作为教育部中华优秀传统文化（书法）传承基地，绍兴文理学院一直致力于以书法为载体开展国际文化传播。如今，海外“兰亭书法学堂”已走进瑞士、俄罗斯、加拿大等9个国家，覆盖海外学生万余人。

出世入世，日落冬藏

对于一个土生土长的北方人来说，江南的冬天是让人又爱又恨的。就算最冷的时候，一眼看去路边也不乏色彩，太阳出来便能温暖如春。只是冬雨绵长，湿冷入骨，寒意从头到脚无处安放。不禁遥想，1700多年前，王羲之从琅琊迁至江南时，是否会经历这样的无所适从？

除了地理、气候、风俗和衣食住行的差异，对王羲之这样的南渡氏族子弟而言，文化的冲突更需要时间去化解。这背后隐喻的是，氏族子弟在享受家族带来的各种荫庇好处时，也要承担起相应的责任，接纳一些只有自己才明白的无奈。

绍兴兰亭景区王右军祠

王羲之的仕途就是对此很好的体现，23岁起家秘书郎到53岁在父母墓前宣誓辞官，30年的仕途之路，王羲之走得太辛苦了。虽身处纲常崩坏、硝烟四起的乱世，但王羲之是有政治抱负的。他曾开仓赈济，政声甚好，他也想为民做些实事，无奈蚍蜉难撼大树。

“自顷年割剥遗黎，刑徒竟路，殆同秦政，惟未加参夷之刑耳。恐胜广之忧，无复日矣。”这是王羲之写给殷浩的劝诫信《遗殷浩书》，更是一封振聋发聩的为民请愿之书。他认为殷浩的行动不仅是军事问题，在治国方略上也沉疴深深。

有学者说：假如王羲之穿越时空回到今日，见国人只知他是大书法家，或许会说“我心之皎白处，在于家国；书者，小数也”，又或许他只会默然不语。对于仕途上的起起伏伏，王羲之内心一定是有许多苦闷的，而书法正是他宣泄的渠道。他将内心的炽热铸成书体的筋力，精神的灵光照亮了“焕若神明”的章草。

后人对王羲之最大的遗憾是，世上早已没有王羲之的真迹。吊诡的是，造成遗憾的原因不是轻视，而是太重视。《兰亭集序》作为书法史上的瑰宝，曾在王家世代流传，一直到王家的七世孙智永手上。智永在绍兴云门寺出家为僧，圆寂后将祖传真本传给了弟子辩才和尚。之后就有了“唐太宗‘智’得《兰亭集序》”的故事。唐太宗死后，《兰亭集序》真迹陪葬昭陵。

晚年的王羲之遍访剡中山水，寄情自然。如今嵊州还有许多与他相关的遗迹和传说。临沂、绍兴的中小学校普遍开设书法课，他最宝贵的精神财富在一代代传承。一个人的德行，历经1700余年依然被人称颂；一个人的书法，历经1700余年仍然被奉为楷模。可以说，王羲之的一生是灿烂的。

“固知一死生为虚诞，齐彭殇为妄作。”这是王羲之的生死观，在生命弥留之际，他应该是释然的。这一生如四季轮回，他如一片叶子从树枝掉落，潇洒地回到土地上，就像婴儿回到母亲的怀抱。

大事年表

303年（太安二年），出生于山东琅琊（今临沂）。

309年（永嘉三年），开始学习书法，启蒙老师为卫铄（卫夫人）。

314年（建兴二年），传王羲之发现父亲枕中《笔论》，书大进。卫夫人说："此儿必见用笔诀也，妾近见其书，便有老成之智。"

318年（建武二年），以叔父王廙为师学习书画。

323年（太宁元年），成为郗鉴的"东床快婿"。

325年（太宁三年），起家秘书郎在此年前后。

332年（咸和七年），由会稽王友，改授临川太守。

334年（咸和九年），应征西将军庾亮召请，赴武昌，任参军，累迁长史。

337年（咸康三年），于吴兴为官在此年前后。

341年（咸康七年），卸任江州刺史。《敬伦帖》书于此年。

342年（咸康八年），朝廷频召为侍中、吏部尚书，皆不就。

344年（建元二年），生下王献之。

347年（永和三年），任护军将军。《答殷浩书》《严君平帖》《谯周有孙帖》书于此年。

351年（永和七年），任右军将军、会稽内史。《辞郡帖》

《恭命帖》《此郡帖》等书于此年前后。

352年（永和八年），引孙绰为右军长史。劝阻殷浩北伐，未能奏效。有《与会稽王笺》《遗殷浩书》。

353年（永和九年）3月3日，与孙绰、谢安、郗昙、王献之等41人，于会稽山阴之兰亭修禊雅集，饮酒赋诗。王羲之为诗集作序，即《兰亭集序》。

355年（永和十一年），称病去郡，三月告誓于父母墓前，从此归隐。与周抚《今在田里帖》《来禽帖》《吾前东帖》等，书于此年前后。

356年（永和十二年），书有《旧京帖》《丧乱帖》《破羌帖》等。

358年（升平二年），书《与桓温笺》《贤室委顿帖》《群从凋落将尽帖》等。王献之劝其改体。

361年（升平五年），卒，朝廷赠金紫光禄大夫，诸子遵父嘱不受。

教育思想

刍议王羲之书法教育思想

王晓亮

有关王羲之的书法地位，《晋书》中唐太宗李世民以“尽善尽美”一词为其“书圣”地位作了注解，稍后的欧阳询、韦续分别以“冠绝古今”（欧阳询《用笔论》）“永以为训”（韦续《墨薮》）称誉右军书法，明代项穆在《书法雅言》中更是作出了“宰我称仲尼贤于尧、舜，余则谓逸少兼乎钟、张，大统斯垂，万世不易”的惊人结论，直将王羲之同孔子并称，认为他们都是万世不易的圣人。

从中国文化史的角度，王羲之与孔子的影响还是难以并论的，但是在教育传承的历史贡献上，两人却又有着共同的特征。王羲之的书法成就不仅在于创立了楷、行、草新体的审美典范，还在于他为中国书法培养出王献之这样与父亲齐名的书坛宗师。由此看来，王羲之不仅是大书法家，更是一位成功的书法教育家。那么，王羲之的书法教育思想主要表现在哪些方面呢？

其一，重视教育对象的选择。王羲之在《题卫夫人〈笔阵图〉后》结尾处言及自己书艺大成之时，“时年五十有三，或恐风烛奄及，聊遗教于子孙耳”，是以留下此篇作为子孙学习的依据，但他接着又说“可藏之石室，勿传非其人也”，足见王羲之对书法传承对象选择极为重视。他在《书论》一篇中又说“夫书者，玄妙之伎也，若非通人志士，学无及之”，“通人”者，博学通达之人也，“志士”者，有志于书锲而不舍者也。古人技艺传授，多出自家传，东晋门阀士族更是以书艺相互攀比。王羲之书法在其中年后风靡一时，同为南渡世家大族的庾氏家族代表庾翼早年书名胜过王羲之，看到家族中子弟学习王羲之书法，愤愤不平道“小儿辈乃贱家鸡，爱野鹜”（王僧虔《论书》），足见时人对书艺传授门户之别看得甚重。然而王羲之传承书艺首要看重的是对象的禀赋与志气，因为禀赋不佳难以传承上乘笔法，志气不足难以坚持不懈精勤书艺。这种对教育对象的重视与选择标准是很高明的，唐代颜真卿在《述张长史笔法十二意》中再次表达了这一观点。文中谈到颜

兰亭书法艺术学院学生正在完成书法作业

真卿向张旭请教书道，张旭屡不回应，直到颜真卿临别之际再次郑重请教，张旭才将颜引到竹林小屋密告“笔法玄微，难妄传授。非志士高人，讵可与言哉”。可以说，正是一代代书坛巨擘，慎于择徒，因材施教，中国书法的笔法体系才能千载不绝、持续发扬。

其二，重视守“正”求变的书法表现。明代董其昌言“右军如龙”，龙者，不可端倪之神物，正是对王羲之书法变化万端的最佳形容。董还说过“古人作书必不作正局”，临习过《兰亭集序》《圣教序》的书法学习者都能感受到王羲之书法在字体结构和用笔变化上的“万字不同”之境。右军自己就曾说过“若平直相似，状如算子，上下方整，前后齐平，此不是书”，足见他本人对书法表现程式化、机械化的厌恶。但如果认真体察王羲之书作，翻阅相传为他所写的《书论》，又能看到他本身对“规矩”“平正”表现的重视。在《书论》中，王羲之提出“夫书字贵平正安稳”，又言“凡书贵乎沉静”，可以看出王羲之对书法表现的根本要求是安稳沉静，这与他自己提出的“此不是书”的机械表现之间的区别是什么呢？其实，王羲之的书法表现观念或者说他的书法教育审美指向是在技术上的变化与形式上的朴实。王羲之在《兰亭诗》中用“造新不暂停，一往不再起。于今为神奇，信宿同尘滓”表达了对天地万物推陈致新、无止无休的感叹；又用“大矣造化功，万殊莫不均。群籁虽参差，适我无非新”表达了自己师法造化、不停创造的艺术理想。王羲之所追求的新，并不是无本无源的创新，而是规矩基础上的变化，法度高度上的超越，正如李世民在《王羲之传论》中说的“烟霏露结，状若断而还连；凤翥龙蟠，势如斜而反直”，这种“似欹反正”的表现正是王羲之书法守正求变的追求结果。“不激不厉，而风规自远”（孙过庭《书谱》）其实是极难达到的境界，也正是王羲之书法成为后世最上乘的学习范本的内在原因。

其三，开阔眼界、转益多师的学习路径。王羲之在《书论》中自述道：“予少学卫夫人书，将谓大能；及渡江北游名山，见李斯、曹喜书；又之许下，见钟繇、梁鹄书；又之洛下，见蔡邕《石经》三体书；又于从兄洽处，见张昶《华岳碑》，始知学卫夫人书，徒费年月耳。”卫夫人名卫铄，是西晋著名书法家卫恒之妹，卫恒与其父其祖在书法上合称“巨山三世”，在西晋朝堂上享有盛名。王羲之的主要师法对象还有他的叔父王廙，一方面为家族法度衣钵，一方面为西晋名家嫡传，这样的师资可称得上高不可攀了，然而王羲之却说这段所学是“徒费年月”，其原因则是他在北游之后，眼界大开，更知道书法源流转承之变，才有探骊得珠之叹。不满足于本学，积极开阔视野，勇于探寻突破，这正是王羲之登顶“书圣”的重要原因。孙过庭在比较书法“汉魏四贤”（张芝、钟繇、王羲之、王献之）之后，总结道："且元常专工于隶书，伯英尤精于草体，彼之二美，而逸少兼之。拟草则馀真，比真则长草，虽专工小劣，而博涉多优，总其终始，匪无乖互。"王羲之同钟繇相比，隶书不及之；同张芝相比，草书不及之，但是综合各种书体表现，则钟、张、小王都无法同右军相较了。正是这种"博涉多优"之造诣，让王羲之的书法穿越1700余年，始终成为后世书家师法之圭臬。纵观中国书法史，仅守一家法度，不敢越雷池的现象历代皆存在，王氏家族至隋代羲之七世孙智永和尚后，书名大亨者几无所闻。又如南宋名家多学北宋四家、吴门书派多学文徵明、祝允明等皆未能再造辉煌，究其根源，眼界狭隘、不敢超越本学是其重要阻碍。由反例更能看出王羲之书法教育思想的可贵处。应该说，不独在书法上，王羲之所倡导的开眼界、博体势、善多师的学习路径对所有学习者都是适用的。

综合来看，王羲之在书法艺术上不仅有惊世骇俗的成就，更是在自身实践的基础上总结出深刻的书法学习与教育思想，这些思想不仅是王氏家族在东晋南朝名家辈出的理论指导，更是我们后人学习书法、弘扬中华优秀传统文化应该借鉴与吸收的宝贵经验。

（作者系绍兴文理学院兰亭书法艺术学院副院长）

课堂传承

一堂对话“书圣”的书法课

刘丹丹　俞沁

“同学们，你们知道兰亭为什么有名吗?”“因为王羲之”“因为《兰亭集序》”“因为书法”……在绍兴市柯桥区兰亭中心小学（以下简称兰小）四年级书法课堂上，书法教师王文彬的问题一抛出来，就引发了学生们热烈的回应。

兰渚山下、娄宫江畔，兰小毗邻兰亭风景区而建。这里常年受墨香熏陶，别有一番雅致韵味。这所已有百年历史的学校，依托书法圣地兰亭的地域优势，不断探索书法艺术与德智体美劳“五育”融合的特色育人道路。“学校以‘传承兰亭文化，促进生命成长’为办学理念，致力于培育‘仁爱、博学、健美、多艺、灵秀’的兰小学子。”校长钱金炎说。

每周的书法课都是四年级学生罗怡岚最期待的，作为书法课代表，面对教师的提问，她总是第一个举手。同时，罗怡岚还是学校少儿流觞书画社的成员。每天早上一到学校就去书法室练习书法已经成为她的习惯。“我知道很多关于王羲之的故事。”作为土生土长的兰亭人，罗怡岚从小就浸润在书法文化中，可以说是“墨汁里泡大的孩子”。

绍兴市柯桥区兰亭中心小学书法课堂

王献之自小跟父亲王羲之学写字。有一次，他要父亲传授习字的秘诀，王羲之没有正面回答，而是指着院里的十八口水缸说："秘诀就在这些水缸中，你把这些水缸中的水写完就知道了。"

课程开始前，王文彬给学生们讲述了王羲之教导其子王献之学书法的故事。即便是天资过人，书法教育资源远超常人的王献之，在学习书法的道路上也不是一帆风顺的。他通过刻苦练习和不断钻研方才取得与父亲王羲之并称书法艺术史上"二王"的成就。

王文彬进而提问："同学们，王献之在书法写得不好的时候，是怎么做的?”“不灰心”“一直练”“坚持不懈”……学生们给出了自己的答案，也将这堂课的氛围烘托到顶点。一堂主题为“撇捺组合”的书法课正式开始，王文彬没有急于让学生们动手写，而是先让他们认真观察。

“大家请看一下，撇和捺有什么区别?”在学生们安静观察了几分钟后，王文彬开口问道。“长短”“曲直”“粗细”不同，在他的引导下，学生们从3个方面找到了撇和捺的区别。接着，王文彬又拿出“人”“太”“及”3个字让学生们观察：撇捺连接在一起的方式有哪些，撇捺组合对于一个字的结构有什么影响。

书法教师王文彬利用多媒体设备给学生做示范

“‘人’字在写的时候要平衡，不能东倒西歪。‘太’字整体上是一个三角形……”王文彬一边说一边示范。作为中国教育学会书法教育专业委员会、浙江省书法家协会会员，王文彬的书法作品获奖无数，但从2007年进入兰小成为一名专职书法教师后，教小学生书法就成为他最重要的事业。

经过观察和教师示范，面对笔墨纸砚端坐的学生们早已按捺不住内心的激动，摩拳擦掌跃跃欲试。“下面是练习时间，每个字写3遍。”王文彬的话仿佛冲锋号，学生们纷纷提笔蘸墨。

在学生们练习时，王文彬也没闲着，他观察每个学生，握笔姿势、下笔角度、收笔力度等每一处细节他都及时提醒，不停示范。练习完成后，就是学生们最期待的环节了——集体诊断。

王文彬选取了一些有代表性的学生练习作品，进行投影展示，让学生们去点评。“这个字写得好在哪里？哪里还需要改进？”学生们纷纷举手发言：“这个‘太’字整体是斜的”“我喜欢第一个‘及’字，很正很平稳”……点评是发现问题，也是警醒自己的过程。

一番打磨后，激动人心的时刻到了。王文彬给每个学生发了一张作业纸，“把你们最满意的字写在上面吧”。这时，学生们没有了刚才练习时的冲动，一个个小手握笔，眼睛盯着作业纸，迟迟不肯落笔。“王老师经常跟我们说，做好人是放在写好字前面的。”面对“人”字，学生潘锦城的脑海中又浮现出这句话。

在兰小，书法课是一至六年级的必修课程，每天中午安排20分钟作为全校学生统一练习硬笔字的时间。学校还自主开发了“走进兰亭”“走进绍兴历代书法名家”“书法启蒙”等书法主题拓展课程，供学生选修。校本课程“书法——走进兰亭系列”被评为浙江省第二批义务教育精品课程。

绍兴市柯桥区兰亭中心小学百书墙

笔者发现，一堂课下来，学生们个个直背端坐，没有人交头接耳。这与兰小的校园书法文化建设分不开，行走在校园里，“兰亭元素”随处可见。主体建筑由“一馆（群贤馆）二园（惠和园、知行园）三楼（毓华楼、惠风楼、和畅楼）”构成。在毓华楼和惠风楼的连廊中建有曲水流觞景观墙，知行园内有鹅池、太字碑、十八缸等微景观，还有一面用楷体、隶书、行书等各家字体写就的百书墙……

夕阳西下，已近黄昏，“惠·和”文化石旁的樱花树开得极盛，阳光照亮了落英缤纷，恰如王羲之书法艺术般光辉灿烂，让人挪不开眼。

书影音推荐

书　名：《书圣之道——王羲之传》

作　者：王兆军

出版社：作家出版社

本书从历史背景入手，从王氏家族的兴衰讲起，展现了一代书法名家王羲之传奇的一生及书法名作《兰亭集序》的诞生过程及深远影响。作者笔法娴熟，文字风格独树一帜，深具文学魅力。

书　名：《王羲之传》

作　者：刘长春

出版社：中国友谊出版公司

魏晋名士多疏狂放达，行为怪诞，王羲之尤甚，其坦腹东床、以书换鹅等奇闻逸事可谓妇孺皆知。本书从人文视角进行感性描述，还原一个特立独行又心怀天下、恃才傲物又谦顺博雅的王羲之。

书　名：《书圣之玄——王羲之玄学思想和背景》

作　者：王云飞

出版社：北京大学出版社

“书圣”王羲之在东晋的出现，是玄学艺术化的体现，本书选取玄学代表人物郭象、嵇康为中心，研究王羲之的玄学思想和背景。全书穿针引线，将哲学思想和书法艺术一点一滴逐步打通。

沈　约

先生名片

沈约像

沈约（441—513），字休文，吴兴郡武康县（今浙江德清）人，历仕南朝宋、齐、梁三代，是著名的政治家、文学家、史学家、音韵学家。沈约精通音律，是“四声八病”说的主要创始人之一，为当时诗歌创作开辟了新境界。其诗与王融诸人的诗皆注重声律、对仗，时号“永明体”，是从比较自由的古体诗走向格律严整的近体诗的一个重要过渡阶段。他毕生勤于著述，著有《晋书》《宋书》《齐纪》《高祖纪》（《梁武帝本纪》）等史书，其中《宋书》入二十四史。

生平事迹

沈约：一代辞宗垂范后昆

张纯纯　季颖

用现在的眼光来看，沈约算得上是一名“网红市长”。他出任东阳郡（今浙江金华）太守不过3年左右，却能让这座城市彻底“出圈”。

他在任上修建的八咏楼，曾在李白的诗文中被提及。李白在赠给自己“迷弟”魏万的长诗里，记叙了魏万一路游历的吴越山水，写到金华，便是“落帆金华岸，赤松若可招。沈约八咏楼，城西孤岩峣”；李清照也写过，她登高而望，眼前是滚滚婺江，就此留下了千古名句——“水通南国三千里，气压江城十四州”；此外，崔颢、吕祖谦、赵孟頫、宋濂、李渔等名公学士都曾为其赋诗咏怀，传诵至今。

这座本来只是为了纪念水利工程而修建的高楼，因为他们，不仅成了金华的地标式建筑，更是历经千年，仍然闪耀着璀璨的人文光芒。

而这一切，沈约功不可没。八咏楼原名玄畅楼，落成后，沈约登楼临风，题写一首《登玄畅楼》，后又数次登楼，有五言诗《八咏》，仍意犹未尽，便以《八咏》诗中的每一句为题，作了8首长诗，洋洋洒洒共1800余字，时号绝唱，后人遂以诗名改玄畅楼为八咏楼。由此，“楼以诗显，诗以楼传”的故事拉开了序幕。

金华八咏楼

多而能者遗千秋韵学

然而出任东阳郡太守，沈约心里大抵是不乐意的。当时的他已过知命之年，官至南齐御史中丞，还与萧衍、范云、谢朓、任昉、萧琛、王融、陆倕等人一同参与了有力的皇位竞争者——竟陵王萧子良组织的西邸文人集团，并称为“竟陵八友”，其中萧衍便是后来萧梁的开国皇帝梁武帝。可以说，彼时的沈约正位于政坛的核心圈，仕途畅达。

可惜的是，萧子良没有受到齐武帝最后的信任，竞争对手——齐武帝嫡长孙萧昭业成功登位。对家上台，沈约被排挤出京也就成为理所当然的事情。不过相较于好友王融被下狱赐死，沈约已经算得上幸运。

但心中的苦闷仍是有的。文人仕途失意，笔下总是越发出彩。从建康（今江苏南京）到东阳郡，沈约一路走，一路写。经过钱塘（今浙江杭州）时，野棠开得正盛，他见到“标峰彩虹外，置岭白云间”的定山，山壁斜竖，山泉归海，沈约暂时放下了奔波的劳累与被迫离京的抑郁，想要就此留下，“眷言采三秀，徘徊望九仙”。至新安江，沈约在《新安江至清浅深见底贻京邑同好》诗中极力铺陈江水的清澈缥碧，“千仞写乔树，百丈见游鳞”，但眼前的纯净又让他想起了朝政的昏暗，因此寄语远在京城的朋友，“愿以潺湲水，沾君缨上尘”。

像这样借诗歌委婉地表露自己内心的深沉情感正是沈约的风格，南朝文学批评家钟嵘在《诗品》中评价沈约诗歌“长于清怨”，并且认为“观休文众制，五言最优”。而沈约在金华任上所作的八咏系列诗歌，可以说是这些评价的最佳注解。首先是五言诗《八咏》：

登台望秋月，会圃临春风。

岁暮愍衰草，霜来悲落桐。

夕行闻夜鹤，晨征听晓鸿。

解佩去朝市，被褐守山东。

寥寥数语，对仗工整，音韵和谐，明代第一才子杨慎十分推崇，赞道：“此诗乃唐五言律之祖也。夕、夜、晨、晓，四字似复非复，后人决难下也。”如果沈约在当时就能听到这样的评价，不说扬扬得意，但也肯定会高兴得不得了，因为他写《四声谱》时就甚为自得，《梁书》说：“又撰《四声谱》，以为在昔词人，累千载而不寤，而独得胸衿，穷其妙旨，自谓入神之作，高祖雅不好焉。”

德清县新安镇舍北村沈约文化公园内的沈约诗歌

沈约还是“四声八病”说的主要创始人之一，归纳了一套诗歌创作时应注意的规范和避忌，即以平上去入为四声，以此制韵，作诗时将平声仄声交错使用。同时，要忌平头、上尾、蜂腰、鹤膝、大韵、小韵、大纽、小纽“八病”，以构成抑扬顿挫的声韵之美。

既然提出了高要求，沈约与好友谢朓、王融等人在创作时自然都讲究声韵格律，这样写成的诗歌与用韵自由的古体诗不同，被称为“新体诗”，又因其最初形成于南朝齐永明年间，亦称“永明体”，正是唐代以后形成的“近体诗”的雏形。这也是沈约在诗歌史上最大的成就。

再看由五言诗《八咏》延展出来的8首杂言长诗，体裁介于诗、赋之间，有三言、四言、五言、六言、七言，句式灵活，可以说是别开生面的独创之举。内容上又分别以秋月、春风、衰草、落桐、夜鹤、晓鸿、朝市、山东为对象，对当时的金华进行了全方位的描写，更重要的是写景亦写心，“佳人不在兹，春风为谁惜”“望山川悉无似，惟星河犹可识”“居人临此笑以歌，别客对之伤且慕”……被迫外任的清怨之声，萦绕在字里行间。

虽然8首长诗成为绝唱不是因为字数多，但是也可以从侧面看出，沈约确实能写。据统计，明代张溥编的《汉魏六朝百三家集·沈隐侯集》收录沈约诗歌154题253首，其中乐府诗46题119首、诗108题134首；南朝萧统的《文选》和徐陵的

《玉台新咏》，分别收录沈约代表诗作13首和43首。

沈约不仅写得多还写得好。“沈诗任笔”说的正是沈约以诗著称，任昉以表、奏、书、启诸体散文擅名。梁元帝萧绎评价“诗多而能者沈约”，恰如其分。

一代辞宗修四朝史书

沈约更厉害的是还能写史书。《梁书》记载沈约著有《晋书》一百一十卷、《宋书》百卷、《齐纪》二十卷、《高祖纪》十四卷。姚振宗《隋书经籍志考证》说：“……是则于晋、宋、齐、梁四代之史皆有所论著矣。古来史臣记述之富当无出其右者。”

可惜沈约所著多数史书未能留存至今，其中《宋书》被列入二十四史，成为研究我国历史的最重要的文献材料之一。

《宋书》中的八志具有相当高的史料价值，不仅对刘宋一朝的各项制度进行了记载，还载录了一些晋朝甚至三国、两汉时期的制度，足足有三十卷，分别为《律历志》《礼志》《乐志》《天文志》《符瑞志》《五行志》《州郡志》《百官志》。

比如《律历志》保留了杨伟的《景初历》、何承天的《元嘉历》、祖冲之的《大明历》原文。杨伟和何承天精通天文律历和计算，《景初历》具有较为完备的推算预报日、月食的方法，《元嘉历》又进一步提高了天文数据的精确度，祖冲之的圆周率更是已达世界先进水平，因此《律历志》反映了当时自然科学的伟大成就，评价最高；又如《州郡志》详细记述了晋宋间行政区划的演变，侨州郡县的分布及各州郡的户口数，这对了解当时的地理形势、人口分布、经济状况等都大有帮助。

同时，与一般史书不同的是，《宋书》还多了一些文学“气质”。因沈约自身的文学素养，他在修《宋书》时会更多地关注文学史，常常用大篇幅载录一篇文学作品。例如《谢灵运传》收录了谢灵运的《撰征赋》《山居赋》，《陶潜传》收录了陶渊明的《五柳先生传》《归去来兮辞》《命子》等。

德清县新安镇舍北村墙上的《宋书》

特别要提的是，在《谢灵运传》后沈约还专门写了一篇《谢灵运传论》。不过这篇文章并不是专门为谢灵运而作，而是先论述了战国至晋宋时期文学的发展史——先秦时期的屈原、宋玉是开先路者，“导清源于前”；汉代的贾谊、司马相如“振芳尘于后”，再到之后的王褒、刘向、扬雄、班固、崔骃、蔡邕等人，尽管创作道路不同，但互相效法；到了建安时期，三曹辞藻丰富，文采和思想情感达到和谐统一；再至两晋文学，西晋潘岳、陆机“特秀”，承续汉魏，又发展出与前人诗文不同的声律与风格，东晋中兴时期则“玄风独振”，写作诗文绕不开老庄学说，再也见不到“遒丽之辞”，直到刘宋时期的颜延之、谢灵运声名大振，一改旧弊，以清新的山水诗“垂范后昆”……

之后，沈约又就声律论进行阐述，认为“始可言文”的关键在于和谐流畅的音韵之美，指出“夫五色相宣，八音协畅，由乎玄黄律吕，各适物宜，欲使宫羽相变，低昂互节，若前有浮声，则后须切响。一简之内，音韵尽殊；两句之中，轻重悉异”，并且预言声律一定会得到后人的重视。

整篇文章短小精悍，不过800余字，却鲜明地表达了沈约在文学创作方面的观点，是一篇上乘的学术论文，因此也成为中国文学批评史上的重要文献。

魏晋南北朝时局动荡，文学上却是一个自觉和新变的时期。沈约作为当时的文学“大咖”，不仅创作颇丰，即使在生命的最后10年里，也没有停止诗文创作及文学活动，同时又有着改革创新意识，在齐梁诗风文风的变革中起到了重要作用，是当时的“弄潮儿”，因此被誉为“一代辞宗”。

笃志好学振沈氏家门

沈约是位文人，但他有着一个武力值拉满的家族。吴兴沈氏家族本就是地方武力强势宗族，有着“江东之豪，莫强周、沈”的说法。

沈约的祖父沈林子，更是刘宋的开国名将，他一路追随宋武帝刘裕，辅佐其平定四方，官居辅国将军，战功赫赫，深受信任。据传刘裕登基后，还给予沈林子特殊待遇，允许他每月逢初一、十五不必上朝面君，那时候连带着整个沈氏家族都到达了恩宠的巅峰。

身为沈林子的小儿子，沈约的父亲沈璞曾在孩童时期随父亲进宫，因其早慧好学，有着超强的记忆力，受到了刘义隆（后为宋文帝）的赞赏。长大后的沈璞做官公正，仕途通畅，被授宣威将军、盱眙太守。元嘉二十七年（450年），北魏太武帝拓跋焘大举南征，沈璞不仅提前做好了防御工作，还把一家人全都留在盱眙城内，闭城待敌。后又与辅国将军臧质共同奋勇抗敌近一个月，敌军始终不能破城，只好北撤。这场盱眙守卫战也是拓跋焘南征时宋军一方难得的胜利，因此沈璞大受褒奖。

可惜好运并没有一直眷顾沈璞。元嘉末年，“二凶”太子刘劭与始兴王刘濬发动政变，弑宋文帝自立。武陵王刘骏起兵讨伐，最终诛杀刘劭和刘濬，登基为帝。因沈璞一直以来都是刘濬的亲信，也被新皇下令诛杀。

此时的沈约才十二三岁，只能和母亲一起偷偷逃走躲避株连之祸，好在刘骏坐稳了皇位后，下诏赦免。虽不再有性命之忧，但家道中落、“流寓孤贫”的现实之窘仍旧摆在眼前，沈约和母亲只得依靠族人的救济生活。人生大起大落间，重振沈氏家族便成了沈约的夙愿。

金华市八咏公园的沈约雕像

少年的沈约无他法，只有“笃志好学，昼夜不倦”，等待转机。据《梁书》记载，沈约认真到母亲不得已为其安排上了“熄灯”制——“母恐其以劳生疾，常遣减油灭火”。即使这样，沈约也没有停止学习，在黑暗的陋室中，他继续一遍又一遍地背诵白天所学。正是这份刻苦，成就了沈约的“博通群籍，能属文”，也帮助他遇见了仕途上的重要伯乐。

郢州刺史蔡兴宗十分欣赏沈约的才能，引荐其为安西外兵参军兼记室，还在得知他有修晋史的意愿之后，特地帮他奏请宋明帝并获得准许。

此后，沈约在蔡兴宗手下任职多年，直至蔡兴宗去世。入齐以后，沈约深受文惠太子萧长懋宠信，一直做到太子家令，后官至御史中丞，转车骑长史。外任几年回京后，沈约再次受到重用，多次起草诏书。等到萧衍以梁代齐，作为开国重臣，沈约更是加官晋爵，为尚书仆射，封建昌县侯，连其母亲都被封为建昌国太夫人。之后，沈约还一直担任太子之师。

虽由于时代的局限，沈约始终未能实现自己的政治理想——“有志台司”，即位及三公，但沈约历仕三朝，官居高位，高寿而终，在那个风云变幻的时代，已经可谓是一名出色的政治家，加之其文坛地位，当年困顿的少年郎终于以一己之力为沈氏家族开启了新篇章。

人伦师表垂后世典范

千年以后，沈氏后人没有忘记沈约。他们记得的并不只是沈约曾经在文坛和政坛上的无限风光，更重要的是他自身的品德修养。蔡兴宗对沈约德行的评价就非常高，认为他的为人堪称师表，常常对自己的儿子说：“沈记室人伦师表，宜善事之。”

可能是因为经历过儿时的困窘，为官多载，沈约仍旧保持着艰苦朴素的作风。在金华任太守时，沈约就坚持住在城外的郊区，目的就是远离应酬、酒色，过洁身自好的生活。《被褐守山东》一诗就表明了他做官的坚守：“清心矫世浊，俭政革民侈。”他的儿子沈旋、沈趋也在他的影响下，成为清正廉洁的官员。而且在文坛上德高望重的沈约从来不吝啬自己的赏识，努力提携后辈。南朝刘勰历时5年写就《文心雕龙》后，并不为他人所重视，正是沈约“大重之，谓为深得文理，常陈诸几案”，才使得这部具有重大意义的文学理论著作大放异彩，千古留名。

如今，走进金华市金东区傅村镇山头下村的文化广场，一座沈约的雕像旁围绕着几座石碑，上面刻着沈氏家训，分别为“孝父母敬长上”“敦友于和乡族”“率勤俭革奢侈”“禁游惰戒仆从”“端士习养贤才”“尊师道务耕读”“正内外惜孤寡”。明朝时期，沈约的三十一世孙迁居至此，繁衍至今已有500多年。沈氏家训言简意赅，始终指引着沈氏后人，做人要严以律己，做官要清心俭政。

沈氏宗祠

1841年，沈约第四十一代孙沈感卿逢八十大寿，他拒绝了子孙们想要大办寿宴的好意，提出将办宴费用拿来修桥，方便乡人过潜溪。一座青石板桥就此诞生，乡亲们感念沈感卿“私财不吝而公奉必约”，将桥命名为“仁寿桥”。2011年，因仁寿桥较为狭窄，无法通车，沈约第四十九代孙沈才兴捐资50万元，在仁寿桥的上游建起了余庆桥。溪水悠悠，古桥与新桥相对而望，村民们行走其上，脚步之下正是沈氏家训的生动实践。

作为沈约故里，德清县内也有着沈约的许多印记。德清县莫干山镇东沈村内建有沈约祠，相传有1500多年历史，于2020年在原址重建，一直以来都是村内尊师敬老、缅怀先贤、修身养性和弘扬传统文化的场所。在其中，同样记录着沈氏家训："祭祀不可不殷也，侍亲不可不孝也；天显不可不念也，身者不可不修也；持家不可不勤俭也，尊卑不可不辨也……"

德清县新安镇下舍中心学校距离沈约归葬地不远，学校在校内建起了沈约文化园，里面有沈约雕像、沈约诗词和沈约故事墙。学生们读沈约诗词，学沈约故事，立志做"笃志好学、修身律己、博览群籍、竭诚敬业"的少年。

夏日炎炎，沈约文化园里的一池荷花正开得热烈，映照着池边石墙上雕刻着的《咏芙蓉》一诗。在这首诗中，沈约寄情于荷花，写道："中池所以绿，待我泛红光。"如今，沈约的笃志好学、博览群籍、清心俭政，都如同穿越千年仍熠熠生辉的"红光"，润泽着、照耀着一代又一代人。

大事年表

441年（宋元嘉十八年），沈约出生于吴兴郡武康县（今浙江省德清县）。

450年（宋元嘉二十七年），父亲沈璞迁宣威将军、盱眙太守。

453年（宋元嘉三十年），父亲沈璞被杀，跟着母亲开始四处藏匿。

459年（宋大明三年），至京城，投靠沈庆之门下，并结识蔡兴宗。

461年（宋大明五年），起家奉朝请。

467年（宋泰始三年），为安西将军郢州刺史蔡兴宗之外兵参军，兼记室。

479年（齐建元元年），南齐建立，官征虏记室。

482年（齐建元四年），被敕撰国史，即《齐纪》。

483年（齐永明元年），迁太子家令。

487年（齐永明五年），竟陵王萧子良开西邸，招文学，沈约与萧衍、范云、谢朓、任昉、萧琛、王融、陆倕等并游，号称“竟陵八友”。撰成《晋书》一百二十卷。

488年（齐永明六年），撰成《宋书》纪传部分。

490年（齐永明八年），起兼给事黄门侍郎、御史中丞、吴兴邑中正。

494年（齐建武元年），出任东阳郡太守。

496年（齐建武三年），回京，为五兵尚书。

500年（齐永元二年），以母老上表求解职，改授冠军将军、司徒左长史，征虏将军、南清河太守。

502年（梁天监元年），南梁建立，为尚书仆射，封建昌县侯，其母封为建昌国太夫人。

507年（梁天监六年），官尚书令，行太子少傅。

513年（梁天监十二年），去世，享年73岁。有司谥曰文，帝曰："怀情不尽曰隐。"故改为"隐"，称沈隐侯。

学思践悟

学习沈约品质　打造榜样少年

沈　剑

德清县新安镇下舍中心学校建于1958年，历经了完小、小学、初中、高中等多个办学历史阶段，于2000年合并为一所九年一贯制学校。学校硬件设施完善，校园环境优美，素有"春发、夏荫、秋果、冬绿"之称。建校60多年来，学校培养了中国科学院院士、未来科学大奖获得者杨学明等众多优秀人才。

学校所在地新安镇文化底蕴深厚。南朝著名的文学家、史学家、音韵学家沈约正归葬于此。民国《德清县新志》称沈约"归葬邑之蔺村"。据专家考证，蔺村，今称百子堂，属德清县下舍乡群益村。群益村与赵家桥村现已合并为新安镇舍北村，目前村内建有沈约纪念馆、沈约像、沈约亭等。

沈约出生于门阀士族家庭，从小聪颖过人，成长过程中虽历经磨难，仍自强不息，立志成才。基于沈约在本地师生中的影响，学校在设计校园文化品牌时，选择将沈约作为校园文化名人，并以此为载体，打造和构建了一系列沈约文化育人体系和拓展课程。

育人德为先，学校组织教师查阅资料、实地探访，系统了解沈约的个人生平与经历，提炼出沈约身上的优秀品质，即笃志好学、修身律己、博览群籍、竭诚敬业，将其作为学校育人的目标，并据此制定了评价标准和相应的实践体系。

一是共读沈约诗词。学校成立了沈约文学社，开设了沈约诗词拓展课，利用每周一次的课堂，带领学生们深度解读沈约诗词。同时，邀请县内诗词吟诵专家到校开展讲座，帮助学生了解沈约的声律论和"永明体"诗歌，学习古诗词吟诵，并陆续开展了沈约诗词书法比赛、沈约诗词解读大赛等，营造良好的诗词学习氛围。师生们还共创了沈约诗词墙和沈约诗词解读微课并进行推广，让更多的人感受中华诗词的博大精深。

二是共话沈约故事。沈约的一生，历仕宋、齐、梁三朝，经历丰富。学校带领学生到沈约归葬地舍北村，沈约曾经生活过的地方东沈村进行参观学习，进一步了解沈约生平和事迹，如“笃志好学”“沈约瘦腰”“不计前嫌”等。同时，校内开辟了沈约文化园，建有沈约雕像、沈约诗词和沈约故事墙，让学生为家乡名人感到骄傲，厚植家国情怀。

德清县新安镇下舍中心学校的沈约故事墙

三是共学沈约品质。为培养“笃志好学”好少年，学校要求学生制订个人学习计划，进行职业生涯规划，带领学生到县内高中、浙江大学、浙江工业大学等学校开展研学活动，帮助学生明晰自己的目标理想，且激励他们为之付出努力。与此同时，学校开展每周艺舞台、校园歌手大赛、劳动能手比赛等各种活动，为学生提供充分的才艺展示平台。为培养“修身律己”好少年，学校建立了德育学分管理制度，对学生的日常行为进行量化打分，每月进行总结与表彰，其中“有较强的法治意识”“有良好的社交生活”“有科学的学习习惯”“有较好的身体素质”“有向上的心理状态”等都是日常打分重点；为培养“博览群籍”好少年，学校确定了“阅读伴我行，浸润少年心”重点项目，并制作阅读书单，开展多项阅读活动，每个学期形成学生阅读与写作作品集；为培养“竭诚敬业”好少年，学校“绿荷”环保社团每月开展巡河护河、护美家园等志愿者活动，学雷锋小队也会定期进行社会实践活动，既能提高学生的团队协作能力，也能培养他们良好的公民意识。

学生在各项活动中累积成果，达到标准即可申请学校定制的沈约榜样勋章，并获得一定奖励。沈约榜样勋章既是荣誉，更是激励，学生们会在学校举行大型活动、开放日等重要场合进行佩戴。

经过近几年的实施，沈约文化已经深深根植于下舍中心学校的育人和课程体系中，“学习沈约品质，打造榜样少年”已成为师生的共同目标，让学生们在学习沈约优秀品质中成长，在争做沈约榜样少年中收获。

（作者系德清县新安镇下舍中心学校办公室主任）

课堂传承

在吟诵中与他在校园“相遇”

——沈约诗歌课堂深探究

章钟丽　洋慧英

以沈约文化为载体，学校成立了沈约文化社，对沈约的诗歌进行深度学习与研究，并融合语文、历史、音乐、美术等学科特点，开设了沈约文化拓展课。课程内容主要为沈约诗歌赏析、沈约诗歌吟诵、沈约文化导游等。

诗歌是中华民族在历史发展中的一种文学表现形式，它将诗人强烈的思想情感与生动的客观事物结合起来，所积淀的人文精神是后代子孙的巨大财富，是提升中学生人文精神的重要营养来源。作为齐梁时期文坛的领军人物，沈约存世诗作有200余首。这些诗歌题材和内涵十分丰富，有反映社会问题的、有抒写真挚友情的、有山水游览的，等等。因此，学校把沈约诗歌赏析作为沈约文化拓展课的重要内容。

根据不同年级学生的文学基础和诗歌赏读能力，我们语文备课组从沈约存世的众多诗歌中遴选了20首作为学习对象，利用拓展课进行学习赏析。在赏析课前，我们还会组织学生参观沈约祠、讲沈约故事等，帮助学生了解沈约及沈约文化，从而让学生更好地体会诗歌的内涵，进而让身心获得审美陶醉，丰富人文素养。

在拓展课中，我们选取了沈约的两首诗歌进行赏析，让学生分小组探讨、交流学习后的感悟和启示，达到学有所得的目的。

德清县新安镇下舍中心学校学生开展沈约文化拓展课

第一首诗《咏芙蓉》：

咏芙蓉

微风摇紫叶，轻露拂朱房。

中池所以绿，待我泛红光。

第二首诗《别范安成》：

别范安成

生平少年日，分手易前期。
及尔同衰暮，非复别离时。
勿言一樽酒，明日难重持。
梦中不识路，何以慰相思。

两首诗歌中，《咏芙蓉》是一首咏物诗，学生通过分析诗中虚实相生、动静结合的表现手法，感受到了荷花含苞待放的景象；《别范安成》是一首送别诗，诗人将离别之情寄托于诗中，学生在赏析中体会到了诗人与友人间的深厚情谊。

在诗歌赏析结束后，我们还让学生通过吟诵的方法学习沈约的诗歌，帮助学生更好地把握诗歌的韵律和节奏，理解沈约诗歌的思想情感，建立与诗人的情感联系，记忆沈约诗歌，传承沈约文化。

在吟诵《咏芙蓉》时，我们采用了陈琴调，因陈琴调具有平仄分明的特点，学生更能体会诗中沈约自信、昂扬奋发的精神。而吟诵《别范安成》时，采用了悠扬的叶嘉莹调，学生在吟诵中感受沈约对友人绵长而悠远的情感。

在拓展课程中，我们还组织学生开展沈约文化导游活动，利用学校的沈约文化园、学校附近的沈约公园等载体，让学生撰写导游词、当小导游。同时，邀请旅游管理专业教师到校给学生讲解导游知识，为学生提供专业指导，逐步形成了一支专门介绍沈约文化的小导游队伍。学生小导游成为沈约文化的宣传员，而学生通过当小导游，也获得了更多学习锻炼的机会。

学校深入挖掘沈约文化，并融合不同学科特点，开展形式多样的沈约文化拓展课，是为了让学生学习沈约的优秀品质，帮助学生在诗歌学习中、在活动参与中提升各方面素养。

（作者系德清县新安镇下舍中心学校教师）

书影音推荐

书　名：《宋书》（修订本）

作　者：沈约

出版社：中华书局

《梁书》记载沈约著有《晋书》一百一十卷、《宋书》百卷、《齐纪》二十卷、《高祖纪》十四卷，可惜其所著多数史书未能留存至今。其中《宋书》被列入二十四史，成为研究我国历史的最重要的文献材料之一。《宋书》记述了自东晋后期刘裕兴起、刘宋立国至灭亡前后七十多年的历史，共一百卷，包括本纪十卷、志三十卷、列传六十卷。

书　名：《一代辞宗——沈约传》

作　者：林家骊

出版社：浙江人民出版社

本书为“浙江文化名人传记丛书”之一，按照时间顺序详细介绍了沈约在政治、文化等方面的成就，是一本可以系统了解沈约生平事迹的好书。

书　名：《沈约集校笺》

作　者：沈约　著，陈庆元　校笺

出版社：浙江古籍出版社

沈约的文集至宋代已经散佚。自明代以来流传的各种辑本，往往存在较多问题。本书于1995年出版，广罗异本，博采前人校勘成果，标点原文，笺证本事，被认为“是目前收罗沈约作品最全且精者”。

陆　贽

先生名片

陆贽像

陆贽（754—805），字敬舆，今浙江嘉兴人。唐朝著名宰相、政治家、文学家、政论家。陆贽为中唐贤相，为官清廉，俸禄之外，分文不取，其学养才能、品德风范，深得当时及后世称赞。

陆贽工诗文，尤长于制诰政论。所作奏议，多用排偶，条理精密，文笔流畅。《全唐诗》存其诗。有《翰苑集》及《陆氏集验方》传世。

生平事迹

陆贽：一代贤相，清风范世

童抒雯

推开唐朝的历史长轴，歌舞盛宴，曲水流觞，诗歌流淌满地，商贾络绎不绝。种种流光溢彩的符号，构成了后人对大唐盛世的所有幻想。

然而，盛世并非唐朝的全貌。“安史之乱”后，唐朝由盛转衰，无论是国家还是个人，都被镶嵌在了时代的幕布中，命运的分野在朝堂政治的诡谲多变中到来了。

著名学者王夫之认为，“唐室为之再安，皆敬舆悟主之功也”。王夫之口中的“敬舆”即为陆贽。在唐朝的群星谱上，文武双雄，明星荟萃，从来不缺人才。相比之下，陆贽的知名度实在不高，然而在后世文人墨客的笔下，又总能发现他的身影。

在苏轼心中，陆贽“才本王佐，学为帝师”“智如子房而文则过，辩如贾谊而术不疏，上以格君心之非，下以通天下之志”。

在韩愈口中，“贽之为相，常以少年入翰林，得幸于天子，长养成就之。不敢自爱，事之不可者皆争之”。

司马光在《资治通鉴》中，引用陆贽的奏疏多达39篇。在范文澜的《中国通史》中，陆贽被冠以“唐朝中期卓越的政治家”的头衔……

陆贽何许人也？为何历史上的各路名人都愿意为其站台？“救时内相”“廉洁奉公”“直言进谏”……有关陆贽的故事碎片屈指可数，为了拼出这幅描绘陆贽一生的完整拼图，我们选择回到他的出生地——嘉兴，一个关于梦想与抱负、执着与坚守、收获与失去最开始的地方……

救时内相：“致君尧舜上，白鹤翱长空”

浙江嘉兴，一个低调的富庶之地，素有“浙西三屯，嘉禾为大”的美誉。嘉兴城东北60里，有一座河道纵横、田垄交错的村庄，粉墙黛瓦，庐舍鳞次，名为陆庄（现嘉善县惠民街道曙光村），这里就是陆贽的出生地。

在现代文学的演绎中，陆贽的出生颇具传奇色彩。传说当日有白鹤冲霄，鹤鸣声划过长空，久久不绝。古人是最懂托物言志的，以鹤作比，暗示了陆贽将会是一位品格高尚的贤能之士。

嘉兴市区中山东路东门桥附近的陆贽雕像

在当地，陆氏家族是名门望族，只不过陆贽出生之时，恰逢“安史之乱”，家道已经开始衰落。陆贽的童年是在兵荒马乱中度过的，正如杜甫在一首诗中写道：“四邻何所有，一二老寡妻。”

国破家衰的景象深深地烙在陆贽的童年记忆中。这份记忆如同一块画板，在斑驳中奠定了人生底调，并以无形的力量影响着陆贽的一生。

在陆贽的求学路上，儒学是他最重要的成长养分。陆贽的母亲韦氏非常重视子女的教育，特意将陆贽带到苏州城，拜于当地名儒陆景倩门下。用现代的眼光来看，陆贽属于典型的

“小镇做题家”，他出入孔孟，精习先秦诸子，钻研唐太宗的治国理念，研究前代贤相的辅佐智谋，即便身处乱世，这段潜心向学的岁月为他日后在战乱之时仍能操翰成章打下了坚实的基础。

陆贽天赋很高，大历六年（771年），年仅18岁的他首次应举就高中进士。在唐朝有“三十老明经，五十少进士”之说，白居易中进士已是27岁，且是第三次应举，由此看出，陆贽的文学素养非常之高。

及第之后，陆贽先后通过了博学宏词科和书判拔萃科的考试。尽管科考让他一鸣惊人，但陆贽拿到的却是一个“韬光养晦”的剧本——低调多年，专心耕耘，等待一朝崛起。他先是被派去了华州郑县（今陕西渭南华州区），后又辗转至渭南县（今陕西渭南市）。诗人卢纶曾在《驿中望山戏赠渭南陆贽主簿》中描述过陆贽当时的生活状态：“山在门前登不得，鬓毛衰尽路尘中。”

多年的基层工作经历，让他看到了底层农民“面朝黄土背朝天”的艰辛，也看到了“赋税繁重，民不堪命”的现实，“轻徭薄赋”的思想种子也因此在心中种下。

大历十四年（779年），唐德宗继位。第二年，他派黜陟使巡视天下，选拔人才。陆贽向黜陟使呈上《考课黜陟六条》，建议用“五术”察风俗民情，“八计”考地方政绩，“三科”选优秀人才，“四赋”理赋税财政，“六德”定疲困之人，“五要”精简官员。

这些观点传入唐德宗的耳中，也引得当朝官员啧啧称赞。新皇上位，根基本就不稳，加上当时“藩镇割据”的情况愈演愈烈，唐德宗立即召回陆贽，后又破格任命他为翰林学士。

经历过“泾原兵变”和“奉天之难”，唐德宗对陆贽的依赖与日俱增，无论到哪里都要带着他，凡事都要与他商议。陆贽的能力逐渐显现，即便身处繁杂政务中，他都能游刃有余，在所有陆贽起草的奏议中，最有名的莫过于“罪己诏”之《奉天改元大赦制》。

这篇赦书全文2000余字，三分之一为唐德宗的自我谴责，其余为朝廷宽赦优抚，并对叛乱者承诺将“一切待之如初”。文字热烈真挚，深沉感人，颁布后“人心大悦”，前线将士非常感动，有的竟痛哭流涕，“虽武人悍卒，无不挥涕激发”。

在陆贽的努力下，朝廷逐渐走出危局，摇摇欲坠的唐王朝转危为安，陆贽也因此被后人称为“救时内相”。

清廉自守：“宏清净无欲之风，守慈俭不贪之宝”

陆贽38岁时登阁拜相。新宰相上任，朝中的官员照例准备了很多礼物，来试探这位长官的好恶，但是陆贽偏偏一件都没有接受。唐德宗听说了这件事，就借他人之口转告陆贽，“卿清慎太过，诸道馈遗，一皆拒绝，恐事情不通，如鞭靴之类，受亦无伤”。

然而，面对唐德宗的特许“收礼”，陆贽连夜写了《谢密旨因论所宣事状》：“贿道一开，展转滋甚。”“若有所受，有所却，则遇却者或有意疑乎见拒而不通矣；若俱辞而不受，则咸知不受者乃其常理，复何嫌阻之有乎？”

在陆贽看来，为官作宰的人应该是天下官员的典范，收受贿赂的大门一旦敞开，就难以控制。如果所有礼物都不收，大家就会知道，不收礼才是正确的做法，同僚之间也就不会产生什么嫌隙了。陆贽用这一封奏疏给皇帝上了一堂深刻的廉政课：“宏清净无欲之风，守慈俭不贪之宝。”

但细细算来，陆贽也收过一次礼，送礼的是他的好友张镒。陆贽还在华州郑县时，结识了当时的寿州刺史张镒，两人相谈甚欢，后结为忘年交。等到陆贽要离开时，张镒拿出“钱百万”，想帮衬陆贽补贴家用。据《新唐书·陆贽传》记载，“贽不纳，唯受新茶一串而已”，由此看来，陆贽当时收的礼就是一包茶叶。

陆贽的清廉自守和他早年在苏州城求学的经历分不开，他的老师陆景倩就是一位难得的清官。朝中人如此评价陆景倩：“某强清，某诈清，惟景倩曰真清。”意思是，在当朝官员中，有的人迫使自己清廉，有的人伪装成清廉，只有陆景倩一个人真正做到了清廉。

陆贽把老师的话一一记下，并在日后的为人处世中做到了言行合一。

直言强谏：“上不负天子，下不负所学”

建中二年（781年）正月，28岁的陆贽回到长安，直接进入了大唐的政治中枢，怀着“致君尧舜上，再使风俗淳”的理想抱负，开启了其政治生涯的新篇章。而他的政治人生也跟随着唐德宗的亲疏好恶，上下浮沉。

陆贽敢于直谏，也敢于“唱反调”，大致和他潜心钻研唐代史学家吴兢所著的《贞观政要》分不开。对名相魏征，他更是佩服得五体投地。

宣公祠内的陆贽进谏画

“居安思危，戒奢以俭”“怨不在大，可畏惟人，载舟覆舟，所宜深慎”“因其材以取之，审其能以任之，用其所长，舍其所短”……他将魏征的话镌刻入心，并暗暗发誓：“一定要做魏征那样‘以谏诤为心，耻君不及尧舜’的谏臣。”

早期，唐德宗和陆贽的关系如胶似漆，无论是用人、用兵、抚叛、封赏等，唐德宗都会向陆贽咨询意见，而且语气相当诚恳，有时甚至是谦逊。

对于唐德宗提出的“无厘头”想法，陆贽都能保持立场，并且直言不讳。一次，唐德宗在逃难途中，有百姓给他献瓜果，令他十分感动，于是便要给他们封官。陆贽两次上书（《驾幸梁州论进献瓜果人拟官状》《又论进瓜果人拟官状》），提出“伏以爵位者，天下之公器，而国之大柄也。唯功勋才德，所宜处之”。陆贽认为，因为献了瓜果就能被封官，会让那些在战场上出生入死的将士寒心，对安邦定国有害而无一利。唐德宗也就打消了这个念头。

陆贽的直谏是从平天下、得人心的初衷出发，而不是根据君王喜好或是个人利益。从这一点来说，陆贽真正地践行了他的偶像——魏征的直谏精神。

但良药苦口，忠言逆耳。陆贽驳唐德宗的次数多了，君臣之间必生嫌隙。有人劝陆贽说话不要显露锋芒，他回答：“吾上不负天子，下不负吾所学，不恤其他。”只可惜，君臣之间的良性互动并没有持续很久。

在四海安定、朝堂稳固之后，唐德宗的心理渐渐发生了变化。他在晚期很赏识裴延龄，并且听信裴延龄的阿谀之词，在宫里建私库。陆贽看了心急如焚，两次上书皇帝（《论宣令除裴延龄度支使状》《论裴延龄奸蠹书》），可是这时候的唐德宗已经听不得陆贽再说一个“不”字，甚至动起了杀心。

最后，陆贽被贬忠州（今重庆忠县），也意味着他的政治生涯落下帷幕。

忠州别驾：“愿符千载寿，不羡五株封”

“愿符千载寿，不羡五株封。傥得回天眷，全胜老碧峰。”陆贽在《禁中春松》一诗中以松树自比，表达自己被贬抑时不图封侯拜相，而是穷且益坚，独善其身，心忧天下；一旦有机会重回朝廷中枢，哪怕年迈力弱，也一定不辞辛劳，承担起济世经邦的大任。这种豁达超然的心境，被后世的知识分子称赏和效仿。如范仲淹写道：“居庙堂之高，则忧其民；处江湖之远，则忧其君。”苏轼则在一场酣畅淋漓的大雨之中写下了“莫听穿林打叶声，何妨吟啸且徐行。竹杖芒鞋轻胜马，谁怕？一蓑烟雨任平生”的千古名句。

贞元十一年（795年），42岁的陆贽来到了忠州。或许是因为想起了父亲的教诲，要他学习东汉医学家张仲景“进则救世，退则救民”，又或许是看到当地百姓饱受传染病之苦，原本打算“躺平”的陆贽开始研究医术，撰写了《陆氏集验方》，从良相到良医，换个身份继续造福百姓。

让人唏嘘的是，陆贽直到离世都没有等到皇帝召他回京，而这份诏书仅仅晚到了7天。

宣公祠的正堂

如今，为了纪念这位唐代良相（谥号为宣），嘉兴市在老城区中心专门修建了一座宣公祠。正堂前的匾额上镌刻着“世代忠良”4个大字，陆贽的画像“端坐”正中，时时刻刻警醒着后人恪守刚正、廉洁的品质。

“知其事而不度其时则败”“得众则得国，失众则失国”这些力透纸背的思想，在经过时光的洗礼后依旧被后人称道、受用。在嘉兴市第一中学，陆贽修身廉正、忠于国家、心忧天下的精神已是校园文化的重要组成部分。学校不仅开设以廉洁文化为主题的思政课，更在课外活动中以辩论、社团、演讲等形式在全校师生心中种下廉洁的种子。

离开宣公祠，再多走几步便能看到宣公桥，这是后人为纪念陆贽而专门修建的。在历史的长河中，宣公桥几经翻新和命名，如今也终于找回了它最初的身份。

在宋代诗人陆蒙老的诗里，曾有这样的描绘："当时仓卒倚鸿筹，清白堪封万户侯。陵谷已非家世远，画桥依旧水东流。"桥上，车流不息；桥下，川流不止。或许，陆贽也曾在此扶栏眺望，他将所有的抱负、梦想、失意和痛苦等都交给了时间，此时此刻的他，问心无愧；而今时今日的我们，将砥砺前行。

大事年表

771年（唐代宗大历六年），陆贽18岁登进士第。

779年（大历十四年），唐德宗李适即位，第二年，他派黜陟使巡视天下，选拔人才。陆贽向黜陟使呈上的《考课黜陟六条》，深受唐德宗赏识，而后陆贽被召为翰林学士。

783年（建中四年），发生泾原兵变，陆贽随唐德宗出奔奉天，诏令多出其手。时外廷虽有宰相主持军国大事，而陆贽常居中参裁，有“内相”之称。后因其母丧，辞去官职。服满入朝，权为兵部侍郎，仍充翰林学士。

791年（贞元七年），罢翰林学士，旋实授兵部侍郎，知贡举。

792年（贞元八年），窦参获罪被贬，陆贽始为中书侍郎同平章事。

794年（贞元十年），因上书极陈宠臣裴延龄奸诈事，触怒唐德宗，罢相，谪为太子宾客。

795年（贞元十一年），裴延龄诬陷陆贽煽动军心，陆贽被贬为忠州别驾。

805年（永贞元年），唐顺宗即位，下诏召回，诏书未至而卒。追赠兵部尚书，谥号“宣”，世称“陆宣公”。

寻根觅源

陆贽的忠廉思想及其教育意义

冯培红

在浙江嘉兴，流传着先贤陆贽的传说，保存着有关于陆贽的文化遗迹。南湖北面的环城河两岸，东有陆贽像，西有宣公亭，宣公桥横跨东西，河东岸新修的宣公祠白墙黛瓦，崭新地矗立在广场上，祠南还有一条宣公路。

为什么嘉兴有这么多带“宣公”二字的城市景观？宣公到底是谁？原来，公元805年陆贽去世后，被朝廷追谥为“宣”，故称宣公。

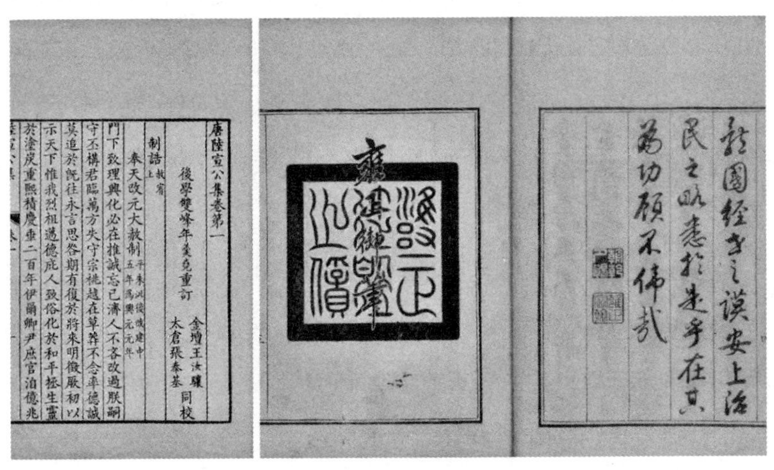
唐陸宣公集卷第一
後學雙峰年羹堯重訂
金壇王汝驤 太倉張奉基 同校
制誥上 赦宥
奉天改元大赦制 平朱泚後改建中五年爲興元元年
門下致理興化必在推誠忘己濟人不吝改過朕嗣
守丕構君臨萬方失守宗祧越在草莽不念率德誠
莫追於旣往永言思咎期有復於將來明徵厥初以
示天下惟我烈祖邁德庇人致俗化於和平拯生靈
於塗炭重熙積慶垂二百年伊爾卿尹庶官洎億兆

《陆宣公集》 陆贽 撰

陆贽的影响在嘉兴无处不在，除了宣公祠一带，南湖西南面的放鹤洲也有陆贽建宅的传说，新塍镇能仁寺中有两通清末及现代的石碑都提到了陆贽，嘉善县曙光村的陆庄东汇老则被认为是陆贽的故居。

陆贽在嘉兴为什么如此受尊崇，处处有遗迹？其实，陆贽的影响不只在嘉兴，他是唐朝的一位宰相，30多岁就位极人臣，尤其是他忠于国家、廉正律己的精神品质在封建时代独树一帜，人格风范为万世追仰。

忠于国家，心忧天下

795年，陆贽被贬为忠州别驾，在忠州度过了人生的最后10年，死后长眠于此。陆贽身上最典型的品质是“忠”，这不是狭隘的忠君，而是忠于国家、心忧天下，与范仲淹“先天下之忧而忧，后天下之乐而乐”相类，是古代优秀文化中的大忠。

《旧唐书·陆贽传》称他“忠言救失”，又说“贽性忠尽，既居近密，感人主重知，思有以效报，故政或有缺，巨细必陈，由是顾待益厚”。陆贽的“忠”主要体现在他针对朝政有缺，巨细必陈，到了知无不言的地步。

《翰苑集》中保存了大量陆贽写的奏议状文，或数千字，或逾万言。这些奏状针砭时弊，一语中的，甚至言辞激切，直指唐德宗的过失，展现了他的尽忠报国之心。

783年发生“泾原兵变”，德宗出逃奉天（今陕西乾县），却仍想着为自己加尊号，设琼林、大盈二库，纳诸道藩镇贡物为天子私财，均为陆贽所驳。他劝谏“陛下宜深自惩励，收揽群心，痛自贬损，以谢灵谴，不可近从末议，重益美名”“诸道贡珍，遽私别库，万目所视，孰能忍情”。

陆贽站在忠于国家的立场苦劝唐德宗，这些建议不仅让君主大失颜面，而且还直接损害了其利益。若非怀着忠于国家、心忧天下的报国之心，是断不会说出这种逆龙鳞的冒犯之言的。这也表明，陆贽的忠已经超出了愚忠于君的狭隘范围，上升到忠于国家的大忠。

陆贽长期担任翰林学士，因其忠诚和才干而受唐德宗信任，被视为“内相”。他在国家危难之际，竭尽智力，终于力挽狂澜。38岁时，陆贽升为宰相，踌躇满志，终于获得了一展抱负的机会，希望“悉心报国，以天下事为己任”，可见其报国思想确实与天下紧紧连在一起。观其所写奏状，奏事极言无隐，言辞激切，以至于“朋友规之，以为太峻”，他却说：“吾上不负天子，下不负吾所学，不恤其他。”读《陆贽集》《旧唐书·陆贽传》《新唐书·陆贽传》，他为天下、为国家、为生民的理想抱负和拳拳的尽忠报国之心跃然纸上，给了后世深刻的启迪意义。

修身廉正，孤标异世

就个人而言，陆贽注重修身，严于律已，为官廉正，是他一生坚守的为人底线。不过他所处的中唐时代，藩镇进奉不息，科场干谒盛行，官场弥漫送礼之风。陆贽虽然无法改变这种风气，但是他洁身自好、廉正自律，在那个时代表现得特立独行、孤标异世。

陆贽最初担任郑县（今陕西渭南华州区）县尉，任满后回乡探母，路过寿州（今安徽寿县），拜谒刺史张镒。临别时，张镒给陆贽赠钱数万，他拒而不纳，唯受新茶一串。陆贽这么做，既不拂张镒的面子，又保持了自己清正廉洁的人格。张镒对他钦敬有加，后来陆贽入翰林为学士，就是出于新晋宰相张镒的举荐。

贞元初，陆贽的母亲韦氏去世，他辞官为母守孝服丧。据权德舆《翰苑集序》记述，当时“四方赙遗数百万，公一无所取”，唯有剑南西川节度使韦皋因是其少时好友，陆贽才肯接受其赠钱，但也是奏请德宗批准后才收受的。

唐代官员的父母去世，服丧期间要罢官解职，无俸禄可领。陆贽为官两袖清风，母亡之后，生活艰难，只能每月接受韦皋的接济，借住在洛阳丰乐寺，才完成三年服丧之制。

由于朝廷的朋党之争，陆贽几次遭到政敌举报受贿。一次是在791年主持科举考试时，德宗派人调查，结果发现是宰相窦参之侄窦申等人合谋诬陷陆贽；另一次是在794年，户部侍郎、判度支裴延龄诬陷有人向陆贽之妻行贿，德宗命人调查后发现纯属子虚乌有。

陆贽的廉洁连政敌都找不到攻击的借口。德宗曾劝陆贽不要完全拒收礼物，像鞭、靴之类的小物但受无妨，可他义正辞严地予以回绝，所上《谢密旨因论所宣事状》称："臣所以未敢奉诏，冒昧尘烦者，审知此道不唯无益，必有甚损故也。亦冀陛下详察其理，普澄其源，弘清净无欲之风，守慈俭不贪之宝。"陆贽防微杜渐，拒绝任何受贿行为。

儒家讲究修身、齐家、治国、平天下，陆贽作为宰相，更是要践行这一儒家原则，这也与他修身廉正、忠于国家、心忧天下的精神完全一致，为我们留下了十分宝贵的文化资源，值得大力挖掘、宣传和弘扬。我们今天对学生的教育，就要从修身做起，严格要求自己，努力学习，积累知识，将来为国家作出贡献，真正达到古人所说的治国、平天下。这就是陆贽带给我们的思想遗产，具有深刻的教育意义。

（作者系浙江大学历史学院教授）

课堂传承

一堂由陆贽展开的"人生主题课"

童抒雯

"从火车站开始，沿着地上的红色标识，我们来到了宣公弄。木质建筑古色古香，嘉兴市级文物保护单位的名牌彰显着其身份。匾额、画像、抱柱、雕窗……"随着镜头的推进，一座为了纪念唐代宰相陆贽而建的宣公祠，一一展现于眼前，白墙黛瓦，江南庭院。

位于嘉兴市老城区中心的宣公祠

在嘉兴市第一中学的一堂史学社社团课上，一段关于“寻访嘉兴宣公记忆”的视频短片正在向社员们展示项目化学习的成果，3分多钟的时长背后是整个小组一周多的准备和努力。

一周之前，行知史学社的指导教师顾俊峰就布置了学习任务：选择嘉兴乡贤陆贽的一个侧面，进行探究性学习。在嘉兴，陆贽已经是这座城市的一个文化标签，关于陆贽的传说和记忆碎片撒满了城市的各个角落。但顾俊峰觉得，想要在学生心中“画下”一幅完整的陆贽画像，需要把探究性学习的主动权还给学生。

这次，学生们通过实地探访与陆贽有关的城市景观、寻找陆贽出生地、演绎陆贽的直谏品质、展现陆贽的清廉故事4个探究项目，对陆贽的生平事迹进行了一次“大起底”。

在这4个探究项目中，寻找陆贽出生地项目最为“磨人”，也最考验学生查找资料和甄别信息的能力。

关于陆贽出生地，有学生通过网络查找后发现，有一种说法是在“嘉兴城内天水井”，但这个说法很快就遭到探究小组其他成员的质疑，“这样的说法缺少史料支撑，只能算是一种坊间传闻”。

那么，如何在一个不用身份证、户口簿的朝代里对个人信息进行精准定位？“中国人一直讲求落叶归根。”因此，成员们决定从现存的众多祠堂入手——“和陆贽及陆贽家族关系最近的那一个祠堂，最靠近陆贽的出生地”。

于是，该组成员以王素的《陆贽乡里实证记》为依据，在清代官修《大清一统志》卷二二〇《嘉兴府·祠庙·陆宣公祠》中找到，“又有祠在嘉善县东北十二里”，由此确定此“祠”即指奉贤乡陆宣公祠。

同时，他们又根据清康熙早间重修的《嘉善县志》卷一《区域志上》附“县境总图”标示位置，确认“嘉善县东北十二里”为“奉四中区”。最后，该组成员又通过康熙《嘉善县志》卷二《区域志下》中的“宋迪功郎陆瑀墓”以及“奉四中区陆庄结字圩”，确定陆瑀墓在奉四中区的陆庄。由此推断，嘉善县的陆庄是陆贽真正的出生地。

通过层层抽丝剥茧，不断地推翻、重建，探究小组的成员们最后确认，陆贽的出生地位于今嘉善县惠民街道曙光村一带。

寻找真相的过程对于每个成员来说，都是一场“思维跋涉”。“我们花了很多心思去找证据，包括查阅古书、翻阅资料、向当地村民求证。”钟妍说。钟妍是“寻找陆贽出生地”探究小组的成员之一，她认为，“不断推翻重建的思维过程不仅锻炼了大家的辩证思维，同时也让我们认识到面对海量的网络信息时，应该更加理性和务实”。

接着，其他两个小组分别用手抄报的形式讲述了体现陆贽直谏精神和清廉精神的故事。短小精悍的故事里蕴含了陆贽为人正气、修身廉正的品质，更诠释了“上不负天子，下不负所学”的人生写照。正如一名学生所说：“陆贽的精神仍具有现实意义，告诉我们无论身处何种境遇，都要保持操守，坚定品行，面对人生中的繁花与荆棘。”

看着学生们的展示成果，作为这次探究性学习的幕后总指导，顾俊峰的脸上溢出了欣慰和惊喜。“要让学生像历史学家一样去思考。”顾俊峰认为，历史学科的学习不应该囿于知识的灌输，“纸上得来终觉浅，绝知此事要躬行。在探究史实的过程中，学习如何甄别史料，如何深入现场获得信息，如何用辩证思维去处理信息，如何利用好所学所得去指导和丰富自己的人生，这些是历史课应该教给学生的”。

学生围绕陆贽的清廉故事绘制主题海报

“对高中生来说，清廉这个词似乎离他们很遥远。为什么要在高中时期就向学生灌输廉洁的思想？”当记者抛出这个问题时，顾俊峰打开了心扉：“一个观念的形成靠的是日积月累和潜移默化。高中阶段是学生人生观和价值观形成的关键期，只有在日常生活中耳濡目染，才能让学生们在走上社会后，依旧坚持正确的价值观，并一以贯之。”

走出课堂，漫步校园，陆贽修身廉正的精神品质也成为嘉兴一中校园文化建设的重要思想源泉。“上德若水”是嘉兴一中的廉洁文化品牌。学校从“水”这一意象入手，提炼“廉”的高洁品行，锻造清廉教师培育体系，构建廉洁学生涵育路径，努力打造风清气正的高品质“清廉嘉中”。

嘉兴一中党委副书记沈微微说：“高中阶段是人生的‘拔节孕穗期’，那些在学生阶段听到的、看到的、感受到的东西，会像灯塔一样照亮他们的一生。高中教育的最终目的，是帮助学生们打好人生底色。”

书影音推荐

书　名：《陆贽集》

作　者：陆贽

出版社：中华书局

陆贽任职期间，逢政局动荡，他所制诰、奏议等，大多为一时匡正规劝之作，但论谏讥陈时病、剖明是非得失，并且情理并重，兼有骈文与散文的长处，因此深受后世推崇。文集所录文章，也是了解中唐政治、经济、制度的重要资料。

书　名：《大唐廉相陆贽》

作　者： 秦勇

出版社： 华文出版社

本书是第一部以廉相陆贽为主角的长篇历史小说。本书以陆贽文韬武略、跌宕起伏的人生命运为架构，以深度的政治视角、深刻的人物刻画、深邃的散文笔法，全方位再现陆贽“上不负天子，下不负所学”的政治命运和跌宕人生。

沈　括

先生名片

沈括像

沈括（1031—1095），字存中，杭州钱塘（今浙江杭州）人，北宋科学家、政治家。代表作《梦溪笔谈》记录了其毕生所闻，被誉为“中国古代科学技术的百科全书”。他在众多科技领域都颇有建树，提出了许多领先世界的科技创见，为人类的科技发展作出了卓越贡献。英国著名的科技史学家李约瑟认为，沈括是中国科学史上最卓越的人物，《梦溪笔谈》是中国科学史上的坐标。

生平事迹

沈括：穷究万物，汇于梦溪

汪恒　李平

生活在900多年前的杭州人沈括，至今还被生活在这片土地上的人们所铭记。

校园里的沈括像

每年清明，杭州市余杭区良渚沈括小学的师生们都会赶往位于杭州城西良渚街道安溪村的沈括墓前献上鲜花。在浙江工业大学朝晖校区，还有一幢以沈括的字“存中”命名的存中楼。

沈括的特别之处，不仅仅在于他的诸多发现、论述超越前人，甚至领先于当世，更在于他始终不渝对世间万象格物致知、洞悉源流的探索精神，以及他重视调查、求真务实的治学态度。

沈括一生博览广识、勤奋好学，注重“专心致意毕力于其事”，很多思考和研究也与其生活轨迹、仕途生涯紧密相连。

要了解这位中国古代科技先驱，就需要走近他的一生。

宦海沉浮，文武兼修

沈括降生在一个官宦之家。他的出生，对当时已经50多岁的父亲沈周来说，可谓“老来得子，喜出望外”。沈括的母亲许氏精通文理，是苏州官宦家庭的大家闺秀。早期沈括由母亲亲自教育，开明的母亲没有急于催促沈括考取科举、光耀门楣，而是给予他更多的自由空间。

1054年，20多岁的沈括为父亲服丧期满后，承袭父荫来到了今天的江苏省沭阳县，担任主簿一职。这也是《宋史》对沈括生平介绍的开始。主簿算是低级官吏，相当于县令的秘书。这是份苦差事，沈括自己曾感叹：“仕之最贱且劳，无若为主簿。”话虽如此，沈括还是兢兢业业做了不少事。当地的沭水，由于泥沙淤积，常给周围居民带来水灾之祸。前任知县在治理沭水上处置不当引发民乱，被赶下台。沈括临危受命，担任代理知县。他仔细了解了民众不满的原因，然后该换人的换人，该抓紧的抓紧，用最少的工期完成了疏浚沭水的任务，使当地“得上田七千顷”。此后，沈括辗转于今天的江苏省东海县、安徽省宁国市、河南省周口市淮阳区，担任知县。

或许是沈括感知到，没有进士出身的加持，身处基层哪怕做出再多的政绩，也看不到晋升的希望，自叹“十年试吏，邻于三黜而偶全”。据说他“裸辞”投奔亲友，安心备考去了。对沈括来说，命运的齿轮在1062年开始转动起来。这一年，他在苏州当地的科举考试中考取了第一名。第二年春天，沈括又在礼部考试中进士及第。之后，在淮南路转运使张刍的引荐下，沈括被派编校昭文馆书籍，获得了升迁的优质“跳板”。

1068年，沈括因母亲许氏去世回乡守丧。待3年守丧期满，再回京城时，变法运动已经轰轰烈烈地开展起来了。沈括的才干被变法派看中，获任检正中书刑房公事一职，成为宰相属官。此后，沈括凭借自己的学识主持疏浚了汴河，改革了南郊祭祀的礼仪制度，兼任提举司天监时主持修订了新历，改制了新观象仪。沈括的功绩终于得到肯定，连升三级，成了宋神宗身边的近臣，步入高级官员之列。

随着北宋外患问题的加剧，沈括接手的边防、军事事务越来越多。在河北，他将那里的山川道路绘制成地图，并制作成立体的地理模型图进献于宋神宗。在军器监，他在武器制造与改良、战术阵形、堡垒修建等方面都颇有成绩。沈括还奉命出使辽国，在边境问题上取得外交胜利。

由于沈括的不少做法和变法派有出入，他和王安石等人的裂痕越来越明显，最终被贬为宣州知州。后虽奉命参与到与西夏的战事中，并展现出不凡的军事才能，但最终无法改变宋军战败的命运，自己也被追责处分，继续遭贬。沈括在遗憾中告别了政治舞台，并发出了“满目伤心悔上楼”的感慨。在沈括生命的最后10余年里，他以研究学问为慰藉，闭门整理写作，直至65岁逝世。

博学善文，无所不通

沈括的好奇心和勤奋劲儿在他儿时就已显现出来。在他随父亲居住福建泉州期间，听说当地有一种叫“钩吻”的剧毒植物，便对这种植物作了细致的观察，发现了前人记载的谬误，并予以澄清。因为从小体弱多病，沈括在读书习字的同时，也学习医药，搜集医方。沈括的学习兴趣广泛，难得的是他没有停留在“三分钟热度”上，也没落入把学问作为名利敲门砖的俗套，写就了多专多能的一生。

早期为吏的经历让沈括成了水利专家。在安徽宁国，他提出“圩田五说”，促成万春圩的建成，并写成《万春圩记》，向世人宣传圩田的好处。在兼任提举司天监时，沈括表现出对天文的深入理解。他对日月之形状、日月食之原理，以及日月轨道交点退行等问题的见解已颇为领先，又作成《浑仪议》《浮漏议》《景表议》，对观测天象的仪器和技术进行了改进。

用“上知天文，下晓地理”来形容沈括，毫不为过。在河北为官期间，沈括通过20多天的走访勘测，用木屑和蜡做成山川地理模型图。这种地图比例尺更大，也更为准确。出使辽国后，沈括把沿途的各种情况详尽整理，编成《使契丹图钞》。沈括还耗费12年，制成综合地图集《天下州县图》。在沈括对各地风土人情和物产的记录中，留下了最早关于石油的描述。他在陕西看到当地人采集一种黑色的液体，燃烧时冒出很浓的黑烟，便断定这种黑烟可以利用，断言“此物后必大行于世”，认为国内“石油至多，生于地中无穷”。交通变迁、地质演化、物候气象……凡此种种，都留下了沈括的洞察和观点。

沈括还对医术有所研究，他提出看病的“五难理论”，强调要详尽地掌握患者的临床情况。他整理的药方曾让垂死的病儿起死回生，同时他又将药方慷慨传于他人。后人将沈括的《良方》和苏轼所作的《苏学士方》合编成《苏沈良方》，该书成为风靡一时的畅销书。

在艺术领域，好学的沈括也没有缺席。他对燕乐二十八调进行了深入了解，写了《乐器图》《三乐谱》《乐律》等书。相传在领兵对战西夏期间，他还创作了几十首歌曲，让士兵作为凯歌传唱。沈括喜好收藏名家书画，在艺术鉴赏和批评领域有自己的看法。

据《宋史·艺文志》记载，沈括的著述有22种155卷。据宋元诸家书目著录及沈括本人之所自志，有40种以上，遍及经、史、子、集各部，可惜大多数已失传，仅从现存的文献来看，“杂家”沈括的涉猎广度已经足以令人惊叹。

百科全书，包罗万象

在今天的江苏镇江，不仅有梦溪路、梦溪广场，还有梦溪园巷。在梦溪园巷21号，坐落着留存至今的梦溪园，在这里，沈括度过了他人生中最后的8年。也是在这里，沈括将他毕生所学、所知、所思编撰成书，命名《梦溪笔谈》。

《梦溪笔谈》

《梦溪笔谈》堪称我国古代科学技术成果的资料库，书中内容之多、涵盖面之广，有目共睹。全书凡30卷，分故事、辩证、乐律、象数、人事、官政、权智、艺文、书画、技艺、器用、神奇、异事、谬误、讥谑、杂志、药议17目，凡609条。

沈括是中国文化史上少有的通才、奇才，在天文、地质、化学、数学、光学、医学、建筑学、工艺制作、军事、哲学、艺术等领域，都有自己独特的探索和贡献。他在各个领域的重要研究成果俯拾皆是：数学上的会圆术、隙积术，物理上的人工磁化、透光镜、应弦共振，化学上的石油制墨、湿法炼铜，天文上的浑天仪、真太阳日、改历法，医学上的磁疗、药用矿物，经济上的贸易顺逆差，音乐上的唐乐研究、乐器考证……《宋史》对沈括如是评价："学术浩博，文艺深长，经史之外，天文、方志、律历、音乐、医卜诸家，无不通练，皆有论述。"

著名史学家陈寅恪说："华夏民族之文化，历数千载之演进，造极于赵宋之世。"北宋时期，中国的许多发明创造达到高峰，并居于世界领先水平。《梦溪笔谈》集中体现了天文学、数学、物理学、地理学、医药学等多个学科在当时的前沿成果，折射出那个时代的科技辉煌。

沈括终其一生，对自然和社会充满好奇，并不断探究其中奥秘。在《梦溪笔谈》的每一个条目里，几乎都有沈括不同寻常的思考和发现，许多体会非用心体察的亲历者绝写不出。中国的四大发明中有两项——指南针、印刷术，借由这本书中的记录而得以流传下来。

中国最早的指南针大约出现于战国时期，古人称之为“司南”。司南因其磁性较弱、指南效果不好等缺陷，长时间未能得到广泛使用。到了宋代，随着人工磁化方法的发明，指南针的使用有了重大突破。沈括在《梦溪笔谈》中详细记载了磁针装置的4种方法，即水浮法、碗唇旋定法、指甲旋定法和缕悬法，并对这4种方法进行了比较。

在观察和研究指南针使用方法的过程中，沈括还发现了指南针所指的方向不是正南而是略微偏东，这种现象在物理学中叫作磁偏角。这是世界上最早发现磁偏角的记录，比欧洲哥伦布的发现早了400多年。

宋仁宗庆历年间，杭州工匠毕昇发明了活字印刷术，用胶泥做成活字，把铸字、排版、印刷3道工序结合起来，这是印刷技术的一大革新。《梦溪笔谈》中写道：“若止印三、二本未为简易；若印数十百千本则极为神速。”

除了这些记录，沈括在《梦溪笔谈》中还记载了很多劳动人民发明创造的事迹，比如木工喻皓的《木经》、水工高超的治理黄河经验，以及民间炼钢炼铜方法等，都是源自他亲身收集的原始素材。

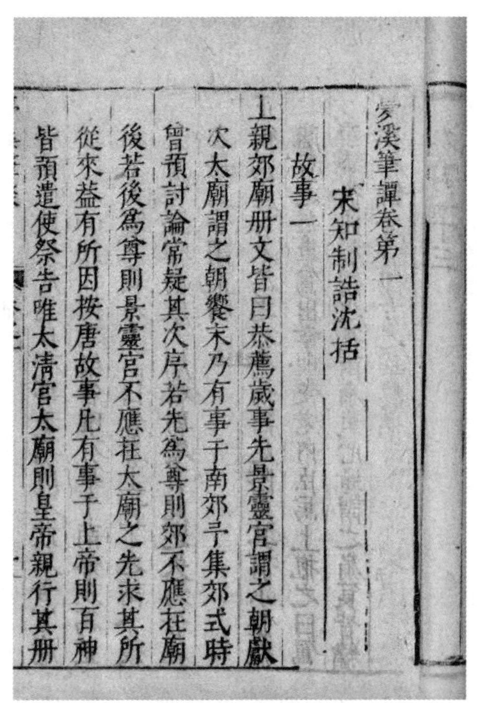

夢溪筆談卷第一
宋知制誥沈括
故事一
上親郊廟冊文皆曰恭薦歲事先景靈宮謂之朝獻
次太廟謂之朝饗末乃有事于南郊予集郊式時
曾預討論常疑其次序若先爲尊則郊不應在廟
後若後爲尊則景靈宮不應在太廟之先求其所
從來蓋有所因按唐故事凡有事于上帝則百神
皆預遣使祭告唯太清宮太廟則皇帝親行其冊

《梦溪笔谈》书影

正是因为有了沈括的这本《梦溪笔谈》，从根本上改变了西方人对中国文明的看法，让他们知道中国古代曾在多个科学领域遥遥领先于世界。

科学奇才，孜孜以求

自古钱塘多名士。沈括是钱塘人，他的祖父曾任大理寺丞，父亲沈周曾在现今的镇江、泉州、简阳、开封等地为官。

沈括聪颖好学，幼年时期便读完家中藏书，又跟随外出做官的父亲，接触到了各地不同的风土人情。所谓“读万卷书，行万里路”，这些为他后来成长为科学史上的巨星奠定了坚实基础。

良渚文化专家康烈华说：“《梦溪笔谈》里的溪，就是安溪。”晚年，沈括虽移居润州（今镇江），但他一刻也未停止对故土的思念，把所住的地方取名为“梦溪园”，并嘱咐后人让他落叶归根。为了纪念这位历史上伟大的科学家，2020年，杭州市余杭区新增了一所以“沈括”命名的小学。

纵观沈括的一生，在为官上，他勤政务实，坚持认为“民怀其惠，不怀其人”。从一个县级主簿，到后来的知州、馆阁、司天监，乃至三司使，他每到一处，都是脚踏实地、“善政善行”，留下突出政绩。在沭阳，面对境内沭水淤积导致的水患，沈括组织人力，“新其二坊，疏水为百渠九堰”。这一举措不但解决了水患，还因此开辟出7000顷的好田地。在提举司天监任上，他改进了浑天仪等天文观察仪器，对日月食的成因和月的盈亏作了进一步说明。

在治学上，作为古代少有的科学家，沈括善于在总结众人经验的基础上坚持科学研究。他认为，“人有前知者，数千百年事皆能言之，梦寐亦或有之，以此知万事无不前定。余以谓不然”。既然“事非前定”，人要获得知识，必然依赖于过往的经验，而经验又源自人的观察与实验。沈括始终保持着对身边未知事物的好奇心和求知欲，他注重寻访名工巧匠，“所至之处，莫不询究，或医师，或里巷，或小人，以至士大夫之家，山林隐者，无不求访”。

难能可贵的是，沈括虽相信经验，但又不迷信和盲从经验，而是惯于从实践中获得真知。他涉猎广泛，见解独到，能发前人之所未发。在《梦溪笔谈》中，对于不确定的科学问题，沈括明确承认自己知识的局限性和阶段性，表示“未深讨耳”。在当时，人们普遍相信海潮是由太阳的出没造成的，但沈括发现，潮水起落主要同月相有相关性，并据此提出了潮汐受月亮运动影响的假说，而后世发现的万有引力定律证明了该假说的科学性。在古代，历法的最大特点就是阴阳历结合，并用置闰的方法加以调整。沈括首先大胆提出了阴阳历的缺陷，并亲自测验昼夜星月的位置变化达5年之久，以此来求得可靠的实验数据，这才有了后来的《十二气历》。

1979年，中国科学院紫金山天文台决定，将1964年发现的一颗小行星2027命名为“沈括星”。这既是对沈括在科学领域作出的卓越贡献的一种崇高致敬，也寄托着人们对他的深切缅怀。

大事年表

1031年（天圣九年），出生于杭州钱塘（今浙江杭州）。

1054年（至和元年），凭父亲恩荫在海州沭阳（今江苏省沭阳县）担任主簿。

1062年（嘉祐七年），在苏州考取解元。

1063年（嘉祐八年），在京城参加省试，进士及第。

1066年（治平三年），出任编校昭文馆书籍，参与详定浑天仪。

1068年（熙宁元年），转任馆阁校勘，同年8月因母亲去世辞去官职回乡守丧。

1071年（熙宁四年），守丧期满回京复职，获任检中正书刑房公事。

1072年（熙宁五年），出任司天监公事。

1073年（熙宁六年），迁集贤校理，作《浑仪》《浮漏》《景表》三议。

1074年（熙宁七年），迁太常丞、同修起居注，出任河北西路察访使。

1075年（熙宁八年），出使辽国，后整理成《使契丹图钞》。

1076年（熙宁九年），奉旨编修《天下州县图》。

1080年（元丰三年），考察石油矿藏、出土植物化石等。

1081年（元丰四年），参与指挥伐夏战事。

1088年（元祐三年），进献《天下州县图》，迁往润州（今江苏省镇江市）梦溪园，开始著《梦溪笔谈》《良方》等书。

1095年（绍圣二年），寿终正寝，归葬钱塘。

寻根觅源

率意者，勤思精研

于　佳

一

暑日回乡。返杭前一天，特意和女儿一起去铁人王进喜纪念馆参观。

今年（2023年，下同）是王进喜诞生100周年。在我出生的“油城”大庆，讲起铁人的奋斗史，唱起《我为祖国献石油》，总是让人自豪澎湃。

而若讲起“石油”，在展厅第一部分，一张泛黄的古人画像让我停下脚步。

走近一看，是钱塘人沈括。展板的文字介绍上写着：“900多年前，北宋政治家、科学家沈括，在任延安府经略时就对陕北高原的石油露头进行勘探，并在《梦溪笔谈》中首次使用‘石油’这个名词，预言‘此物后必大行于世’。”

展厅内的志愿者，来自中国石油大学，他介绍，铁人王进喜雕塑和沈括雕塑都已在中石大校园落成。这两尊塑像分别表现了“苦干实干”的奉献精神和“勤思精研”的科学创新精神。

王进喜作为新中国第一代钻井工人，深感没有文化寸步难行，下决心加紧学习；沈括生于官宦之家，却能体察民间疾苦，他对石油的描述“生于水际，沙石与泉水相杂……黑光如漆，松墨不及也”等，如此精准。

想起海德格尔曾说，“未来以过去曾是的样子塑造了现在”，此刻，不禁为之喝彩。

二

我们好像总是能轻而易举地讲出沈括在工程学、天文学、数学、地理学、化学、物理学等方面领先于时代的发现与成就，他和我们分享了太多科学的志向和生活的热忱。可对于沈括，终究还是生疏了。

时值这一季盛夏尾声，我来到了位于杭州市余杭区良渚街道安溪村太平山南麓的沈括墓。绿意盎然的香樟树下，“宋故龙图阁直学士沈括之墓”的字迹已经模糊，墓道两侧立着石翁仲一对，石马、石羊各一对。一只年迈的黄狗，在墓地旁静静守望。

沈括墓旁的石马

也就是在这样一刻，我突然想到沈括的披荆斩棘。

《宋史》曾载，沈括出使辽国，契丹宰相杨益戒来同他面议。沈括找到争论地界的各种书信档案数十件，预先让幕僚和吏员背熟它们，杨益戒反问，沈括就据理力争列举。另一天再问，还是同样回答。杨益戒无言可对，傲慢地说："数里之地不忍，而轻绝好乎。"沈括回答："师直为壮，曲为老。"

这样一句回答，也许佐证了他并未写到而又让人好奇的一生。师直为壮，是沈括。

回到《梦溪笔谈》，自序中，他写自己"退处林下"，不谈国事，"所录唯山间木荫，率意谈噱，不系人之利害"。透过历史的尘烟，我们无心审度"乌台诗案"的是非与得失，单这一句开场白，就已足够磊落干脆。

三

浙江大学教授何忠礼说，沈括是个百科全书式的人物。

一部《梦溪笔谈》，似乎包罗万象。看见彩虹，会想到“虹乃雨中日影也，日照雨则有之”；行至雁荡山，会想到他所写的“沙土尽去，唯巨石岿然挺立耳”；从苏州赴昆山，又会想起这六十里路“皆浅水无陆途”的跋涉……但更多愿意记得的，还是他写到《尝茶》时的珍惜，“一夜风吹一寸长”。

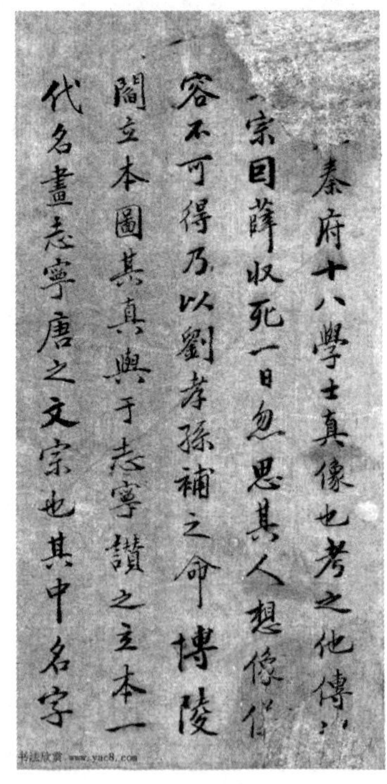

沈括书法

盛唐隆宋。这里的“隆”，是中国气派，是文化气象。作为北宋最博学的科学家，他的精神直至今日仍不过时。

在古代，中国“罢黜百家，尊崇儒术”，读书人只需读好“四书五经”，其他“杂学”皆为小道。在当时，要出一位懂得“杂学”的读书人，殊为不易。

而那时的沈括，就已显示出他作为知识分子的“另类”品格。他说“天地之变，寒暑风雨，水旱螟蝗，率皆有法”，并指出“阳顺阴逆之理，皆有所从来，得之自然，非意之所配也”。也就是说，自然界事物的变化都是有规律的，而且这些规律是客观存在的，不以人们的意志为转移。正是这样“前卫”的思想，促使他在科学技术上达到了那个时代的非凡高度。

沈括十分重视调查、观察、实测、实验，并且要“原其理”“以理推之”。穷其一生，他都在不断地观察、发现、求知、探索。

在当下，沈括精神的传承恰逢其时。2024年5月，教育部等十八部门联合印发《关于加强新时代中小学科学教育工作的意见》，旨在为中小学生提供更加优质的科学教育。我们原有的科学教育，以看和听为主。然而，要实现对科技的理解和掌握，不仅要看、要听，更要去动手探究，只有在探索中，才会有新的发现、新的感悟。

在沈括的故乡良渚，有一所以他的名字命名的小学，这里的学生从小就是“沈括伢儿”。而在杭州市下沙中学，有个沈括班，培养的是对科学技术有兴趣并能成为特长的学生。所幸，沈括精神穿越长久的岁月，正在焕发出别样的光芒。

课堂传承

乘梦溪之风　踏科创之梦

——将“精研深究”的科创精神植根学生心底

陈亚晶　蒋涛　卜滢滢

因地处沈括的家乡，我校有幸以这位古代科学家的名字命名。建校以来，学校着力传承沈括“精研深究”的科创精神，以“人文为基、科创为翼”为办学理念，为学生打造随处可见的科学元素。

沈括强调“必睹其验，始著其篇”，即通过亲身实践验证探索真理。这种理念在沈括小学得到了很好的传承。

学校的绿化带中矗立着一根根传声筒，每每下课，学生们就三个一群、两个一组地围在传声筒两端打起了土电话，在嬉戏玩闹中，他们感受到了科学的魅力。像这样的科学元素散落在校园的角角落落：墙面上、草丛中、转角处……学生们可以随时体验，随时观察。

《梦溪笔谈》是中国古代科技的集大成之作。沈括在《梦溪笔谈》中所展现出的科学精神，以及其中遗留的科学问题，值得各科教师深挖，为教学所用。

《梦溪笔谈》中的《桂屑除草》原文并不长，如何才能让学生更好地理解文章的内容及蕴含的道理？在教学《桂屑除草》这堂拓展课时，我们进行了精心设计。

课堂上，先由学生上台表演情景剧《江南后主除草之惑》。几名学生身着汉服，对这个故事进行了生动演绎：南唐李后主忧虑清暑阁前杂草滋生，于是，徐锴让人将桂枝屑撒在砖缝中。

在讲解了文中难懂的字词释义后，便进入提问环节。

师：徐锴是怎么解释他这么做的原因的？谓："《吕氏春秋》云'桂枝之下无杂木'，盖桂辛螫故也。"《雷公炮炙论》中也说了一件事情，跟徐锴的解释差不多。《雷公炮炙论》云："以桂为丁，以钉木中，其木即死。"以肉桂做成钉子，钉在树木中，树木很快就死了。那么真是因为"桂辛螫"吗？

生：是，因为《吕氏春秋》中是这么说的。

生：不是，因为"然桂之杀草木，自是其性，不为辛螫也""一丁至微，未必能螫大木，自其性相制耳。"

师：在文中找一找，沈括在写这篇文章时引用了哪些名著？

生：这短短的一篇文章，却引用了《杨文公谈苑》《吕氏春秋》《雷公炮炙论》3本著作。

生：沈括酷爱读书，对名著也是如数家珍，所以他才能集前朝科学成就于《梦溪笔谈》之中。

师：沈括通过《桂屑除草》，告诉我们什么？

生：桂屑之所以能除草，不是因为辛螫，而是因为桂树本身的特性，但到底是桂树中的哪一种物质发挥了作用，当时由于科技不发达，所以无从探究。

生：现在科技发达，历史上的很多未解之谜，都能探寻到答案。沈括的《梦溪笔谈》集合了古代的很多科技发明，同时也留下了不少科学疑问。我们将沿着他的脚步，发现一个又一个问题，在求索的路上取得一个又一个收获。

其实，《梦溪笔谈》对小学生来说比较艰深，我们便让他们读一些相对浅显的名人传记类作品。在《文理全能小达人沈括》的阅读分享课上，我们引导学生学着沈括的样子，对科学原理进行验证，沉浸式体验科学家的所思所想。

《梦溪笔谈》这本书中详细描述了毕昇发明的活字印刷术的印刷工序。沈括还对4种指南针的使用方式进行了比较。指南针传到西方，对人类文明的进程产生了重要影响。在现代社会，指南针依然起着重要作用。通过阅读，学生对其产生了浓厚的兴趣。

课前，我们让学生自己动手做一做，在课堂上则通过视频，分享学生亲手体验活字印刷以及用水浮法、缕悬法制作指南针的过程。

而在科学课堂教学中，我们不但强调观察和实践，还秉承实事求是的态度，鼓励学生提出问题、勇于思考。课堂上，常通过启发式问题和探究性学习的方式，激发学生的好奇心和求知欲，当在研究过程中出现分歧时，学生往往会采用重复实验的方式进一步探究。渐渐地，他们养成了不偏听偏信、追求事实的习惯。

沈括注重实际观察，三年级的科学课有关于光影的研究，在引导学生观察阳光下物体影子的变化时，老师总会领着学生们到日晷前驻足。日晷是太阳钟，晷面上的影子就像现代钟表的指针，随着太阳渐渐升高，用无声的影子告诉大家时光的流逝。学生们常常惊叹日晷的时间居然能如此精确，深深叹服于古人的智慧。

（作者系杭州市余杭区良渚沈括小学教师）

日晷

书影音推荐

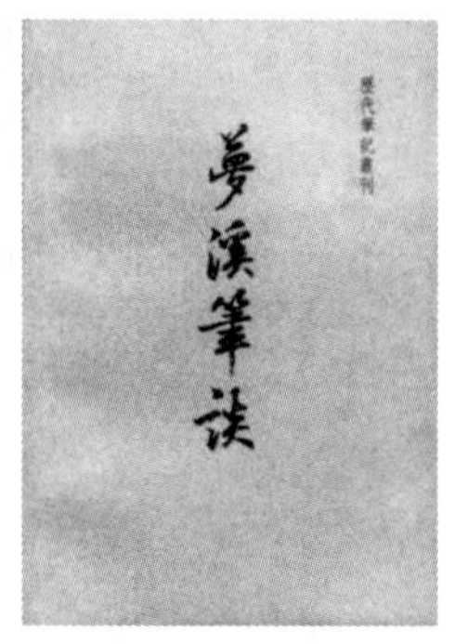

书　名：《梦溪笔谈》

作　者：［宋］沈括

出版者：上海古籍出版社

《梦溪笔谈》包括《笔谈》《补笔谈》《续笔谈》三部分。内容涉及天文、数学、物理、化学、生物、地质、地理、气象、医药、农学、工程技术、文学、史事、音乐和美术等。反映了北宋的科学发展水平和作者的研究心得。

书　名：《沈括全集》

作　者：［宋］沈括

出版者：浙江大学出版社

沈括，杭州钱塘人，是中国历史上著名的科学家，也是北宋重要的政治改革家之一。《沈括全集（套装共3册）》主要讲述了沈括的生平故事与《梦溪笔谈》等有关内容。

书　名：《苏沈良方》

作　者：［宋］沈括　苏轼

出版社：上海科学技术出版社

《苏沈良方》又名《苏沈内翰良方》《内翰良方》。宋末人将苏轼所撰《医药杂说》并入沈括所辑《良方》，合编而成《苏沈良方》。本书论述范围很广，包括本草学、疾病治疗学及养生保健等三方面的内容。书中关于本草的记载，有许多可以作为考据资料。本书颇具实用价值，可供临床工作者阅读参考。

书　名：《沈括评传》

作　者：祖慧

出版社：南京大学出版社

本书拟在钩沉史籍的基础上，广泛吸收现有的研究成果，对沈括的生平，以及他在自然科学和人文科学方面的成就进行概括总结，对沈括的科学思想和人文思想进行探讨，并对他在中国科学史及政治史上的地位加以评说。

陈　亮

先生名片

陈亮像

陈亮（1143—1194），原名陈汝能，字同甫，世称“龙川先生”，浙江永康人。他是南宋时期著名的爱国主义思想家、文学家、史学理论家、教育家和军事谋略家。陈亮一生致力于呼吁抗金、恢复中原、改革中兴，曾六诣天阙，作《中兴五论》。其所作政论气势纵横，词作豪放，著有《龙川文集》《龙川词》等。陈亮创立的永康学派，与吕祖谦创立的金华学派、以叶适为代表的永嘉学派，共同构成了南宋浙学的思想基础。

生平事迹

陈亮：人龙文虎，勇迈千古

舒玲玲 江 晨 张 莺

在浙江展览馆，跨越近千年和陈亮相逢。

幼时苦读、少负大志、作《酌古论》、上书中兴、结交名流、设社讲学……透过一幅幅水墨丹青，陈亮饱满而跌宕的一生帧帧幕幕，扑面而来。

2023年是陈亮诞生880周年。10月9日至15日，“宋韵·浙学溯源——陈亮主题书画作品展”在浙江展览馆举行。画家张昭济笔下，“青松不老，山涧奔腾。巍巍明招山下，陈亮与吕祖谦、叶适品茗畅谈，纵论天下大事”，泼墨间描绘出同道好友周而不比的情谊，也铺陈出南宋浙学的文化思潮。

尽管宋室南渡后内忧外患不断，学术思潮却异常开明，各学派百家争鸣、常作论辩，陈亮所创永康学派便是浙东学派的一颗璀璨明珠。在辛弃疾眼中，“同甫之才，落笔千言”“同甫之志，平盖万夫”。他大赞以陈亮的才与志，“天下之事孰不可为”。因倡导实事实功、经世致用，陈亮的事功之学深刻地影响了南宋以来浙江经济社会文化的发展。今天我们溯源“浙江精神”，永康学派的事功思想也是其中一脉重要的肇始与源流。

“天才少年”酌古论今

位于永康市龙山镇的普明禅寺，距离陈亮故居不远。乍暖还寒时节，寺里会开出一簇簇梅花。陈亮爱梅，更爱其“欲传春信息，不怕雪埋藏”的精神与风骨。后人为了纪念陈亮，便在普明禅寺种满了梅花，咏梅寻芳，借梅颂贤。

少时，陈亮常读书于寺中。那时的他少年意气、放荡恣意，又承袭了祖父陈益文武兼通的志向，在龙窟山下饱读史书、研习兵法，十八九岁就创作出旷世名篇《酌古论》。初露锋芒便震惊世人，这也让他得以进入婺州太守周葵的视野。

人一生总会遇到几位“贵人”，于陈亮而言，能结识周葵无疑是最幸运的事。尽管两人在学术上有异见、在政治观点上也有分歧，但周葵爱才惜才，陈亮论列往昔、针砭现实的壮志豪情令他赞赏不已，待之为上宾。周葵还把陈亮拉进自己的“朋友圈”，使他得以与当时的政要、学人、朝士结识交谈，极大地开阔了眼界、精进了学问。

这也是陈亮人生中最为畅怀恣意的时期。他与吕祖谦结为莫逆，每每著书作文都会先寄给吕祖谦过目匡正；与永嘉学派创始人叶适一见如故，共话圣贤用心和豪杰行事，更加坚定了事功之学的思想。因为《酌古论》，也因为常有机会与精英志士交谈论辩，陈亮声名渐隆，不少社会名流与其“未谋面而神已交，语言未通而肝胆相与”。

然而满腹才华并没能转化为平步青云的阶梯，命运似乎并不打算继续优待这位天才少年。亲人离世、家道中落、试闱失利、上书不纳、牵连入狱……人生际遇急转直下。胸有沟壑而志不得伸，让陈亮发出“屠龙技虽成而无所用”的嗟叹，也让他萌生退意，从都城重返永康家中。

虽常杯酒自遣平生萧索，但在求学问道和学术思想上，陈亮从未有一刻懈怠。这段田园耕读岁月里，陈亮平日所读更为广泛，经籍典册、兵农食货、历史掌故、地理形胜和各种文物制度等尽在研究之列，这也使其事功思想更加完善成熟。

其间，陈亮通过吕祖谦与朱熹结交。两人虽互有欣赏，但观念思想实在不同，往来书信更像是针锋相对的辩词。后来陈亮被牵连入狱，朱熹劝诫他不要因为对功利的追求而妨碍了对道德的讲求的一封书信，将两人的学术分野彻底推向公开交锋。一场在思想史上彪炳千秋，当时影响甚巨，至今使人饶有余味的王霸义利之辩轰轰烈烈地展开了。

在朱熹的观念里，道义和功利、王道与霸道本该是截然对立的。他写信建议陈亮“绌去义利双行、王霸并用之说”，做一个纯粹的儒生。陈亮却回信坦陈自己只是将义与利、王与霸统一在一起，认为一个完美的人应该是“成人”，应该集仁、智、勇等于一身，既有道德又能担当世上之大事。两人在对汉唐心迹的理解、对历史人物的评价、理想价值观念等方面都存在较大分歧，你来我往互不相让。随着一封封书信往复，朱陈之辩大大地震动了当时的思想界。陈傅良就曾以“功到成处，便是有德；事到济处，便是有理”来评价陈亮的学术思想。

“尚气狂生”六上中书

明明是满腹经纶的不世之才，陈亮的一生却几多波折坎坷，甚至可以用命途多舛来形容，这多少与他的自负狂放有关。用今天的话说，陈亮是一个有真本事的爱国“愤青”。因为爱国，他见不得文人士大夫苟安为乐不思复兴，奏疏呈上劝谏君王；因为有真本事，他不只著书作文怼天怼地，还能罗列出一整套周密的光复大计，因此被一部分空谈者与主和派视为“眼中钉”。

但爱国是刻在陈亮血脉里的基因。曾祖父陈知元于靖康初年战死在城门外，外曾祖父黄琫以死捍卫乡里，外祖父黄大圭也在抗金战斗中建立功勋，祖父陈益更是将振兴家族的重任寄托在陈亮身上，亲自教导并对他寄予厚望。在家族潜移默化的熏陶和影响下，陈亮也将拯救民族危难、实现抗金复国视作己任。

陈亮为中兴复国而潜心读书，但又不死读书、读死书，而是将文武之道合而为一，这也为他伏阙上书指点江山埋下了伏笔。他两度进入太学，希望通过科举考试获得施展才能的机会，继而实现辅佐朝廷中兴复国的宏愿，但都事与愿违。

第一次会试落榜后，陈亮就上书《中兴五论》，向宋孝宗提出坚决抗金、收复中原的政治主张和一系列中兴图强的政治、经济、军事策略。但当时孝宗皇帝北伐受挫、朝廷内部矛盾重重，纵然《中兴五论》鞭辟入里、可圈可点，却也无缘被主和派占上风的统治集团所采纳。后来陈亮蛰伏苦读，学问更加精进，二进太学时几乎被所有人看好，可惜因为大胆放诞的言论震惊朝野，再度铩羽而归。

纵然失意，但陈亮参加科举的目的本就不在高官厚禄，而在于洗清国耻、光复中兴，这也是他性格中的韧性。陈亮退出太学后，按律不得上书议论国事，为此他改名“陈同”，接连递呈3封“上孝宗皇帝书”，一封比一封气势雄浑。《上孝宗皇帝第一书》以磅礴气势描绘变革蓝图，详述反对议和的原因、如何变革的策略并建议借助荆襄之地行使恢复大计；《上孝宗皇帝第二书》再谈历史教训，催促皇帝尽早厉兵秣马、废除和约；《上孝宗皇帝第三书》直陈国之弊病必须大变，并表心迹“不向陛下陈国家之大计，对不起天地以及赵宋王朝的太祖英灵”。

宋孝宗并非没有被触动，相反他观书泣涕备受鼓舞，甚至一度想破格提用这位甘冒天威上书言事的平民，还曾派出大臣在都堂审察陈亮。有传闻说，都堂审察时陈亮之狂妄故态复萌，妄言否定祖宗家法在现实意义上的合理性，听得审察官们相顾骇然，他也因此错失了进入朝廷的机会，只得束手南归。

身居江湖之远仍系庙堂之高，陈亮没有一天忘记要收复故土。后来他发现京口（如今的镇江）“一水横陈，连岗三面，做出争雄势”，堪为抗金前线，又作《戊申再上孝宗皇帝书》，直言江南不必担忧、和议不必奉行、敌人不必畏惧、书生言论不足为凭，并建议太子抚军。可惜，戊申上书也难逃石沉大海的命运。

据传陈亮一生六上中书，两讥丞相，因狂放不羁震动朝野，也因矢志抗金树立起伟大的形象。当时的陈亮并不知道，平生之思想抱负虽然未能说服朱熹，也未能驱散笼罩在宋室头上的乌云，实现中兴复国，但其经世致用的事功之学和胸怀天下的爱国情怀，却如升空之日穿透历史的云翳，光照后世。

“状元讲师”为国育才

在许多永康人的心目中，永康有两座高峰，其一是方岩，另一便是陈亮。而两座高峰的交集，汇于方岩北侧寿山的五峰书院，陈亮曾在此授徒讲学。诚然，陈亮不仅是爱国主义思想家，也是讲经论理的教育家。陈亮的教育思想有其特殊时代背景和独特人生经历的深刻烙印，与其事功思想一脉相承，形成了一系列与众不同的教育理论和观点。

五峰书院

陈亮讲学，首先在教授内容上独树一帜。与当时的理学家多倚仗六经等儒门经典引导儒生寻章摘句不同，陈亮主张以博学多识为基础来培养实事实功之才，凡符合经世致用要求的内容都可以成为教育的内容。为此，他还专门将学社起名为“保社”以示区别。他毕生恪守“以天下为己任”的责任担当，也通过教授知类通达、经世致用的各项技能，将自己的理念传递给学生，从而唤起更多人救国、保国、报国的豪情壮志。

在教育目标上，陈亮认为当时上至太学下至各级郡县之学，无不以科举应考、做官求名为目的，考试制度生硬、教育内容呆板，并不追求真才实学，很难培养德才兼备的有用之才。他主张教育的最高目标是培养“非常之人”，即拥有“堂堂之阵，正正之旗”之志向，“推倒一世之智勇，开拓万古之心胸”之气质，经得起“风雨云雷交发而并至，龙蛇虎豹变见而出没”严峻考验的人。最低目标也要“学为成人”，即做一个能为社会所用的实才之人。

在教学方法上，陈亮主张“文武之道一也”，不仅要教授学生“平定天下”的本领，还要传授“治理天下”的知识；不仅要培养学生观察和分析社会、总结历史的能力，还要培养他们解决现实问题的能力。“童子以记诵为能，少壮以学识为本，老成以德业为重。”在陈亮看来，学习还应施于实际、因材施教。

纵然在学术思想上自负狂放，陈亮在讲学时却格外包容谦逊，倡导师生讲论、互学共进。这从他讲学留下的《六经发题》《语孟发题》等讲义中可见一斑。他不赞同为师者便要高居在上、为学者就要俯首于下的旧例，认为师生间各有所长，“与诸君参考同异”“与诸君商榷”“试与诸君共议之”等便是他的惯用语。

在日复一日的教学实践中，陈亮不断精进教学思想，也逐步形成了独到的人才观念。“以天下之学养天下之士”，主张要拓宽育人选人渠道，反对人才世袭垄断；“人才以用而见其能否”，主张在使用中锻炼人才、选拔人才；“要以适用为主耳”，主张培养能为社会所用的实干型人才；“天下大势之所趋，天地鬼神不能易，而易之者人也”，主张重视发挥人的主观能动性……

10余年教学相长，陈亮学问益深、声名益盛，最终于绍熙四年（1193年）高中状元，他也是永康历史上唯一一位状元。从这个意义上来说，陈亮授徒讲学那10余年，无异于以状元之才为永康、为南宋培养了大批经世致用的栋梁之材。

“布衣龙川”万古遗风

其实，陈亮设帐授学那几年，五峰书院虽只是“寿山石室”，却已然成为当地重要的文化中心和教育高地。历经漫长的岁月更迭，直到明代中期重建后，五峰书院才正式定名。时至今日，五峰书院仍然发挥着浙学溯源、文化展陈和学术交流等重要作用。陈亮诞生880周年纪念日前夕，五峰书院就举办了“五峰会祭”“书院文化讲座”“宋朝的活色生香”等一系列活动，并恢复了“五峰会祭讲论制度”。

如果说在南宋理学勃兴期，程朱理学犹如连绵群山，那么在当代作家董树荣看来，胆敢站出来大声呵斥性命理学是“灰埃”的陈亮，俨然就是一座“方岩”，硬生生从尖顶宽基的丛山峻岭里，发出旷古之声、留下激昂文字，泽被后世。

“未至官，病，一夕卒。哀哉！”透过叶适的喟叹，我们得知陈亮高中状元后不久便因病西去，未能呈现辛弃疾壮词中所描绘的“了却君王天下事，赢得生前身后名”的盛景。虽高中状元仍布衣一生，但这并不影响陈亮及其思想在中国思想史上的地位。因为陈亮号龙川，学界称其为“龙川先生”，他的出生地如今也已改名为“龙川乡”，龙川文脉被一代代永康人承袭延续、发扬光大。

作为陈亮故里的一所小学，位于龙山镇卧龙山下的桥下小学，将开展“研究陈亮学说，传承陈亮精神”活动，将会从环境营造、课程设置、立德树人等多个维度传承与发展陈亮精神，培育“承亮少年”。

永康中学从诞生于抗战硝烟中的校歌里提取“道德、文章、事功”3个关键词作为校训，教育学生要像陈亮一样堂堂正正地做人、做事、做文章。

永康市第一中学将陈亮“广通博洽、学为成人、济世救国、经世致用”的教育思想，融入学校百年积淀，凝铸起以“厚德穷理、经世致用”办学理念为核心的“金鼎文化”。

从小在陈亮精神及其事功思想中浸润长大，陈亮倡导的义利并举、农商互济也造就了永康人务实拼搏的个性风格。现代永康之所以能成为全国知名的五金之都、富饶之地，也多少承袭了陈亮经世致用的教诲与精神。

……

凡此种种，皆是陈亮留给后世的宝贵财富。

“且说当今之世，孰是人中之龙，文中之虎！”越是走近陈亮，越能感受其思想之伟力、精神之流远，也越能从中汲取勇毅前行的力量。

大事年表

1143年（绍兴十三年），出生于婺州永康（今属浙江）。

1160年左右（绍兴三十年），撰成经世致用的名作《酌古论》。

1160—1162年（绍兴三十年至三十二年），受到婺州郡守周葵赏识，视为幕僚，让他与上门言事的士大夫一起探讨国事，商榷学问。

1168年（乾道四年），更名为“亮”，参加婺州乡试，为解元，入太学学习。

1169年（乾道五年），参加礼部会试，结果未中；上《中兴五论》，不报。

1172年（乾道八年），退居乡里收徒讲学；钻研理学并研究《中说》。

1177年（淳熙四年），再入太学，因大胆放诞的言论再度成为焦点人物。

1178年（淳熙五年），改名为陈同，连上孝宗皇帝三书。

1169—1178年（乾道五年至淳熙五年），一边潜心研究学术，一边教书讲学，讲学时所用讲义辑为《六经发题》。

1184年（淳熙十一年）3月，被捕入狱，至五月二十五日被释放。

1184—1186年（淳熙十一年至十三年），与朱熹作王霸义利之争。

1187年（淳熙十四年），年初去临安考试，得病；十二月赴江西会辛弃疾。

1188年（淳熙十五年），金陵、京口之行，作《戊申再上孝宗皇帝书》。

1190年（绍熙元年）冬，再次入狱。

1192年（绍熙三年）2月，出狱。

1193年（绍熙四年）春，中进士；五月殿试，由光宗皇帝拔擢为状元。

1194年（绍熙五年），陈亮逝世。

教育思想

陈亮教育思想的现代意义

杨铁金

陈亮在著述、讲学中创立独特的事功学说永康学派，在中国古代思想史、教育史上均占一席之地。时至今日，不仅没有湮没于时间之砂，反被岁月淘洗得光洁透亮，愈见理论的独创性与超前性。

古人认为："事功曰劳，以劳定国，若禹。""事功"就是要像大禹一样靠勤奋劳作来施行国政，以达功成事立。作为功利主义儒家的陈亮主张"王霸并用，义利双行""功到成处，便是有德；事到济处，便是有理"，认为朱熹"存天理，灭人欲"是不科学、不合理的。

两个立场

永康学派基于现实需求与目标指向，其教育思想有两个鲜明立场。

一是教育需立足现实，服务社会。陈亮以为当时最大的现实就是对金军事斗争，收复中原失地，完成国家统一大业。陈亮为此大声疾呼、积极作为。他通过教材编写、经义讲授、策论写作指导等教学活动，促进学生正视现实、开阔视野、锻炼思维，形成解决社会实际问题的能力。

二是教育要发展个性，完善人格。陈亮从孔孟那里得到启示，对“学为成人”作出新解，提出“成人”的初阶目标是成为有思想、有能力、有担当的人，高阶目标是成为开创社会新局面、引领时代发展的“英雄”。他的课堂教学与实践活动，积极促进学生发展个性、完善人格，成为时代所需要的“英雄”。

永康学派教育思想深植于以人为本的儒家文化，体现人在“三才（天、地、人）”中的特殊作用，突出人的能动作用与创造精神，直面社会问题，增强学生解决现实问题的能力。陈亮希望学生从历史与现实中的明君、贤臣、良将等“英雄”身上获得启迪与力量，成为能用于一世的人才。

三大特征

一是注重历史，关注史实学习与研究。陈亮注重历史内容在教育中的地位，研究历史上的兴亡成败，考订隔代名物制度，把历史文献知识作为最重要的教育内容。他的一生花费了很多时间、很大精力于文史研究，撰写了《酌古论》《三国纪年》《汉论》等历史著作。在《中兴五论》、四上孝宗皇帝书以及与朱熹争论的书信中，他旁征博引，运用大量史实进行立论与驳论。

永康学派主张学习历史文献的目的主要在于依据时势而改革弊政，陈亮特别关注有作为的君王和英雄人物，如中兴之主汉光武帝刘秀、卧龙先生诸葛亮等。

二是学以致用，直面现实问题的解决。陈亮重视实用之学，提倡艺能艺事。他最反对朱熹那种“一艺一能，皆以为不足自通于圣人之道也”的说法，主张学艺能以理百事。他要求学者文武兼备，艺能精熟，既“有处事之才”，又“有料敌之智”，并在民生日用之间也无所不通。

他反对朱熹、陆九渊所提倡的静坐默想、闭门读书、涵养心性、空言道德，以达到“存天理、灭人欲”的内求方法。坚持向外求索的道路，教诲生徒在实事实学上用功夫，务求能通古今之变，以施于实政，反复强调不仅要培养学习者观察和分析社会、总结历史的能力，更要培养解决现实问题的能力。

三是勇于批判，重视学术创新发展。永康学派充满着“异端”“叛逆”等特征，不仅批判当时盛行的朱熹理学、陆九渊心学，甚至敢于对千百年来被视为神圣不可侵犯的“六经”提出怀疑。陈亮不怕别人说自己粗豪狂怪，敢于坚持自己的独创见解。他的教育实践，坚守儒家立场，却也颂扬为理学家所斥责的“异端”，认为张良、贾谊、诸葛亮、魏徵等人所学的都不是“异端”。陈亮一贯主张做学问要有创见，反对朱熹把古代圣贤的言语变成行动指南，一切听命于古人的做法。

四点启示

一是着力解决现实问题，突破教育现代化发展瓶颈。百年大计，教育为本。地误人，一年；人误人，一辈子。培养人的事业最不能耽搁，教育最不能忽悠。一个区域的教育要想持续提升与发展，就要直面发展中的短板问题。要以事功精神研究区域教育发展史，总结经验教训，正视现实问题，以实学、实理推进工作，实现教育现代化“功成、事济”的目标。

二是构建现代化的办学理念与教育理想。教育现代化的关键是人的现代化。教育者需要有现代化的办学理念与教育理想，有放眼世界、开放包容的宽阔胸怀。永康一些学校在现代化进程中推陈出新，像永康中学“道德、文章、事功”的校训，永康一中“厚德穷理、经世致用”的办学理念，桥下小学“学为成人、知行合一”的办学宗旨，无不体现着事功思想与现代教育理念的紧密结合，散发着别具一格的教育品牌魅力。

三是构建系统有效的现代化学校治理体系。陈亮十分注重“法”的精神与人的主观能动作用。学校要形成制度与人文关怀相结合的管理体系，通过制度落实、环境外显、精神内化、活动展现等，让传统文化助力教育力量，增强学校魅力，助推师生成长。

四是构建指向学生核心素养的课程体系。陈亮主张学校教育要丰富课程内容，促进学生全面发展。学校要针对学生的实际情况，因材施教，做到课堂内外相结合，多途径发展学生解决问题的能力。要注重学生良好学习习惯养成，倡导“工贵其久，业贵其专”的精神，因为人的聪明才智是靠平日的勤奋学习和点滴积累而成的。

（作者系浙江省人民政府督学、永康市教育局教育工会副主席）

课堂传承

陈亮精神浸润少年心

江　晨　胡芳奕

永康市龙山镇桥下小学四年级（5）班教室里，突然响起了一阵清脆的快板声——“说陈亮，道陈亮，陈亮精神桥小传。字同甫，号龙川，才气超迈，气量非凡……”台上是语文教师李云引，她正为学生带去一首《诵陈亮》。

课堂上，教师李云引引导学生用永康话复述陈亮“巧对皇帝”的内容

陈亮何许人也？桥下小学的学生可谓耳熟能详。这不仅因为他是永康历史上唯一的状元，还在于学校将陈亮的事迹与精神发扬传承的一系列举措。

早在2004年10月，陈亮国际学术研讨会在杭州和永康两地召开之后，桥下小学便着手开展“研究陈亮学说，传承陈亮精神”活动，整体谋划陈亮文化品牌塑造。比如，推出“陈亮诗词选”“陈亮诗词硬笔书法教程”“陈亮课本剧”“承亮思政课”等校本课程；从2015年开始，学校每年举行一次陈亮文化艺术节，开展“寻找陈亮印记”“吟诵陈亮诗词”“演绎陈亮故事”等活动。走进校园，还有陈亮文化园、陈亮文化廊、陈亮故事墙等景观小品，这些都成为桥下小学的一道靓丽风景。

此次李云引选取的是校本课程“陈亮小故事”中的《永康状元公：陈状元巧对皇帝》。作为一个土生土长的永康人，李云引是听着陈亮的故事长大的。来到桥下小学后，她又将这些小故事通过问题引导传递给了学生——

“陈亮原名陈汝能，在26岁的时候自己改名为陈亮。你觉得这是为什么？”

“面对皇帝提出的问题，你觉得陈亮的回答好不好？”

……

台下的学生兴致盎然，有主动举手回答的：“因为他想成为偶像诸葛亮那样的人。”也有大声参与的：“陈亮说的句句属实，因为他是用永康话回答的。”

课堂气氛在一问一答中活跃起来，李云引趁热打铁，采用分组讨论和角色扮演的方式带领学生加深认知，同时她将普通话转换成永康话，生动地再现了陈亮免不劳民伤财，巧用地名回绝皇帝的做法。通过这个故事，陈亮机智、博学与爱民的品质再一次浸润一颗颗少年的心。

黑板上，除了李云引的板书，还有许多学生写下的内容：博智好少年、乐艺好少年……在上台板书之前，这些学生都讲述了自己做过的事情，如积极地做家务减轻爸爸妈妈的负担、见到老师问好等。每听完一个学生的讲述，李云引都会在表扬之后邀请学生判断自己属于“承亮少年”中的哪一类，并在黑板上写下来。

永康市龙山镇桥下小学内的陈亮像

“承亮少年”是桥下小学独有的评价体系。基于“让每一个生命都澄亮”的办学理念，对应“五育”并举的育人目标，学校将“承亮少年”细化为“仁德好少年”“博智好少年”“健体好少年”“乐艺好少年”“知行好少年”五类。此次“承亮少年”又被李云引融进“争做现代式小陈亮”的课堂规划里。如此一来，课堂内外都成了学生学习陈亮精神与文化的空间。

近年来，随着课程改革的进一步深化，学校进行了一系列拓展性课程的开发实践，在课程中渗透陈亮精神。为了让“双减”政策有效落地，结合劳动教育，学校又开辟了一块1000平方米的小陈亮农商园，作为学生劳动教育实践基地。2022年，学校正式将“陈亮拓展课”更名为“承亮课程”，旨在引导桥小学子“承先贤之志，做闪亮少年”。

桥下小学将“陈亮小故事”引入课堂

课堂在四年级（5）班学生齐声喊出的“陈亮文化源远流长，陈亮精神代代相传”中落下帷幕。不知下一次的快板声与朗读声又会在哪个班级里响起。800多年前的陈亮，在这片土地上，就以这样一种特殊的方式陪伴桥下小学的学生成长。

书影音推荐

书　名：《人龙文虎：陈亮传》（浙江文化名人传记丛书）

作　者：卢敦基

出版社：浙江人民出版社

本书一方面详细讲述了陈亮于南宋朝堂之外，作为一名在野文人、爱国志士，如何数次上书皇帝，直陈时弊，力主抗金恢复国土的全部经过；另一方面，对陈亮思想的形成、发展，其与朱熹等南宋大儒展开的思想论辩的经过与结果，也展开分析。陈亮其人、其事、其文，跨越千百年依然熠熠生辉，足以感动并启发当世之人。

书　名：《陈亮评传》（中国思想家评传丛书）

作　者：董平、刘宏章

出版社：南京大学出版社

本书是一部研究陈亮生平事迹及其思想学说的专门性著作。在充分考据史料的基础上，作者重新考订了陈亮的生平，匡正了有关记载之误，系统地研究了其史学、政治、哲学、军事、文学等方面的思想内涵，并论述了陈亮之学的历史渊源及其与朱学、婺学及永嘉之学的相互关系，在许多理论问题上提出了新的见解。

书　名：《陈亮研究：永康学派与浙江精神》

作　者：卢敦基、陈承革

出版社：上海古籍出版社

本书是2004年为纪念陈亮逝世810周年而召开的国际学术研讨会的论文集。其内容涉及六个方面：陈亮精神的现代阐释、陈亮哲学的义理解读、陈亮诗词的文学价值、陈亮思想的纵横比较、陈亮史迹的重新考辨、“浙学”与“浙江精神”等，收录了当时对陈亮及永康学派研究的最新成果。

书　名：《陈亮龙川词笺注》

作　者：［南宋］陈亮　著，姜书阁笺注

出版社：人民文学出版社

今人言及陈亮多谈其政论文章，选其词作亦局限于婉约绮丽之作，其实陈亮作

为辛弃疾之知交，他的抗金北伐之气概、爱国愤世之豪情与辛弃疾同矣，其词作亦为豪放一派，《龙川词》之雄放恣肆之气甚至在稼轩词之上，词艺亦有独到之处。本书收龙川词74首，详加笺注，务求确切，读来深有启发。

书　名：《功利主义儒家：陈亮对朱熹的挑战》（海外中国研究）

作　者：［美］田浩　著，姜长苏　译

出版社：江苏人民出版社

在本书中，朱熹是一位有血有肉、充满哲学热忱的思想家；陈亮也远非某一固定观念的化身，他有着焦虑与关怀，同时也特别具有攻击性格。田浩教授的这本成名作，具体探讨了陈亮思想的演变过程，尤其是在宋代的特定历史背景下，参照着两位论辩对手的具体阅历及性格，展示了陈亮、朱熹间的“道德与事功”之辩，从而再现了中国思想的丰富性、复杂性和历史性。

黄宗羲

先生名片

黄宗羲像

黄宗羲（1610—1695），浙江余姚人，字太冲，号南雷，学者称“梨洲先生”，明末清初三大思想家之一，中国思想启蒙之父。黄宗羲学问极博，思想深邃，著作宏富，一生著述有50余种300多卷，代表作有《明儒学案》《宋元学案》《明夷待访录》等。

生平事迹

黄宗羲：照亮近古的一缕晨曦

金　澜

在绍兴府余姚（今宁波余姚）县城东南10余里处的三江口畔，剡水西流，蓝溪南注，姚江东去。此处有个山清水秀的村落黄竹浦，屋舍俨然，掩映于葱翠竹林之中。

明万历三十八年（1610年）八月初八，天已黑，一阵清脆的婴儿啼哭声划破夜幕，村内一户黄姓人家添了一个男丁，这个小生命就是黄宗羲。

徜徉于黄竹浦的山山水水，沐浴着传承久远的诗书名门之家风，黄宗羲有个幸福的童年。万历四十四年（1616年），其父黄尊素考中进士，次年授南直隶宁国府推官，8岁的黄宗羲跟着家人一同北上。自此，他开始接触复杂的社会，走上了追索学问“道德”文章的人生旅途。

锥杀奸党，名动天下

明朝自万历中期之后，政治日益腐败。尤其是天启年间，宦官魏忠贤与熹宗的乳母客氏朋比为奸，操纵朝政。但在黑暗腐败的政治浊流行将吞噬整个明王朝时，有一股清流在与之对抗，那就是东林党。黄尊素正是东林七君子之一。

天启四年（1624年），黄尊素疏陈时政十失，弹劾魏忠贤。魏忠贤得知后，勃然大怒，记恨于心。此后，形势急转直下，在朝东林党人相继遭到迫害，黄尊素未能幸免。作为长子的黄宗羲陪父亲赴狱，别离之际，黄尊素对儿子谆谆教诲。聆听父亲最后的训诫，黄宗羲不禁失声痛哭。

天启六年（1626年），黄尊素被害，年仅43岁。噩耗传来，悲痛的黄宗羲每每“夜读书毕，呜呜然哭”。家庭的惨变，不仅让黄宗羲立下了为父报仇昭雪之志，更坚定了他奉行东林党人的忠义精神之决心。

天启七年（1627年），崇祯帝即位后，清除和屏斥阉党，魏忠贤及其阉党倒台。黄宗羲见为父申冤的时机已到，便“袖长锥、草疏，入京颂冤”。次年五月，刑部会讯阉党许显纯、崔应元，许显纯狡辩自己为孝定皇后的外甥，律有议亲之条，要求从轻发落。当堂对簿的黄宗羲愤怒难当，随即抽出锥子，刺击许显纯，又殴打崔应元，拔其须。最后，许、崔二人认罪伏法。是年六月，会讯李实、李永贞、刘若愚三人，当年构陷黄尊素的李实想逃脱罪责，便暗中托人给黄宗羲送去3000两白银，央求其不要出庭对质。黄宗羲当即奏明崇祯帝，又在当堂对簿时锥刺李实。

长锥刺仇，东林遗孤的复仇举动震惊朝野，19岁的黄宗羲也因此名满天下，被人们誉为“姚江黄孝子”。

痛定思痛，民本萌芽

崇祯帝即位后，明朝走向倒计时。连年灾荒，加上地方豪强日益加剧的土地兼并、高利盘剥，以及官府的苛捐杂税与兵饷摊派，农民的生存环境迅速恶化，纷纷揭竿而起。崇祯十七年（1644年），李自成率领的起义军攻占了北京，推翻了明朝中央政权，崇祯帝自缢于煤山。同年，清军大举入关，定都北京，改年号为顺治。之后清朝统治者又先后平定了中原、东南和西南各族人民的抗清斗争，从而重建了大一统的君主专制王朝。

明朝的覆灭、清朝的建立与巩固，对忠于封建正统王朝的亡明士大夫来说，是天崩地裂、翻天覆地的大变化。黄宗羲等一批接受儒家传统教育的正义之士，不惜毁家疏财，积极投身反清复明的武装斗争中。

随着政局日益稳定，复明希望破灭，黄宗羲认清事实，以遗民自居，坚持不仕新朝，选择了栖身于儒林，醉心于著书讲学。他从史学角度深入思考和总结明朝灭亡的教训，民本思想也由此萌芽。

在顺治十年（1653年）所著的《留书》中，黄宗羲着重总结了明朝失败的原因。本着“万民之忧乐”的情怀，他又于康熙元年至二年（1662—1663）完成《明夷待访录》。他提倡人权自由，发出了振聋发聩的近代启蒙民主观念——“天下为主，君为客”。基于“天下为主，君为客”的民主观，黄宗羲又创设了新的君臣关系，“君与臣，共曳木之人也”，这是一种君臣共治天下的民主理想。

黄宗羲强调“以民为本”，必须限制君权，以杜绝“一己之私”的专制主义。由于“天下利害之权在民不在君”，他非常重视参政议政的作用，学校正是其中较为重要的一个场所——“公其非是于学校”。黄宗羲认为，设立学校的意义和任务在两个方面，一是培养人才，即“养士”；二是监督政府的清议机关，判定公是公非。此外，他还认为学校应承担涵养正气、引导舆论的教化职能。

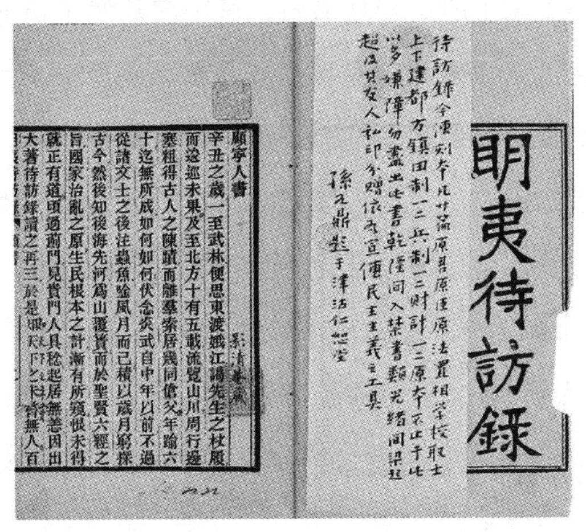
顧寧人書
辛丑之歲一至武林便思東渡娥江謁先生之杖履
而逡巡未果及至北方十有五載流覽山川周行邊
塞粗得古人之陳蹟而雕蟲篆刻居幾同傖父年踰六
十迄無所成如何如何伏念炎武自中年以前不過
從諸文士之後注蟲魚吟風月而已積以歲月窮探
古今然後知後海先河為山覆簣而於聖賢六經之
旨國家治亂之原生民根本之計漸有所窺恨未得
就正有道頃過薊門見貴門人具稔起居無恙因出
大著待訪錄讀之再三於是

明夷待訪錄

《明夷待访录》

《明夷待访录》以新颖的民主思想启发了后世，备受梁启超等人的推崇。梁启超在《中国近三百年学术史》中评价道："这部书是他的政治理想。从今日青年眼光看去，虽像平平无奇，但三百多年前，卢梭的《社会契约论》出世前之数十年，有这等议论，不能不算是人类文化之一高贵产品。"

水归一源，学贵通识

少年时，黄宗羲经常秉烛夜读一些杂书，黄尊素发现后告知其母姚氏，姚氏疑问为何不禁止，黄尊素说："禁之则伤其迈往之气，姑以是诱其聪明可也。"开明的家教使黄宗羲没有禁锢于刻板的举业时文，因而阅读了大量的书籍。

在阅尽了家中所有的藏书后，黄宗羲开始了访书旅程。他的足迹踏遍了大江南北，遍访藏书之家。他是宁波天一阁和昆山传是楼的常客。借阅不过瘾，黄宗羲便勤奋抄书，他经常叫童仆把书借回家，然后连夜抄写，次日归还另借。就这样，在如豆的油灯下，黄宗羲一抄就是近70年。诚如他在诗中描述的那样，"五十栖迟一老生，残书破砚日纵横。深山雪合无人迹，终夜风来只虎声"。黄宗羲非常强调读书在学习中的重要性。他认为，一个通才必须要会读书、多读书，只有实现满腹诗书，才能创作诗文。

明末，以利玛窦为代表的一批传教士千里迢迢、漂洋过海来中国传教布道。为吸引士大夫的注意，他们在宣传宗教的同时，大力介绍西方科学技术知识，这在当时引起了不小的轰动。黄宗羲受这股西学新思潮的影响，对西方科学技术知识保持虚心学习的态度，强调“用彼之法”，会通中西。但也认为，学习西学并不意味着盲目崇拜西学，中学不能因为西学而妄自菲薄。

黄宗羲昔日读书处

黄宗羲本人在“绝学”上的成就也相当高，尤其在历学（天文学）、地理学、算学（数学）等方面颇有贡献，故享有“通天地人之儒”的美誉。他把这一思想贯穿于讲学之中，不厌其烦地教导弟子们既要通经读史，亦要熟习诗文，还要精研天文、历法、地理、数学等中西“绝学”。

学行合一，学贵适用

明末，社会动荡不安，各种矛盾激化，同时资本主义经济萌芽，市民阶层悄然兴起，身负拯世扶危之责的士大夫逐渐反思居于统治地位的宋明理学，开始深刻批判空谈义理不务实际的道学末流，大力弘扬实用精神，提倡学贵实效。

当时的社会风气指责留心实务、发奋读书的人，那些胸无大志、华而不实的胥吏把持一方政事，毫不关心经世实务、国计民生，黄宗羲对此进行了严厉的批判。

秉承修、齐、治、平的士大夫情怀，黄宗羲以经世济民为己任，提出“道无定体，学贵适用”的为学原则，强调实学实行的务实精神，主张“学问之道，以各人自用得着者为真”，“各人自用得着的，方是学问”。

基于“学贵适用”，黄宗羲提倡教育教学以“著实”“实行”为准则，强调学用一致。在课程设置上，黄宗羲把兵法、历算、医、射等实用之学，列入学校讲授科目。在人才考核上，强调实践的重要性，“养士”“选士”都要注重实用科目和实践能力。

同时，为了挽救国家的凋敝，躬身实践的精神日益受到重视，“实行”成为学者共同关注的主题。黄宗羲把“为学”看作是一个经验履践、不断实行的积累过程，即“学贵履践”。他认为，做学问只有经过后天的勤奋努力、不断实践才能获得真知。

以黄宗羲等人为代表的明末清初学者提倡学行合一，讲求实践实用精神，这对复兴儒家的经世致用思想，具有时代性意义，开启了新一代学风之先声。

追溯源流，学贵独创

明清更迭之际，宋明理学对社会影响深远，然而其流弊也阻碍了社会思想的创新与发展，模仿“依榜”之风盛行。

黄宗羲对这种现象痛心疾首，提出“学贵独创”。他支持学术殊途、学术争鸣。在他创办的书院里，万言“汇诸先儒之说，参酌异同，议论每夺席”。他主张学问要有创见，反对依样模仿的伪学、俗学。秉持这一原则编撰的《明儒学案》，兼容并包，以学案体的形式囊括了众多学派，真实地展现了各学派之间的异同，是中国学术思想史上的一大创举，开辟了一条崭新的研究路径。他非常自豪于其弟子因为创见而独立风骚于各领域。

受经世致用思想的影响，自然科学日益受到重视。作为这一时代的启蒙学者，黄宗羲在研究方法上开辟了一条返本求真的科学研究道路。他主张学术研究须持虚心求真的态度，反对刚愎自用；主张学术研究遵循客观性原则，反对门户之见；提倡学习科学知识，反对迷信；提倡探索创新的实证科学方法，反对穿凿附会。

在长期读书学习、讲学著述过程中，黄宗羲总结出了一套行之有效的治学方法。他充分肯定共同学习的重要性，认为“天下之最难知者，一人索之而弗获，千万人索之而无弗获矣”。共同学习时，黄宗羲提倡营造自由活跃的学习氛围，反对沉闷禁锢的专制学习。黄宗羲一生参加了多个自由开放式的读书社、诗社、复社等民间团体，与好友们共同学习、诗文唱和，碰擦出许多思想的火花。

此外，黄宗羲曾到语溪（今嘉兴桐乡崇福镇）、余姚、绍兴、海昌（今嘉兴海宁）等地讲学。讲学时，他注重启发学生，采取“辩难”“问难”的方式，充分调动学生的参与性。黄宗羲固定在一个地方讲学的时间并不长，因此他鼓励学生自学，并在聚集之日互相谈论学习。这样的治学精神与方法，为明末清初的僵化风气注入了一股清流，推动了浙东学术的创新发展，培养了一批杰出人才。

风景过清销不尽，满溪明月浸桃花。钟灵毓秀的化安山，滋养了“中国启蒙思想之父”黄宗羲的浩然正气。而文气集聚的龙虎草堂，见证了黄宗羲勤于读书、善于思考、筚路蓝缕、艰苦探求的人生。百年之后，姚江大地上的后人们仍以各种各样的方式铭记他，出现了以他的别号“梨洲命名的村街道、学校”等，如梨洲村、梨洲街道、梨洲小学、梨洲中学……

龙虎草堂入口

梨洲中学内，立有黄宗羲雕像，三幢教学楼也依据其思想分别命名为“守正”“力学”“践履”。学校融合梨洲元素，开设“走进梨洲”校本课程，着力培养“勤奋好学、力求创新、孝悌为人、践行理想”的新时代梨洲传人。

梨洲中学学生拜谒黄宗羲墓

黄宗羲墓

黄宗羲去世后被安葬在他生前选定的墓地里，坟后遍植梅树，即如今的“五株梅林”。冬日里梅香四溢，它们遗世独立、孤香护枝、不随风月，就如黄宗羲自己概括的人生走向：“初锢之为党人，继指之为游侠，终厕之于儒林。”其独立的人格和超越时空的“美人”理想，历经时间洗礼，依然闪耀着民族智慧的光芒，令人向往。

大事年表

1610年（明万历三十八年），出生于浙江余姚县通德乡黄竹浦村。

1622年（天启二年），赴郡城绍兴应童子试。

1625年（天启五年），父黄尊素因上奏弹劾宦官被削籍。

1626年（天启六年），父黄尊素被害。

1628年（崇祯元年），入京为父申冤，锥刺许显纯、崔应元、李实。

1629年（崇祯二年），拜刘宗周为师。

1639年（崇祯十二年），至南京，参加国门广业社。

1642年（崇祯十五年），撰写《四明山古迹记》。

1647年（顺治四年），撰著《授时历故》《历学假如》等著作。

1653年（顺治十年），撰写具有强烈反清意识的政论著作8篇，后定名为《明夷留书》。

1660年（顺治十七年），居化安山丙舍，名曰龙虎草堂。

1661年（顺治十八年），著《易学象数论》6卷。

1662年（康熙元年），在《留书》基础上开始撰著《明夷待访录》，次年定稿。

1668年（康熙七年），始选《明文案》，会讲于证人书院。

1675年（康熙十四年），编定《明文案》217卷。

1679年（康熙十八年），《明儒学案》62卷完稿。

1686年（康熙二十五年），始辑《宋元儒学案》。

1695年（康熙三十四年），寿终正寝。

学思践悟

豪杰思想，熠熠生辉

叶建明

明清思想家、教育家黄宗羲在《明夷待访录》中提出“学校，所以养士也”，即学校是用来培养人才的地方。那么学校要培养怎样的人才呢？黄宗羲认为，学莫先于立志，“立志则为豪杰，不立志，则为凡民”。在《破邪论·从祀》中，他推崇诸葛亮、陆贽、韩琦、范仲淹、李纲、文天祥、方孝孺七人为“古今震动之豪杰”，在《明夷待访录·取士篇》中，他又明确地称屈原、司马迁、司马相如、董仲舒、杨雄等为“古豪杰之士”。由此可见，黄宗羲认为，学校培养人才的目标是培养具有豪杰思想的人。

以黄宗羲的号“梨洲”命名的梨洲中学多年来以黄宗羲的教育思想为引领，提出了“树家国情怀，育豪杰学子”的育人目标。学校围绕德育活动、教育活动、社会活动，构建了梨洲豪杰学子评价体系，并围绕立功建业、高尚气节、广博学识、独立精神四个方面展开。学校把豪杰学子培养纳入学生三年发展规划，用顶层设计来强化豪杰学子的育人意识。

位于梨洲中学校园内的黄宗羲像

一、树立立功建业的远大理想

黄宗羲认为，豪杰必须具有经纬天地之志、立功建业之才。立功建业可以从三个层面加以落实。一是为国家立功建业。当祖国需要你时，应有担当、有使命意识。二是为集体立功建业。当集体需要你的时候，应从大局出发，力所能及地为集体贡献自己的力量，竭尽所能参与到集体的各项工作中去。三是要为自己立功建业。无论在学习中还是在今后的工作中，都要有超越自我的决心和勤奋上进的行动力。

二、胸怀高尚气节的人格魅力

黄宗羲认为，在社会发生动荡时，士大夫都应表现得“风节凛然，必不肯以刀锯鼎镬损立身之清格”。在《寿徐兰生七十序》一文中，更是明确地指出他所说的“名节”，是指在生死攸关或利害发生重大冲突时所表现出来的大节，并非是日常生活的小节。他写道：“夫名节非关生死利害之际不可得见。山谷曰：‘平居无以异于俗人，临大节而不可夺，此不俗人也。’今妄人置大节不论，而好短长人之平居，以是而言名节，岂名节乎?”黄宗羲所说的“风节”或“名节”，主要是指民族气节。

学校教育要培养有“高尚气节”的学子。因此，梨洲中学在育人观中融入社会主义核心价值观中的“爱国、敬业、诚信、友善”四个层面内容，再结合黄宗羲“高尚气节”中的

“人生须珍重”内容，提出梨中学子要争做拥有高尚气节的人。学校还在此基础上进一步拓宽“高尚气节”的内涵，使其包含有“孝悌、立志、力学、创新”的思想。

建在学校校园内的宗羲大讲堂

三、争做广博学识的豪杰学子

黄宗羲在《靳熊封诗序》中写道：“从来豪杰之精神、不能无所寓。老、庄之道德，申、韩之刑名，左、迁之史，郑、服之经，韩、欧之文，李、杜之诗，下至师旷之音声，郭守敬之律历，王实甫、关汉卿之院本，皆其一生之精神所寓也。”其意思是指，豪杰的精神是一定要有所寄寓的，哲学、政治、史学、经学、文学、律历等各门学科，正是豪杰精神寄寓之所。黄宗羲明白无误地表明，豪杰应该具备广博的学识修养。

黄宗羲认为，哲学、政治、史学、经学、文学、律历等各门学科，正是豪杰精神寄寓之所，而豪杰应该具备广博的学识修养。因此，学校教育要围绕先贤的广博学识，让学生树立博学多才的人生目标。

收藏于学校校史馆的黄宗羲所著部分书籍

四、培养独立创新的研究精神

黄宗羲认为，学习要有独立精神。他竭力反对求学只是“倚门傍户”“依样葫芦”，抄人成说，强调要重视研究各学派、学者的见解，即所谓的“一偏之见”“相反之论”。他说：“学问之道，以各人自用得着者为真。凡倚门傍户，依样葫芦者，非流俗之士，则经生之业也。此编所列，有一偏之见，有相反之论，学者于其不同处，正宜着眼理会，所谓一本而万殊也。以水济水，岂是学问！”

黄宗羲提出，做学问要有独立精神，即要有独立质疑、独立创造的精神。这个独立精神具体是指：在学习上要学会独立思考、独立解决问题、独立创造发明；在生活上要独立自主、学会照顾自己；在思想上要有独立人格和个性化的主张。

“梨洲·豪杰”思想观照下的学校教育，既是对优秀传统文化的传承，也是对现代化教育的创新。在高举立德树人旗帜的当下，我们尤其需要培养具有家国情怀的新时代社会主义公民，在思想上强化，在精神上打下烙印。

（作者系余姚市梨洲中学校长）

课堂传承

走进“梨洲”，承先贤遗风

李珂怡

黄宗羲的思想文化丰富而深邃，影响深远。作为以黄宗羲的号命名的中学，梨洲中学以梨洲文化为载体，开设了梨洲文化校本课程。为让初中生能深入浅出地了解黄宗羲的生平及思想，我以校本教材《走近梨洲》为纲，设计了一堂特色校本课，并充实以黄宗羲各类作品，引导学生了解其人、领悟其神、传承其风。

本堂课旨在让学生了解黄宗羲的传奇一生，对他的诗歌和重要作品有初步的感知体悟，并深入认识其作为“姚江黄孝子”的气节与孝道。为此，我设计了三个学习活动：一、深情朗诵，讴歌您的一生；二、作品赏读，体悟您的情思；三、话剧表演，再现您的气节。

黄宗羲的一生奇特而又复杂。少年时期，他是一名敢于与权奸抗争的青年，后成为我国明清之际著名的思想家、教育家、史学家。在第一个学习活动中，我先让学生们了解黄宗羲的人生经历，查阅黄宗羲及其父黄尊素在重要人生阶段所著诗歌，然后让学生选择其中几首进行串联，自主创作诗朗诵文本，通过自由读、领读、齐读的形式深情吟咏黄宗羲“初锢之为党人，继指之为游侠，终厕之于儒林”的传奇一生。

黄宗羲是明末清初著名的思想家、史学家，顾炎武论其著作《明夷待访录》是“百王之敝可以复起，而三代之盛可以徐还也”。同时，他也是一位卓有成就的文学家，他的散文和诗歌均达到了较高的文学水平。阅读和品析黄宗羲的各类作品也是课程中极为重要的一部分。我结合学生的学习水平和阅读基础，为学生挑选作品，搭建学习支架，引导学生从诗歌内容、黄宗羲的人物形象和思想情感等方面进行品读，由浅入深，由作品到现实生活，使学生对黄宗羲的认识更加丰满、立体。

在本堂课前，我已提前为学生分组，布置阅读任务——

《原君》节选、《山居杂咏》第一首、《不寐》，让学生根据我提供的方法在小组内共同研读，并在课堂的第二个学习活动中进行品读展示，再由其他学生进行点评。学生们在《原君》中初步理解了黄宗羲“天下为主，君为客”等思想，在《山居杂咏》中感受到他坚贞不屈的品质，在《不寐》中读到一个老人的生命感悟。

学生自主创作跟黄宗羲有关的诗歌并进行朗诵

黄宗羲非常孝顺长辈，有“姚江黄孝子”之誉，死后他的弟子们私谥其为“文孝”，也凸显出他的孝顺。在他17岁时，父亲黄尊素被阉党陷害，祖父在黄宗羲出入处的墙壁上贴上“尔忘勾践杀尔父乎”的字条，黄宗羲“受教痛哭”。崇祯帝即位后，19岁的黄宗羲怀揣长锥击刺阉党许显纯，殴打并拔下阉党崔应元的胡须祭奠父亲，还严词拒绝阉党李实的贿赂。以这个故事为基础，我提前给学生布置作业，以小组为单位撰写并排演课本剧。学生们合理分工，在查阅资料、撰写剧本、角色代入、现场打磨的过程中，对黄宗羲身上的孝悌忠信和气节有了更深的体悟。学生在课堂上以自己的方式致敬黄宗羲，在生活中以自己的实际行动实践探索，更好地传承和发扬了我校极为重视的孝悌文化。

为了增加课程的丰富性，激发学生的学习和探索兴趣，我还组织学生为黄宗羲画像、做手抄报，开展黄宗羲作品朗诵比赛、观看黄宗羲相关纪录片写观后感等活动，努力让梨洲文化落到实处、深入人心。

课本剧表演

（作者系余姚市梨洲中学教师）

书影音推荐

书　名：《明夷待访录　破邪论》

作　者：［明］黄宗羲

出版社：中华书局

《明夷待访录》与《破邪论》都是黄宗羲的政论性专著，它们前后相承，清晰、深入地反映了黄宗羲的思想。《明夷待访录》中的学校篇阐述了黄宗羲的教育观，尤其值得深读。

书　名：《明儒学案》

作　者：［明］黄宗羲

出版社：商务印书馆

黄宗羲创作的一部系统总结和记述明代传统学术思想发展演变及其流派的学术史著作。书中记载了各学案、学派的主要学术观点、代表人物，与其他学派的关系等。

书　名：《天下为主：黄宗羲传》

作　者：吴光

出版社：浙江人民出版社

本书从家世、学术、思想等方面对黄宗羲的一生作了全面而深入的介绍、分析和评价，是一本系统了解黄宗羲生平的好书。

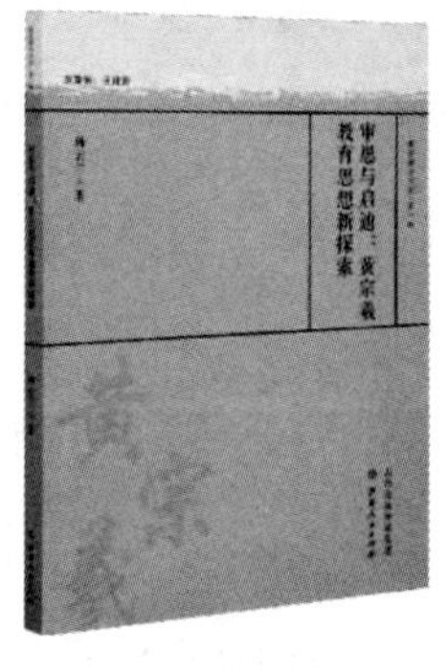

书　名：《审思与启迪：黄宗羲教育思想新探索》

作　者：杨云兰

出版社：山西人民出版社

本书总结并展示了黄宗羲的教育思想，如“建功立业”的人才观、反对君主专制的民主教育思想、提倡“绝学”的通识教育思想、学贵履践、力学致知、学贵适用、即知即行的实践教育思想和学贵独创、返本求真、质疑与辩难的创新教育思想。

第二章　九州风雷

1916年，蔡元培出任北京大学校长，邀请了许多有新思想的学者到校任教。1919年，五四运动爆发，北京大学成为新文化运动的主要阵地。1920年，浙江省立第一师范学校的师生经过五四运动的洗礼，积极追求改造中国、振兴中国的真理，霎时间，一师风潮惊动九州。

这是一个群星灿烂的时代。蔡元培、经亨颐、鲁迅、夏丏尊、蒋梦麟、丰子恺……这些生长于浙江的有志之士，掀起了一场追求自由、民主、独立之精神的浪潮。他们的教育思想与实践不仅在当时引领了潮流、激荡着时代的脉搏，更为后世的教育改革与文化发展提供了宝贵的启示。

蔡元培

先生名片

蔡元培像

蔡元培（1868—1940），字鹤卿，号孑民，浙江绍兴人。民主革命家、教育家、思想家。曾任中华民国首任教育总长、北京大学校长、中央研究院院长等要职，为中国近代教育和科学文化的发展作出了奠基性的贡献。

生平事迹

蔡元培：学界泰斗，人世楷模

杨　倩　朱郑远

12月10日，北京迎来2023年冬天的第一场雪。燕园的未名湖畔，蔡元培的青铜塑像静静矗立在林中，听着雪花簌簌落下。2023年是蔡元培155周年诞辰，从年初开始便不时有人来拜谒这位开创“思想自由，兼容并包”之风的老校长。

北大校园内的蔡元培像

时钟往回拨动，1868年1月11日夜11时许，浙江省绍兴府山阴县城（今绍兴市越城区）笔飞弄一座三进的宅院里，一声婴儿啼哭划破夜空的宁静。迎来了第二个儿子，经营钱庄的蔡宝煜夫妇自然是喜悦欢欣的。他们不会料想到，未来的几十年世事变幻云谲波诡，这个孩子会在激荡之中成为近代中国教育的关键人物，影响着一代又一代中国人。

山阴学子，年少成名

踏进位于笔飞弄9号的蔡元培故居，迎面而来的是"翰林"二字。这块高悬在门厅的牌匾彰显了属于蔡元培的第一重身份——清末翰林。

走进第三进的一间屋子，简单的桌椅构成了蔡家家塾。蔡元培5岁那年，父母请了一位先生到家里教书，从此走上传统读书人的道路。16岁中秀才，21岁中举人，24岁中进士，26岁入翰林——蔡元培无疑是一个成功的读书人，科举入仕，年少成名。

回溯蔡元培的科举之路，有一段经历是万万不能忽略的，那就是在浙东有名的藏书家徐友兰处陪读的时光。自1886年入徐家铸学斋至1892年赴京补应殿试，前后共6年。

蔡元培11岁那年父亲病故，家境衰落；几年后，母亲又得了严重的胃病。因此，考中秀才后的蔡元培没有接着进入官立学校继续深造，而是当起了私塾教师。两年后，经友人介绍，蔡元培来到徐友兰家当陪读，并帮助校勘所刻藏书。徐友兰家中有藏书4万余卷，在这里，蔡元培可以不受任何学术门户之见约束，自由地阅读。

广泛的阅读使蔡元培所作的八股文常有古书中的通假字和句法。奇古博雅的文章令其小有名气，更助其在层层考试中脱颖而出。在参加为光绪皇帝亲政举行的恩科会试时，房师军机章京王颂蔚对他那不类传统八股文的试卷大为欣赏，认为渊博无比。在殿试上，面对一道关于西藏历史沿革及地理状况的题目，贡士中有不少人不知从何下笔，蔡元培则从“唐贞观八年，吐蕃弄赞遣使来朝”谈起，详述山川地理。清代殿试只重格式和书法，不重内容，但蔡元培说自己既“没有拘格式”，在中贡士后的几年里“也并没有习字”，全凭阅卷大臣工部左侍郎汪鸣銮的赏识，被录取为二甲第34名进士。

更重要的是，博览群书让他形成了海纳百家、兼容并蓄的治学风格。蔡元培在《我的读书经验》中说自己“自十余岁起，就开始读书；读到现在，将满六十年了，中间除大病或其他特别原因外，几乎没有一日不读点书的”，他读书“以一物不知为耻，种种都读，并且算学书也读，医学书也读”。但他也反思自己“不能专心”“不能勤笔”，读书泛而不精。

那时候，蔡元培应该是“春风得意马蹄疾”的，上层对他颇为赏识，前途一片光明。就拿户部尚书翁同龢来说，他对前来拜谒的门人大多没有特别印象，就连状元来访日记里也只写了“刘福姚来见”；但蔡元培来访那天，他写下：“新庶常来见者十余人，内蔡元培，乃庚寅贡士，年少通经，文极古藻，隽材也，绍兴人，字鹤卿，向在绍兴徐氏校刻各种书。”

思想进步，民主革命

就在蔡元培仕途平步青云之时，中国社会正酝酿着重大而深刻的变化。甲午战争爆发，清政府的软弱无能让蔡元培感到失望至极。在民族危机的刺激和维新思潮的影响下，他开始广泛涉猎西学。《海国图志》《日本师船考》《电学源流》《化学启蒙》《农学新法》《代数通艺录》《谈天》《天演论》……外国的历史、政治、自然科学，蔡元培样样都学。这种兼收并蓄的学习热情，使他从一名旧式士大夫转型成为新型知识分子，同时也不可避免地走上革命之路。

那时候，康有为、梁启超主导的戊戌变法轰轰烈烈。但蔡元培并未参与其中，他认为康梁的变法“不先培养革新之人才，而欲以少数人弋取政权，排斥顽旧，不能不情见势绌”。正因如此，他走上了教育救国的道路。

1898年，蔡元培回到家乡，成为绍郡中西学堂总理。他在中西学堂开设了传统的经史类课程和物理、化学、算学等西洋学科，甚至还聘请外教教授日文。3年后，蔡元培来到上海，成为交通大学的前身南洋公学经济特班教习。早在中西学堂时，蔡元培就请同年中举人、在南洋公学任职的张元济代购该校编纂的教科书。来到南洋公学授课后，他依旧鼓励学生自由读书，会提出政治、法律、教育、时事等各种话题，引导学生进行中西对比，拓宽视野。当时在特班就读的黄炎培就说“这种教育方法，切合学生们的要求”，目的“在启发青年求知欲”，“一人自觉，而觉及人人，其所诏示，千言万法，一归之爱国”。

蔡元培编纂的教科书

在近代中国历史上，上海无疑是中西方思想交汇碰撞的最前线。在办学之外，蔡元培也开始从事社会和政治活动。比如，涉足报纸出版业，和张元济合办了《开先报》，后改名为《外交报》；又比如，组织成立中国教育会。

中国教育会于1902年成立，“以教育中国男女青年，开发其智识，而增进其国家观念，以为他日恢复国权之基础为目的”，设教育、出版、实业三部，拟集合力量，编订教科书；

后又建立爱国学社，办爱国女校。

当时，中国教育会内部有激烈、温和两派。“激烈派主张以学校为革命秘密机关，蔡孑民主之；温和派则以名实应求相副，不如纯粹办教育，培养国民，叶浩吾等主之。”教育会中的激进分子是爱国运动和革命运动的重要力量，他们以《苏报》为宣传阵地，支持学生的正义斗争。所以有人将中国教育会描述为“表面办理教育，暗中鼓吹革命”，这自然引起封建统治者的警觉。1903年《苏报》被查封，激起了蔡元培更大的政治热情和勇气，他开始亲自参与暗杀和暴动活动。

据俞子夷回忆，“蔡师知道我对化学有兴趣，嘱我研制毒药”，毒药研制成功后，“蔡师认为液体毒药，使用不便，易被人发觉，必须改制固体粉末”，后又决定制炸药，他们“每天定时学习，先制雷银；第一次成功，第二次浓烟上喷而失败，第三次又成功”……

与此同时，蔡元培还受到黄兴等成立华兴会的启示，与陶成章、章太炎等商议成立了反清组织光复会。这也是蔡元培坚定而公开地走向革命的标志。凭借蔡元培的声望，光复会将江浙一带的革命势力联合在一起，徐锡麟、秋瑾、黄炎培等都是在他的动员下加入光复会的。1905年，中国同盟会成立，领导全国人民从事推翻清朝封建统治的斗争。蔡元培积极将光复会纳入同盟会的领导之下，他自己也由此与孙中山在革命事业上结成牢不可破的关系。

直到人生最后的岁月里，国家和民族处在存亡绝续的关键时刻，蔡元培依旧为抗日宣传活动积极奔走。蔡元培逝世后，周恩来为其撰写的挽联道尽一切：

从排满到抗日战争，先生之志在民族革命；

从五四到人权同盟，先生之行在民主自由。

美育科教，救亡图存

1907年，蔡元培赴德国留学，这是他人生的一个重要转折点。留德4年多，蔡元培在莱比锡大学如饥似渴地吸收新知识，哲学、文学、心理学、民族学、美术史、自然科学……几乎涵盖了人文学科的所有课程。同时也深入了解了德国的教育制度，翻译了若干有关德国教育的文献资料。

这段经历奠定了蔡元培对现代教育尤其是美育的基本理解。1912年，蔡元培在出任中华民国临时政府教育总长时发表了《对于教育方针之意见》，其中明确提出了“五育”并举的教育思想，“美育”就是其中之一。他认为“纯粹之美育，所以陶养吾人之感情，使有高尚纯洁之习惯”，主张利用美育陶冶人们的性情，纯洁人们的思想和品格，提高人们的精神境界。

蔡元培的教育论著

南京国民政府成立后，蔡元培提出效仿法国教育行政制度，不设教育部，组织大学院作为全国最高学术和教育行政机关。这期间，他主持制定了《大学令》《中学令》等，奠定了从幼儿园到小学、初中、高中、大学，乃至研究院的中国现代教育体系。

在外游历学习时，看到“东西各国，莫不有国立美术专门学校、音乐院、国立剧场等之设立”，蔡元培大力推动艺术院校的发展：在上海设立音乐院，后改名为音乐专科学校；又在西子湖畔创立国立杭州艺术专科学校（中国美术学院前身），现在，它仍是所有美术生向往的殿堂。

看到“欧化优点即在事事以科学为基础”，蔡元培坚信科学能救国。在担任大学院院长期间，他筹建中央研究院，将李四光、竺可桢、梁思成、陈寅恪、李济等群英集结麾下，架构起中国现代科技体制。

72岁高龄时，蔡元培仍念兹在兹的，还是教育与民族的命运。最终，他将这种思考总结成8个字：科学救国，美育救国。科学与美育，前者提升国家的核心竞争力，打造人们物质生活的丰富；后者提升民族文化的软实力，打造人们内心生活的丰盈。

改革北大，开创新风

1916年9月，身在法国的蔡元培接到一封来自北京的电报。时任教育总长范源濂以“国事渐平，教育宜急”，恳请蔡元培归国出任北京大学校长。蔡元培由此“解锁”了他最为人所知的一重身份——北大校长。

任命狀

任命蔡元培為北京大學校長此狀

黎元洪

中華民國

日

范源廉

蔡元培的北京大学校长任命状

经营北大之难，难在树立其“治学”的本质，摒除其“官僚”的实质。1917年1月4日，蔡元培来到北大履新。他的新作风令见识过几任校长的学生顾颉刚非常吃惊：过去，北大校长进门时校役都需行礼，校长自然是目不必侧视；然而蔡元培到校的第一天，见到在校门口排得整整齐齐、恭敬行礼的校役，脱下礼帽鞠躬回礼。这一下，便开了北大新风。

5天后，蔡元培发表了著名的就职演说。“抱定宗旨、砥砺德行、敬爱师友”是他为1917年的北大拟定的3个关键词，直说读书不是混文凭，做学问不是做官。

之后，蔡元培坚持“思想自由，兼容并包”，大刀阔斧改造这座旧式学堂，各项举措相继出台，使北大朝着真正的治学场所迈进。他三顾茅庐，请新文化运动的主将陈独秀出任文科学长；他不拘一格，凭文章就大胆起用自学成才的梁漱溟；他砥砺德行，大力扶植社团，引导师生建立并参与各类社团活动，为新文化运动的发展提供了平台；他身体力行，向封建礼教发起冲击，在北大首开女禁，创中国国立大学男女同校之先河；他破阶层约束，招收旁听生，提倡课堂教学、学术活动和社团活动向社会开放，为新文化运动发展到各地各阶层创造了条件……

对于旧文化，蔡元培也不是全部排斥。根据“兼容并包”的原则，他也留用和聘请了一些保守派的教师，其中最有名气的当数刘师培和辜鸿铭。刘师培有很深的国学根底，辜鸿铭则精通英语，蔡元培让他们分别讲授经史和英国文学。

以蔡元培入主北大为标志，新文化运动真正有了实在的阵地，新旧两个阵营最活跃的思想者们因他而会集在了同一场域。

时间悄然来到1919年5月4日。由于在巴黎和会上中国外交的失败，3000多名学生在天安门前集合游行。北洋政府现场逮捕学生32人，其中有20人来自北大。蔡元培对过热的政治运动有所保留，但倾力支持、保护学生的爱国热情和人身安全是不争的事实。当晚北大学生在商讨营救被捕学生时，蔡元培来到现场，对束手无策的学生们说："你们今天所做的事情我全知道了，我寄以相当的同情。"全场欢声雷动。接着他又说："我是全校之主，我自当尽营救学生之责。关于善后处理事宜也由我办理，只希望你们听我一句话就好了。"这句话是——"从明日起照常上课"。

五四运动以后，北大学生过于醉心政治，无心求学，他看到其中不良的苗头，于是提出"救国不忘读书"的口号，使青年们有所觉醒。他帮助不少学生出国求学，寻求救国之道，同时还指导学生力所能及地为社会服务。

"蔡先生一生的成就，不在学问，不在事功，而只在开出一种风气，酿成一大潮流，影响到全国，收果于后世"，这是梁漱溟眼中的蔡元培；美国学者杜威认为“以一个校长身份而能领导那所大学，对一个民族，对一个时代，起到转折作用的，除蔡元培外，恐怕找不出第二个”；毛泽东更誉其为“学界泰斗，人世楷模”。

时钟拨回2023年的冬，寒潮南下，冬至日前夕，绍兴城也迎来了初雪。笔飞弄里人来人往，一如往常；蔡元培故居旁，新落成的孑民图书馆在雪花飞扬中，以其独特的东方建筑美学温度，向人们讲述着蔡元培和那个年代的风云激荡；两公里外，秉持“兼容并包、多元发展、追求卓越”之办学理念的元培中学校园里，雪独飘飘似白纸，读书声声入耳来……

大事年表

1868年，出生于浙江省绍兴府山阴县城内笔飞弄。

1872年，在家塾中读《百家姓》《千字文》《神童诗》等书。

1877年，父亲病逝，家境渐窘，无力延师，从下半年起，在姨母家附读一年。后又在李姓家中附读两年。

1880年，受业于同县秀才王懋修（子庄）约4年。王先生崇尚宋明理学，蔡受其影响颇深。

1883年，考中秀才，开始自由阅读，常借阅叔父蔡铭恩藏书，且得其指教。

1884年，在本地充塾师，设馆教书两年。

1885年，第一次赴杭州，应乡试，未中。

1886年，在同乡徐树兰家为其校订所刻图书约4年。徐家藏书甚丰，因得博览群书，学问大进。

1889年，赴杭州应恩科乡试，中举人。

1890年，赴北京应会试，中为贡士，未及参加本科殿试。

1892年，入京补应殿试，被取为二甲第三十四名进士，授翰林院庶吉士。

1894年，入京应散馆考试，升补翰林院编修。7月，中日甲午战争爆发，留心时事，开始阅读西方学者著作的中译本。

1898年，戊戌变法失败，深感清政府“无可希望”，弃官携眷出京，返抵绍兴。冬，任绍兴中西学堂监督。

1901年，先后任上海澄衷学堂任代理总理、南洋公学特班总教习。与张元济、杜亚泉等创办《外交报》。

1902年，与叶瀚、蒋观云、黄宗仰等在上海发起成立中国教育会，被推为会长。为南洋公学退学生组织爱国学社，与蒋观云等发起创办爱国女学。

1904年，在上海创立光复会，任会长。

1905年，加入中国同盟会，被孙中山委任为上海分会会长。

1907年，赴德国留学，次年进入莱比锡大学听课和研究。

1912年，出任中华民国临时教育总长。

1917年，在北大发表就职演说。五四运动爆发后，与各校校长积极营救被捕学生。

1927年，被国民政府任命为大学院院长。同年与林风眠、杨杏佛、肖友梅等提议创办国立艺术大学。

1928年，《大学院公报》创刊，撰写发刊词，提出教育科学化、劳动化、艺术化等主张。同年辞去大学院院长等职，专任国立中央研究院院长。

1937年，由丁西林、周仁陪同离上海去香港。

1940年3月5日，在香港养和医院逝世。

学思践悟

您，与岁月同辉

裘洪平

先生，您若在，156岁；而我——元培中学，33岁。缘于那份血脉相连，纵使相隔百年，仍感近在咫尺。常感怀先生您严谨的学术风范与高尚的人格魅力，承蒙您教育思想润泽，我虽年轻但锐意进取，开拓创新。

先生您尝言：“教育者，养成人格之事业也。”您可知我已将您博大精深的教育思想深嵌于“元”文化中。“元”文化内涵丰富：一为首位，寓意敢于创新，勇立潮头，不断追求卓越；二为多元，“五育”并举，多元发展，立德树人；三为元气，元气满满，也寓意元培精神，传承创新，继往开来。

三十三载办学实践，“兼容并包、多元发展、追求卓越”之理念已深入人心；“厚德博学，乐学善教，志存高远”之校风已被广泛认同；“文明的言行、严明的纪律、踏实的作风、进取的精神”之校训已成为师生行动准则；育“阳光学子”成为每个元培人追求的目标。

先生您主张“德育实为完全人格之本”，指出“真正的道德修养和人格修炼，是一种根植于内心的素养”。我积极创新德育的内容和形式，以国学教育和名人教育为主线，从校本课程“国学与美德”厚植美德因子到“一月一个好习惯”主题活动深耕心田，从德育新途径的“知—悟—行”到校园志愿者联盟的自主管理，从红色教育的薪火相传到名人教育的日渐浓厚，从多方协同讲好名人故事再到追寻先生足迹开展“京沪杭名校研学之旅”……至善、大爱孕育了元培学子的中国魂。我以多元评价引领各美其美，分层分类评比“崇德”“乐学”“健体”“尚美”“能干”小名人，带动全体学生积极向上、追求卓越。

近年来，全国家庭教育实验学校、浙江省首批中小学校示范性党组织、省文明学校、市名人教育特色学校、市十佳德育先进集体等殊荣纷至沓来。先生，您若在，定会为我展颜吧？

先生您重视启发式教学，指出“尚自然、展个性”的教育思想，提倡自动、自学、自己研究的方法。我一直推行“促进学生可持续发展”的教育实践，开展基于“精准教、个性学、小组帮、科学评”的在线学习、慕课、展评课堂、云班课堂……学生的综合素质得到长足发展。先生，您若在，定会为我欣喜吧？

先生您倡导“思想自由，兼容并包”。我着眼于学生核心素养的提升，创生优化了“三层六群”多元课程体系，开设了涵盖德、智、体、美、劳等多个领域的近百门拓展性课程，为学生的个性发展提供了广阔空间。

每周五下午，元培学子便在旅游地理社里体验风情、感悟文化，在篆刻社里玩味篆书线条之韵味，在创客社里实现设计梦想，在茶道社里美心修德、学习礼法，在黑眼睛摄影社团里用快门捕捉精彩，把瞬间化作永恒。多元发展的教育涌现了大批出类拔萃的学生：足球踢进了全国青少年校园足球特色学校，空竹抖出了大世界吉尼斯之最，啦啦操跳出了省一等奖，《花木兰》舞出了省二等奖……我已成为每个学生“梦开始的地方”。先生，您若在，定会为我喝彩吧？

元培中学学生祭奠蔡元培

先生，您这一生“开出一种风气，酿成一大潮流，影响到全国，收果于后世”。在我心中，您早已内化为一种象征和启示，您兼容之精神、自由之思想、“五育”之理念已有更多后来者“以口为碑，以心为碑，以文为碑”。我立志扬您精魂，立我元培；而您，与岁月同辉！

（作者系绍兴市元培中学教育集团总校长）

课堂传承

士林仰楷模，桑梓有元培

李嘉豪

在绍兴市元培中学，“走近蔡元培”是每个学生必修的课程。该课程旨在让学生认识教育家蔡元培光辉灿烂的一生，以期对他们今后的人生产生积极的影响。

蔡元培的生平波澜壮阔，思想渊雅精深。面对第一次上这堂课的学生，如何让他们在40分钟里对蔡元培有初步的了解？我撷取了蔡元培生平的两个片段和他的一个教育理念来介绍。

场景一：儒雅学者的另一面

我展示蔡元培的照片并问学生：“从照片看，你们觉得蔡元培是一个什么样的人？”学生们一致认为蔡元培气质儒雅，颇具学者之风。我又出示史料，介绍蔡元培早年投身革命的情形。蔡元培虽出身翰林，但戊戌变法失败之后，他投身革命。1904年，蔡元培与陶成章等在上海发起建立光复会。次年加入同盟会。在上海期间，他秘密研制炸药，积极谋划起义。

当学生们听到蔡元培的这段经历时，都发出惊叹：原来温文尔雅的蔡元培还是一个英勇无畏的革命党人。这种反差，让他们加深了对蔡元培的认识，也对其为人多了一分敬意。

场景二：最高学府的改革

我先出示了北京大学的照片，让学生们谈谈对北大的印象。他们七嘴八舌，有的说这是中国最好的大学，也有的说这是自己理想中的大学，还有的说这是我们的同乡蔡元培、鲁迅工作过的地方。在肯定学生们的表达之后，我又展示了一张民国初年的北大照片。我告诉他们，在蔡元培当校长之前，北大保守落后，官僚气息严重。学生们都觉得讶异，不敢相信北大还有这样的面貌。

我趁热打铁，介绍了蔡元培出任北大校长后推出的一系列改革措施。他从延揽人才着手，聘请优良师资，而且他聘用教授不拘一格，不受年龄与学历的约束。未过多久，北大风气丕变，成为当时的学府北辰、天下文枢。学生们从中认识到了“兼容并包”的深刻意蕴。

场景三：“五育”孰重之辩论

“五育”思想是蔡元培1912年出任教育总长时提出的。“五育”是指军国民主义教育、实利主义教育、公民道德教育、世界观教育和美感教育。

我认为，思辨能力对于学生的发展和成功至关重要，初中阶段又是培养学生思辨能力的关键时期，所以在介绍了蔡元培的“五育”思想后，我组织了一场小型辩论，让学生们讨论“五育”中何者最为重要。学生们充分论述五种教育主张的长处，思辨能力由此得到提升。

教育救国是蔡元培一生的追求与情感所寄。荀子云：“学莫便乎近其人。”通过相关课程，我们在校内营造浓郁的文化氛围，让学生真正地亲近大师，感受大师的思想智慧。未来，当他们感到迷茫的时候，当他们处于徘徊的路口时，这些课程的屐痕将如一盏不灭的灯，照亮他们的人生路，告诉他们要做一个抱定宗旨、砥砺德行的人。

（作者系绍兴市元培中学教师）

书影音推荐

书　名：《蔡元培文录》

作　者：蔡元培

出版社：商务印书馆

本书分“平生事略”“教育文录”“追怀师友”三个部分，收录蔡元培的自述性文字10余篇，讲述了蔡元培的读书和从事教育的经历；收录蔡元培论美育、教育、伦理、文化、政治等的随笔30余篇；收录蔡元培追念师友的文字20余篇，充分向读者展现其人生经历和精神世界。最后一部分还集中收录了其为张謇、章炳麟、梁启超、鲁迅、徐志摩等所撰写的挽联，以极简练的文字描摹了他们的生平和精神。

书　名：《蔡元培传》

作　者：崔志海

出版社：红旗出版社

本书在充分吸收学界前辈相关研究成果的基础上，通过反复、系统阅读蔡元培全集及相关资料，对不同时期蔡元培的文教活动和主张，以及他的政治立场、思想特色和性格特征等作了明确定位，力图写出蔡元培作为一位重要历史人物的独特之处，在许多方面对蔡元培作了重新解读。

书　名：《蔡元培日记（上、下）》

作　者：蔡元培

编　者：王世儒

出版社：北京大学出版社

蔡元培先生的日记，始自1894年止于1940年，在时间跨度上历经47年。在这47年中，实际记有日记的仅有31个年份。虽然如此，这本《日记》基本上是蔡元培先生30多年经历的原始记录，对于了解认识蔡元培先生在清廷翰林院、绍兴中西学堂、上海南洋公学、中国教育会和爱国女学、留学德国及参加辛亥革命活动、执掌北京大学与投身五四爱国运动以及主持中央研究院工作等各时期的思想态度、工作情形及生活状况等具有重要的学术参考价值。

经亨颐

先生名片

经亨颐像

经亨颐（1877—1938），字子渊，号石禅、颐渊，浙江上虞驿亭人，近代教育家、书画家、社会活动家。1903年东渡日本留学，专攻教育与数理，并加入中国同盟会。浙江官立两级师范学堂初创时为首任教务长，后任浙江省立两级师范学校、浙江省立第一师范学校（以下简称“一师”）校长，并兼任浙江省教育会会长，力倡“人格教育”，邀集名流，因材施教，在浙江教育界颇负盛名。五四时期，顺应新潮，大胆改革，一师学风大振，独领时代风骚，成为浙江新文化运动中心。因而遭地方守旧势力忌恨而被免职，返乡创办春晖中学并担任校长，又兼任浙江省立第四中学校长，继续贯彻其教育改革精神，却又为当地守旧势力所不容，后离浙赴粤参加国民革命。

生平事迹

经亨颐：一浙师表的几个侧面

池沙洲

“维自强之道，以造成国民为始基；兴学之方，以养成教员为急务。”这是1905年浙江巡抚张曾敭（yáng同“扬”）奏折中的一句论断。在鸦片战争后中国所处的“三千年未有之大变局”中，仁人志士们于寻求国运突破、拯救民族危亡的道路上披荆斩棘：有的人慷慨从军，投身疆场，铸就铁血军魂；有的人兴办实业，生产国货，与洋商一争高下；有的人负笈留洋，欲饱学先进科技，报效祖国……然而，要实现强国的伟大目标，所急需的第一资源是——人，不仅需要各行各业的高端人才，还需要提升广大普通国民的素质。19世纪末和20世纪初的“世纪之交”，涌现出一大批提倡和躬行“教育救国”的知识分子，从近代教育过渡到现代教育的崎岖进程中，经亨颐是无论如何也绕不过去的重要人物。

莘莘学子，青青校园，找一个天朗气清的日子，去探访经亨颐先生的人间印迹。

杭州师范大学的两个校区各矗立着一尊经亨颐的汉白玉立像，该校于2010年成立经亨颐学院，为各级各类学校输送顶尖师范人才。

杭州高级中学贡院校区至今仍保留着经亨颐题写的“浙江省立第一师范学校”校名石碑，在被命名为“亨颐园”的庭院里矗立有经亨颐题刻“十周纪念”铭文的碑石和经亨颐的铜雕坐像。

杭州高级中学钱塘校区于2021年成立经亨颐（师范）实验班，为有志于成为人民教师的中学生走上讲台之路助力。

杭州高级中学经亨颐坐像

浙江省立第一师范学校校名石碑

宁波中学经亨颐所作校训

春晖中学经亨颐雕塑（左）

经亨颐与妻女三人合葬墓

宁波中学铭记经亨颐订立的“自律、自立、自强”六字，刻石以为校训，在其百年校史中，培养了12位院士和诺贝尔生理学或医学奖获得者屠呦呦。

而位于绍兴市上虞区的春晖中学，可谓一部凝固的浙江现代教育史，这部历史的书写者正是经亨颐和他的团队。校园里不仅有经亨颐主持营造的教学楼、办公楼、宿舍楼、大礼堂等各式建筑，有他题写的校名“春晖中学校”和校训“与时俱进”，有他曾经漫步徜徉的一草一木，有他栖身并常与同僚雅集的住所，更有他与妻女三人共聚长眠的坟茔。

除了以上这些，经亨颐还给后人留下了一笔丰厚的遗产：人格教育、动的教育、屈就精神……这些教育思想以今天的眼光来看依然没有过时。

已经问世的经亨颐作品集，包括日记、书信、文章、书画、金石等颇多，但讲述经亨颐一生的著作的只有2007年出版的《一代师表：经亨颐传》，是浙江省社会科学院推出的“浙江文化名人传记丛书”中的一部著作。

由于缺少专项研究，除了教育界人士将他尊为百年前的一位著名教育家和校长，对于“经亨颐是何许人”这个问题实在是知者寥寥。

一、年方弱冠，上书死谏为国家

“湖月照我影，送我至剡溪。谢公宿处今尚在，渌水荡漾清猿啼。脚著谢公屐，身登青云梯。”这是唐代大诗人李白《梦游天姥吟留别》中的诗句。

沿着唐代诗人踏歌而行的剡溪蜿蜒而北，下游即为钱塘江最大的支流曹娥江，江的两岸是一片名人辈出的土地——上虞。

李白诗中提及的“谢公”，是东晋名将谢玄之孙，南北朝著名文学家、旅行家、书法家、翻译家谢灵运。除了谢氏一门，上虞的古圣先贤还有东汉哲学家王充、汉末名将朱儁（jùn同“俊”）、三国时期著名文学家嵇康、明末忠臣倪元璐等；20世纪，上虞走出了“当代茶圣”吴觉农、出版家胡愈之、国学大师马一浮、气象学奠基人竺可桢等。

迈上绍兴市上虞区驿亭镇中心小学4楼，在校史馆入口处有一巨幅线描图，题为《敬修义塾图》，其中有亭台楼阁、曲径回廊，描绘的正是该校的前身。经亨颐的祖父经纬（字芳洲）于1844年兴办义学，名为“经氏家塾”，1856年又建平屋“十三间”，改名“敬修义塾”，与藏书楼“卷石山房”相连。不仅经氏子弟，乡里的贫苦子弟都可以来这里免费上学。

绍兴市上虞区驿亭镇中心小学

经亨颐少时求学的敬修义塾

经亨颐18岁成人之前，都在敬修义塾学习，打下了坚实的儒学基础。

1900年1月24日，慈禧废黜光绪帝，立端郡王载漪次子溥儁为“大阿哥”，是为“已亥建储”事件。《苏报》记载“绅商士庶纷然哄动”，上海商界1200多人联名发电报上书，反对废立之事，经亨颐也参加署名（“颐适在侍，年方弱冠，已头角峥嵘，气概不凡，自请列于名末”），领衔人为伯父经元善。

经亨颐叔侄公忠体国、关心朝政，“匹夫而为百世师，一言而为天下法”的儒家精神，在这起被称为“合词电禀”的事件中得以体现。

不料，建言不但未被采纳，叔侄反被清廷通缉，经家位于上海和上虞两地的家产全被抄没，鹰犬们收到的懿旨还包括“就地正法，并灭五族”。

亏得大理寺少卿盛宣怀密电上海方面，通知经氏族人速速远避，不然，二人将遭受灭顶之灾。

二、维护公理，支持青年争权利

在敬修义塾学习期间，经亨颐度过了快乐的少年时光，晚年还回忆父亲带他去义塾旁的溪沟里捉螃蟹的情形。“秋夜读罢，常提灯随父往，片刻即得最肥者。盈钱绳二串，携之归。”

1889年的端午节，驿亭镇村落间因“行龙”（民间祈福习俗）路线争端而发生械斗，领头竟有年仅12岁的经亨颐。“余十二龄，竟指挥壮男，幸未酿事。”30年后经亨颐引领“一师风潮”，其敢作敢为、决命争首的领袖才干早在少年时期即已历练。

1919年北京爆发五四运动，不到一周，其影响传递至浙江。5月12日，杭州3000多名学生，在省立公众运动场（经亨颐筹建，今湖滨第一公园）集会，声援北京学生的反帝爱国斗争。同时，学生们宣布正式成立杭州学生联合会，向省议会请愿，要求通电巴黎和会，归还山东主权。

11月1日，浙江省立第一师范学校（一师）学生施存统、俞秀松等，联合浙江公立甲种工业学校（今浙江理工大学）学生沈乃熙、夏衍等共26名学生，出版了《浙江新潮》周刊。

中華民國八年十一月八日　浙江新潮　（一）

中華郵政特准掛號認為新聞紙類

浙江新潮

通訊處浙杭第一師範黃宗正君

非「孝」

刊登《非孝》一文的《浙江新潮》

11月8日，《浙江新潮》第二期发表了施存统的《非孝》一文，文中反对封建道德，主张在家庭中用平等的爱来代替不平等的孝。

次年1月1日，陈独秀于《新青年》第7卷上对《浙江新潮》周刊及《非孝》一文大加赞赏。

然而，顽固守旧势力却大为恐慌，省长齐耀珊视之为“肆口妄谈”“蔑弃国民道德”。其实，他们早已对一师校长经亨颐心存种种不满（如“弃文言而不授”），借《非孝》刊登之机，省长公署责令浙江省教育厅限期查办。

厅长夏敬观不敢怠慢，逼迫经亨颐取缔刊物，开除学生，解聘国文教员陈望道、刘大白、夏丏尊、李次九4人。

经亨颐据理抗辩，认为“学生即使言论失当，但没有犯罪”，且不能在学期中途解聘教员；至于白话文讲义，都是从公开发行报刊上摘选的文章，“政府何以不干脆取缔京沪等地出版之刊物呢?”

浙江当局仍不甘休，密电北洋政府，控告《浙江新潮》“主张社会改造、家庭革命，以劳工为神圣，以忠孝为罪恶”，并派人查封底稿、拆毁版模，煽动落后学生发文反驳，趁寒假撤换校长经亨颐，多次派军警进驻一师校园……企图运用各种手段，通过扳倒经亨颐，剿除一师作为浙江新文化运动中心的存在。

整个事件从上一年的11月，一直延续到次年4月，双方拉锯僵持达半年之久，引起了全国性的社会影响和声援浪潮，“一师风潮”可谓与五四运动南北遥相呼应。

北京大学总务长蒋梦麟至杭州，当面责备了夏敬观，并代表北京大学慰问一师师生。

因经亨颐不愿再任校长，蒋梦麟推荐暨南学校教务主任姜伯韩为新任校长，一师学生表示认可，于4月17日全校复课。

6月16日，省议会通过了“弹劾省长齐耀珊案”，齐、夏二人被迫辞职离杭，学生的“驱齐灭夏”运动获得完全胜利。

三、感化乡村，捐资兴学开民智

经亨颐虽然从小攻习制艺（八股文），兼及诗文，但其实他出身于一个商人家族。祖父经纬少时因家贫而到上海谋生，“历几十年而积资达数十万”，经营仁元钱庄而“掌上海钱业公所首董”。

封建社会商人虽为末流，却依然想与朝廷搞好关系。太平天国战争期间，经纬因收容难民而受清廷褒奖，受封五品主事；1864年，负责修筑钱塘江海塘，赠知府衔。

如此重要的国家工程，经费却要这个“红顶商人”自筹，“终以款罄而未竣工”，经纬“惶恐万分，愧忿交绝”，竟自缢而离开了人世。

经纬育有五子，长子经元善从17岁时即随父经商。经纬去世后，他继承父志，主持完成了海塘工程。

1880年，经元善与郑观应被李鸿章委任为上海机器织布局会办，经元善采取登报向全国公开招股的方式，募得本银50万两，突破了原指标。1882年，经元善被委任为上海电报分局总办，担任此职长达18年。

经亨颐是经纬幼子经元佑之子，因在同族子侄中“颖悟异常，才气逾人”，为经元善所器重，从18岁开始就被经元善带到身边，学习经商。

1893年，经元善在上海城南高昌庙创办经正书院，聘请梁启超等新式知识分子任教。1897年，因经费困难，书院并入盛宣怀创办的南洋公学（今上海交通大学）。

同年，经元善决心办一所女子学校，他认为“自孩提成立，依恃母教，饮食教诲，触处皆关学问”“今日中国之不振，归咎于二千年女学不开”。

1898年，中国第一所女子学校——经正女学在高昌乡桂墅里正式开学。为筹措经费，经元善发动捐款，虽然面对来自顽固派的压力，但获得了郑观应、梁启超、康有为、张謇等人的支持。

1898年，经元善还计划在家乡上虞和余姚两县创办农工学堂，未果。

经家两代人经商获利不忘本，关注弱势群体疾苦和妇女儿童权益，致力于兴办学校来改变中国积贫积弱的局面。

在可塑性最强的青年时期，经亨颐在十里洋场的商海浮沉中成长，不可能不受到祖父和伯父的办学思想影响。

1923年，经亨颐创办春晖中学的第二年，开浙江全省男女同校之先河。招收女生非随性而至，而是早在办学计划中。未成年人、女性、贫民在经亨颐眼里都是需要扶助的弱势群体，而扶助的方式就是教育。

非但如此，1922年年底，农民夜校开学，利用春晖中学晚上空置的教室，每星期上4小时的课，共有习字、常识、珠算、时事、农事、国语6门，教员有王任叔（笔名巴人）、杨贤江、叶天底等。

经亨颐在开学典礼上说："春晖如果当时不设在白马湖，一切可以省许多经费；所以设在白马湖者，是想感化乡村。"

白马湖春晖旧影

白马湖畔的春晖校园

接续父祖造福黎民之遗志，继承捐资办学的家族基因，以“苦牛”自称的经亨颐（属牛）苦撑苦干，运筹帷幄，都是为了这片自己生长、深爱的土地。

四、文武并重，体育教育发先声

1900年2月25日，经氏叔侄以商人身份上书言事，触怒慈禧而被通缉，于是远避澳门。才过了20多天，“以为无事矣”，不料清廷谎称二人犯经济罪，要求引渡；澳门当局认为二人属政治犯，拒绝引渡。

8月14日，八国联军以镇压义和团之名攻陷北京，慈禧率光绪及大阿哥溥儁出逃，经氏叔侄终于得以回到上海。1903年秋，经元善病逝于上海。

而在1903年初，26岁的经亨颐审时度势，做出了人生中一个重大决定——留学日本。

经此风波，原先富甲一方的经元善已无力出资，经亨颐的学费是靠在家乡的结发妻子袁氏变卖首饰，以及母亲变卖田产筹集。

经亨颐先入弘文学院学习日语与普通科知识，3年后，进入东京高等师范学校（东京高师）。该校极为重视体育，可想而知经亨颐平时的运动量一定很大，体魄不可能不强健，体育精神也不可能不入心。

经亨颐日后在浙江一师和春晖中学任校长期间，每年举办运动会、远足会，组建足球、篮球、排球、网球等校队。

以经亨颐好强的个性，其重视体育教育，更多带有为国民扫除“东亚病夫”之名，使中国得以与列强争胜于世界的意愿。

1918年，一师成立10周年举办纪念运动会，特别设置了教职工运动会。校长经亨颐虽已41岁，仍欣然下场比试，一展短跑技艺，竟然赢得亚军。

春晖中学至今保留着经亨颐重视体育的传统。每年春天，全校师生开展远足活动，高一年级沿白马湖步行5公里；高二、高三年级赴小越横山陈春澜（春晖中学最早的投资人）故居致祭，往返10公里。

五、一生办学，从西装少年至白首

本科一年级学生担任大学领导，而且还是人家求着他去的，你能想象吗？经亨颐就有这样的经历。

1908年春，杭州贡院旧址，旧的校舍被拆，建起了新的校舍（今杭高贡院校区老教学楼），仿的是东京高师的校舍式样。

浙江官立两级师范学堂即将开学，校长由杭州著名藏书家邵章出任，他是进士翰林出身，又毕业于日本政法大学。

但另一个重要职位——教务长的人选还未确定，浙江提学使司委托留日学生监督王廷扬，王廷扬委托浙江同乡会（1902年在东京建立），留学东瀛的师范生们再一次成了“猎头”寻找的对象。

杭高樱花

不料，几个东京高师毕业生对此不感兴趣，同乡会就公举了大一新生经亨颐。经亨颐起初也是拒绝的，但“那时同乡会的精神很好，一经决议是不能不服从的”；又考虑到自己“那时还是一个苦学生”“把家里的田产卖了维持，又自己译书，经济非常拮据，正是难以为继的时候”“加以同乡的劝勉”，经亨颐“就贸然应命了”。

从公举结果可见，经亨颐在日本留学圈是多么叱咤风云，而他在回忆中从未提及相关往事，可见他为人又是多么低调谦逊。

经亨颐私下调查了东京高师的办学模式，又向校长嘉纳治五郎提出修学一年。嘉纳治五郎同意后，请教其“指导我种种要点，又请他介绍一个图书手工教员吉加江”。

一年的休学期满，经亨颐“如期毅然告辞”，回日本完成学业。

1912年，辛亥革命后，“师范大学”改为“师范中专”（1913年正式改名浙江省立第一师范学校），学成回国后的经亨颐在这所学校担任了8年校长。

他离国赴日的次年（1909年），爆发了浙江教育史上的大事件——木瓜之役。这是以许寿裳、鲁迅、夏丏尊等教员反对并驱逐专制守旧的校长夏震武的一次胜利，可谓发10年后“一师风潮”之先声。

鲁迅曾说：“十年前的夏震武是个‘木瓜’（吴方言‘笨蛋’之意），十年后的夏敬观还是一个‘木瓜’……现在经子渊、陈望道他们的这次‘木瓜之役’，比十年前我们那次‘木瓜之役’的声势和规模要大多了。”

两次“木瓜之役”不同点是，在鲁迅所说的第一次“木瓜之役”中，除了曾任教务长的经亨颐是归国“西装少年”，所有人的脑袋后头都拖着一根辫子；到第二次“木瓜之役”时，脑袋后的辫子都已经剪掉了。

有形的辫子虽然剪掉了，但有些人脑袋里的那根无形的辫子还留着。

但鲁迅还说：“看来，经子渊、陈望道他们在杭州的这碗饭是难吃了。”

“一师风潮”中，经亨颐辞去一师校长之职，回到上虞驿亭老家，筹办一所“九年一贯民办学校”，即教育史上赫赫有名的“春晖中学校”，开启了“北南开，南春晖”的白马湖时代。

1919年的春天，经亨颐弟弟经亨鼎到丰惠镇拜访乡贤王佐，三人在敬修堂前的大樟树底下筹划，出发探望病中的春澜公（陈渭，字春澜，是驿亭镇实力与当年经家相媲美的富商和慈善家），请他捐资促成办学一事。

经宅前老樟树

今天，桑田沧海，事往日迁，只有这株几人合抱的大樟树仍屹立原地，亭亭如盖。

六、体恤工农，不惧风雷求民主

经亨颐的祖父经纬自小过着贫苦的生活，经商发家后心念黎民百姓，主持上海慈善机构同仁堂、辅元堂、育婴堂等，“戴笠骑驴，躬往督率，如捡拾遗骸等极秽主事，亦必身先倡导，淘洗凑合。”

伯父经元善继承家业后，也继承了先父的慈善事业。1878年，经元善参与创立上海公济同人会，募捐救助河南灾民。但他仍嫌不足，同年，竟停办了仁元钱庄，原地创立上海协赈公所，募捐范围扩及东南各省及美日华侨，赈灾范围扩及直隶、山西、陕西等省，规模和影响甚至超过朝廷设立的上海官捐局。

父祖两代体恤底层民众的事迹深深感染了经亨颐，在如火如荼的新文化运动中，经亨颐选择站在了革命和进步的一边，为人民大众和中华民族谋未来。

不少“一师风潮”的参加者，后来都走上了革命道路，如中国工农红军第十三军军长胡公冕、组建国民党浙江省党部的共产党员宣中华、指挥上海工人三次武装起义的汪寿华、中共浙江省委书记庄文恭、中国社会主义青年团第一任书记俞秀松、人民政权第一位司法部部长梁柏台……

一师的教员中有全文首译《共产党宣言》的陈望道；春晖的教员中有中国第一个马克思主义教育理论家杨贤江、创建上虞县（今上虞市）第一个党支部的叶天底，学生中有浙东革命根据地特别大队一中队中队长观杰、鲁迅学院院长黄源；四中的教员中有汉阳兵工厂党委负责人汪子望……

他们中的绝大部分为革命付出了生命。大革命失败后，经亨颐不惧白色恐怖，将遇难共产党员汪子望的骸骨归葬白马湖畔，并亲笔题写碑文。

南昌起义后，中国共产党领导的进步力量与新军阀反动派摊牌，经亨颐加入了由周恩来、贺龙、恽代英等人发起的中国国民党革命委员会。

1935年8月1日，中国共产党驻共产国际发表团草拟了《中国苏维埃政府、中国共产党中央为抗日救国告全体同胞书》(即《八一宣言》)，号召停止内战，一致抗日，经亨颐和宋庆龄、何香凝、柳亚子等人在宣言书上签字。

国共第二次合作后的1937年2月，在国民党五届三中全会上，经亨颐又与宋庆龄、何香凝、冯玉祥、孙科、李烈钧等14人联名，向大会提出《恢复孙中山先生手订联俄、联共、扶助农工三大政策案》。

1933年3月，何香凝的儿子、共产党员廖承志从莫斯科回国，在上海法租界被捕。由经亨颐、宋庆龄、柳亚子担保出狱。

在不到半年的时间里，廖承志与经亨颐的小女儿经普椿互生情愫。9月，廖承志即远赴川陕苏区参加红军。廖承志在信中向经普椿说："如果你真正爱我，请再等我两年。"

抗战爆发后的1937年12月，廖承志根据中央指示去香港工作。收到儿子电报的何香凝带着"准儿媳"经普椿去与儿子会合，让两个年轻人在香港举办了简朴的婚礼。

经亨颐与何香凝从诗朋挚友成为儿女亲家，而经普椿与廖承志也从白马湖畔的两小无猜，为了共同的志向成就了半个世纪的姻缘，坚守了他们白首不渝的爱情。

七、运刀破石，古劲苍遒显真魂

李叔同和丰子恺是经亨颐团队中最著名的两位艺术家，但很少有人知道，经亨颐本人也是一位书画大家。

中国画讲究“诗书画印一体”，经亨颐与爱国人士柳亚子、何香凝等是著名文学团队南社的成员，有《颐渊诗集》印行。

姜丹书评价经亨颐的画“大气磅礴，笔力超拔，墨韵生辣”，书法“功力遒劲而能脱化”。

1929年，经亨颐于上海发起成立“寒之友社”，成员有刘海粟、张大千、姜丹书、黄宾虹、谢公展、潘天寿等。

丰子恺漫画《经子渊先生的演讲》

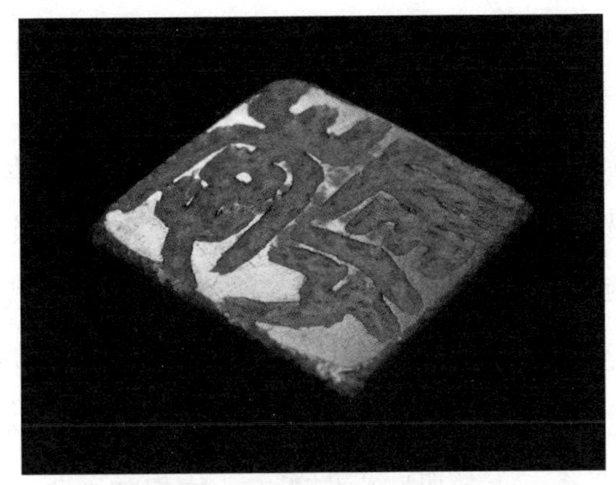

经亨颐刻“李布衣”（即李叔同）

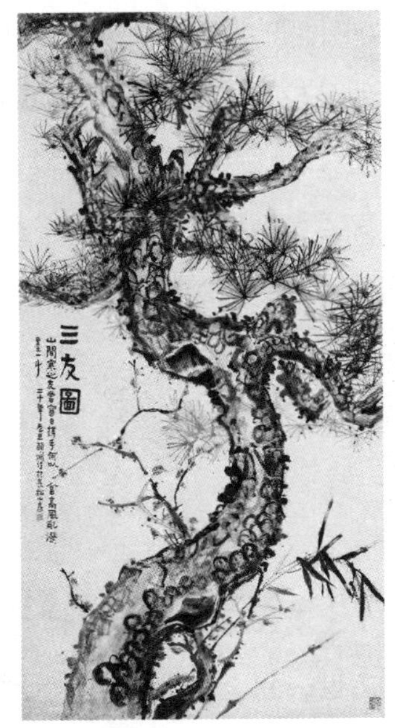

经亨颐书画作品《三友图》

对于诗书画印四者，经亨颐却评价自己：“吾治印第一，画第二，书与诗又其次焉。”

经亨颐的金石篆刻为一绝，善于运用借边与连边，有秦篆的圆融浑朴。他是著名民间学术团体西泠印社的成员。

经亨颐自小受父亲影响喜爱篆刻，哪怕刻刀划破手指仍刻个不停，没有印泥，就用棉花蘸取塾师砚台中的朱墨来代替。15岁时，父亲经元佑将自己的全套篆刻工具“刀二柄、石十余方、印泥一合、书数册”当作新年礼物相赠爱儿。经亨颐回忆：“平生最得意事，无逾于此。”

纵观经亨颐波澜壮阔的一生，他从来没有走入某个固定的角色里，于青年，他是校长、师者，是思想家、引路人；于战友，他是诗人、谋士，是活动家、艺术家；于黑暗，他是火光、刻刀，是政治家、是骁勇善战的猛士……我们也不应当从单一的视角、用同一片滤镜去观察他；或者，我们从来就不应当随意地定义他。

大事年表

1877年，出生于上虞县三都乡驿亭村。

1894年，父亲去世，到上海为伯父经元善当秘书。

1900年，慈禧太后下诏废黜光绪帝，经氏叔侄因联络上海绅商各界联名反对，遭清廷通缉，避难澳门。

1903年，自费留学日本，入东京弘文学院。

1906年，入东京高等师范学校学习。

1908年，休学一年，回国任浙江官立两级师范学堂教务长。

1910年，毕业回国，复任教务长。

1912年，浙江官立两级师范学堂改名为浙江两级师范学校，任校长；同年，任浙江教育会会长。

1913年，浙江两级师范学校改名为浙江省立和一师范学校，任校长。

1920年，浙江杭州爆发“一师风潮”，辞去一师校长之职，任春晖中学校长。

1923年，兼任浙江省立第四中学（宁波）校长。

1924年，被选举为国民党浙江省临时党部首届执行委员。

1926年，任广州中山大学代理校长。

1927年，中国共产党领导的南昌起义爆发，任中国国民党革命委员会委员。

1929年，在上海发起成立“寒之友社”。

1935年，中国共产党发表《八一宣言》，号召停止内战，一致抗日，经亨颐与宋庆龄、何香凝、柳亚子等在宣言书上签字。

1938年，于上海广慈医院逝世。

寻根觅源

浙江一师的新文化转型策略

高 宁

20世纪初叶，时称“浙省教育界之巨子”“革新运动之领袖”“浙江文化运动的先觉者”的经亨颐主持浙江省立第一师范学校（以下简称“一师”）期间，从人格教育理念出发，实行以人为本、与时俱进的教育改革。

这是在中国近代第一次社会转型之际，出现的一次面向未来的新教育的闪光。

一师被蔡元培誉为“浙江最负盛名的学校”，经亨颐在一师所做的教改实践，从升学谋生的职业观向人格教育价值观转变，从仅重知识学习向知、情、意、行全面发展转变，从平凡划一的教育向重视个性、以学生为中心转变，从师道尊严向师生关系民主转变……

1915年初夏，一师校友会召开首次毕业生送别会，席间师生齐唱《送别歌》：“……愿君此去肩重任，尽心教育觉新民，各天涯共精神，毋忘母校恩。”歌中所“共”的“精神”即经亨颐手书的“勤、慎、诚、恕”四字校训：“勤”指“时习”“敏求”“不厌不倦”；“慎”指“慎言”“慎行”“寡尤寡悔”；

“诚”指“真实无妄”“成己成物”；“恕”指“己所不欲，勿施于人”“尽己及人”。

随着时代的演进，经亨颐与时俱进地重新解释了这些传统道德信条，在价值符号不变的条件下实现着价值内容的更新。

1919年五四大潮席卷而来，经亨颐的人格教育也随之发展到了“动的教育”新阶段。

其一，选聘良师。经亨颐主张教育者要有高尚之品性，要以改造文化、增进文化为己任，反对那些“因循敷衍，全无理想，以教育为生计之方便，以学校为栖身之传舍”的庸碌之辈。他主张任免教师的标准，更应看有无实际研究能力，“良教师不堪留用”属于“校长之失职”。于是，经亨颐周围集中了一批有革新思想、有真才实学并热心教育的学者。

其二，实行教员专任制。当时的教师往往一身并兼数校之课，经亨颐认为，学校之事应由全体教职员共同负责，做到集思广益。1919年秋季，一师首批聘请的专任教员有16位。其中，陈望道、刘大白、李次九、夏丏尊4人提倡新文学，为改革骨干，号称“四大金刚”。

其三，建立评议制。经亨颐设立评议会作为全校最高议事机构，由校长担任议长，评议员按一定比例从教职员和学生中民主选举产生，每年改选三分之二，师生共同讨论校内重大事件。

其四，实行学生自治。经亨颐主张尊重学生人格，提倡使学生有自发之活动、自由之服从、自治之能力、自律之行为，反对强迫命令和他律束缚。

“从前也曾说教育的目的，是要养成自律，还有一句话，叫做一定要经过相当的他律。但在校的期内，完全是他律，自律叫他从哪里来呢？……要待学生有自治的能力才能自治，试问一天不使他自治，待到几时才有自治的能力？”

1919年11月16日，一师学生自治会正式宣告成立，开全省风气之先，各地学校相继仿效。“关于自治实行的细则，是完全由学生自动，听他们开会研究，也觉得很有精神。”许多行政命令解决不了的老大难问题，如禁烟、食堂管理等，均在学生自行监督下得以解决。

作为中等师范学校校长，经亨颐教育理念中的第一要旨就是“立人”。他视学校为未来社会公民人格的启蒙场所：“求学何为？学为人而已”“以人格之实现为社会发达之本”“学校不是‘贩卖知识之商店’”“学校当以陶冶人格为主”。

在经亨颐的引导下，一师的师生关系由“以教师为中心”到师生民主平等、相互尊重，教学模式由单向传输到共同研讨，学校管理由校长威权到师生共治，一师由此成为中国近代历史上学校学习型组织化的一个成功范例，这是其得以站在时代教育改革大潮前列而名扬全国的基本保证。

正如陈望道曾说："五四前后的新文化运动，从全国范围来讲高等学校以北大最活跃，在中等学校，则要算是湖南第一师范和杭州第一师范了。"先进的教育理念、浓郁的人文气息，使一师发展成为浙江新文化运动的中心。

一师新文化转型的重大成果为师生全方位成长，学界主体意识觉醒，造就了一大批志士英才，活跃于近现代中国舞台，为处于大变局中的中国社会提供强有力的人才保障。

迈出一师大门的师生中，有4人参与书写了中共党团组织创建的传奇；中国共青团8位创始人中，来自一师的占了一半。此外，还涌现出了诸多文化精英，如教育编辑出版家傅彬然、朱文叔，音乐教育家吴梦非、刘质平，画家潘天寿、丰子恺，文学家曹聚仁、潘漠华、柔石，经济学家周伯棣，鱼类学家陈兼善等。

教育在服务经济社会的同时，必须拥有先进文化引领的理想追求。教育培育的是未来，应当也必须超越当下。

经亨颐所处时代的中国社会整体发展水平还处于落后的自然经济时期，因此新文化转型阻力重重、步履维艰。今天的中国迈入了新时代，经济转轨、社会转型，要求努力创造属于这个新时代的新文化，建设中华民族现代文明。

回顾经亨颐的教育理念和改革实践，对当下教育教学模式具有借鉴意义：由教师本位转向学生本位，由划一内卷转向有教无类、因材施教、人人闪光，由机械刷题转向项目化、跨学科学习和实践探究，由绝对时间比拼转向相对时效提升，由揠苗助长、透支生命转向兴趣发掘、静待花开。学校、家庭、社会的教育价值观应当由外在的升学就业转向内在的生命成长，在培养合格的现代社会公民的基础上，激励有志青年扛大任、成大我。

（作者系杭州市教育局党委委员、副局长）

课堂传承

让历史的光辉照进今天

——《经亨颐的人格教育》校本思政课小结

范淑敏

“故既入师范，不能不有永为教育者之决心，不能不有非为教育者不可之觉悟。”熹微晨光照在杭州高级中学（以下简称“杭高”）钱塘学校的校史连廊上，仿佛照见了百年前经亨颐先生对教育的热忱。

走进经亨颐师范实验班，文化墙上“勤、慎、诚、恕”的班训赫然醒目。这几个字对于学生来说，与经亨颐的“国本教育”“人格教育”一样陌生且遥远。

“经亨颐的光辉今何在?”这是我们这节校本思政课需要挑战的问题，经亨颐师范实验班的学生们展开项目式探究，去触摸历史的细节，感受班训的温度。

我提前在上一个周末布置任务，让学生有时间对此问题展开持续性探究。组长统筹组员做好组内分工，运用文献法、访谈法、踏勘法展开调查，最终确定四个组的主题分别是“经亨颐其人”“经亨颐的教育主张”“浙江一师时代”“白马湖的春晖时代”。

各组学生真实、主动地参与其中，逐渐厘清经亨颐其人与其教育主张，确定手抄报和PPT作为展示和汇报的形式。

每一个项目组文献的准确度和调查进度由我和组长们在群里跟进，组内成员在纸上不断补充相关资料，好似用文字溯流而上，追寻经亨颐先生的脚步。

第一组学生为我们分享了在贡院校区的追寻历程。在亨颐园，杭高学子曾给“十周纪念”石庆生。此石名为“临风读书石”，曾经被经亨颐宠爱有加，至今已经105岁。经亨颐的坐像就在不远处，一如当年写下“有徘徊阶除，临风读书之致”的样子。

第二组由一名学生扮演经亨颐校长。“经校长”带领我们进入讨论环节。

经亨颐先生曾经提出“学校不是‘贩卖知识之商店’”，

代表了什么样的教育理念？这样的理念对我们有什么影响？作为经亨颐师范实验班的学生，我们为何求学？未来站上讲台，我们应该追求什么样的教育？

学生们纷纷举手发言。

有学生说：“我们不应该只是学习知识，更要学习为人处世的道理。”

有学生认为：“我们求学是为了成为一个对公众有用的人。”

还有学生表示：“步入讲台的我，会更注重学生的素养，培养一个人的个性。”

……

我也从经亨颐“以人格教育维持生活”“以生活维持人格”等理念，总结“公共心”“责任心”“勤劳”“简朴”等外延的重量。

第三组学生找到杭高纪录片和珍贵的校史资料，以PPT方式展示。如今步入贡院校区，甬道边的两排梧桐散发着冬意，时光仿佛依旧定格在经亨颐题字的“浙江省立第一师范学校”石碑上，校史馆中的史料因为被重新“看见”而尚有余温。

“视远惟明，听德惟聪。”经亨颐将敬修义塾中“修身齐家治国平天下”的道理讲给一师学子。如今，杭高设有“养正学堂”和“明远讲堂”，养正传薪，明远行健，养正书塾（一师前身）培养国之栋梁，明远学社（经亨颐创办）“雅量弘高，达见明远”（《晋书·列传第十》），传承浙学文脉。

“勤、慎、诚、恕”是经亨颐为一师制定的校训，并以儒家经典来解释这四字。“而核以师范之性质，则惟此四者尤当勉焉。”他指出“诚”字为“全国师范学校校训之中心”，而我则对学生介绍，“恕”字是我们班的底色：“用拆字法，‘恕’就是‘如’和‘心’，将心比心，推己及人，已欲立而立人，已欲达而达人。”

第四组学生提出一个非常具有探究性和发散性的问题——“假如大师们再度聚首，他们会如何回忆白马湖的春晖时代？”

学生们做了扎实的前置任务，读《一代师表：经亨颐传》、经亨颐《全国师范校长会议答复教育部咨询第一案》、朱自清散文《白马湖》、肖复兴散文《白马湖之春》，看丰子恺漫画《人散后，一钩新月天如水》，听丰子恺以孟郊的《游子吟》为词谱写的校歌……

从1921年到1925年，经亨颐抱着对教育的热爱和感化乡村的情怀，陆续召集曾经在一师任教的夏丏尊、朱自清、丰子恺、李叔同等人，亲力亲为、全力以赴，开启了“北有南开，南有春晖”的崭新时代。

这节课，师生翻阅传记、浏览校史、寻觅遗迹，这不仅是一次文字之旅，也是一次历史的探寻，让我们感受到经亨颐的赤诚与初心，溯源经亨颐师范实验班之起源，更坚定了自己的脚步该迈向何方。

（作者系杭州高级中学钱塘学校经亨颐师范实验班班主任）

春晖中学大门旧址

1935年首演《雷雨》的春晖中学大礼堂

书影音推荐

书　名：《先生归来兮·经亨颐，培养独立人格为先》

作　者：经亨颐、柳亚子等

出版社：中国文史出版社

本书通过近40篇经亨颐本人及其亲友、学生的回忆文章，系统展现了经亨颐先生作为我国近代教育家的生平及其对我国近代教育事业的发展所作出的贡献，从几个维度展示了一代教育家、书画家在事业、交友、家庭生活等方面的生动形象。

书　名：《经亨颐集》

作　者：经亨颐

出版社：浙江大学出版社

本书分为五个部分，第一部分收录了经亨颐在《浙江第一师范学校校友会志》《教育丛刊》《春晖》等刊物的文章，以及离开教育界后的著述；第二部分收录了他在浙江省立第一师范、北京高等师范学校及上虞春晖中学等校任职时的演说辞；第三部分是他任浙江省教育会会长时所写的公文；第四部分收录他1927～1936年所写的诗；第五部分是经亨颐仅留的日记内容。

书　名：《一代师表：经亨颐传》

作　者：董郁奎

出版社：浙江人民出版社

本书通过撰写经亨颐在浙江省立第一师范学校及春晖中学的史料，介绍了这位我国20世纪初著名教育家的一生。

书　名：《颐渊印集》

作　者：经亨颐

出版社：人民美术出版社

本书是本金石刻印书法集，由清末民初著名教育家和书画篆刻家经亨颐所著。经亨颐的印风质朴平实，其篆刻字最得汉印朴质茂密、古拙厚重的神韵，间或以隶书入印也能涉笔成趣，神与古会。

电　影：《望道》

导　演：侯咏

《望道》讲述了从日本留学归来的陈望道接下了翻译《共产党宣言》的任务，从此改变了人生轨迹的故事。电影中陈独秀、俞秀松、经亨颐等历史人物一一出场。本片对于了解经亨颐也有帮助，片中经亨颐由复旦大学国际关系与公共事务学院副教授蒋昌建饰演。

周树人

先生名片

周树人像

周树人（1881—1936），浙江绍兴人，原名周樟寿，字豫山、豫亭，后改字豫才，笔名鲁迅。著名文学家、思想家、革命家、教育家、民主战士，新文化运动的重要参与者，中国现代文学的奠基人之一。一生创作了大量杂文、中短篇小说、诗歌，以及社会评论等。代表作有《呐喊》《狂人日记》《阿Q正传》《孔乙己》等。

生平事迹

鲁迅：救治精神，时代呐喊

汪　恒

鲁迅的一生与教育缘分深厚。作为学生的他先后入读旧式私塾、洋务学堂，又在日本修读专门学校。鲁迅又主要以教育工作作为他的社会职业，他曾历任中学的教师、教务主任和校长，师范学校的校长，大学讲师、教授、系主任、教务主任等各种职务，共计18年之久。此外，他还在国民政府教育部工作过8年。教育在鲁迅眼中，也是改造国民精神、唤醒民众的途径。要走近和理解鲁迅，就不能不提他作为教育家的一面。

从三味书屋到留学东瀛

1881年9月，浙江绍兴府会稽县东昌坊口新台门周家喜添一名男丁。孩子先得幼名阿张、长庚等，后又得学名周樟寿。周家人或许不会想到，日后这个孩子的出息会远超他们的想象，而且更多人记住他的，是一个叫“鲁迅”的笔名。

在绍兴，周家算得上是书香门第。鲁迅的祖父周福清此时还在京城为官，官至正七品。7岁时，鲁迅进了周家自设的私塾读书。12岁时，鲁迅又被家人送到“全城最严厉的私塾”三味书屋。高高瘦瘦、戴着大眼镜的先生寿怀鉴，课间的嬉戏逗乐，百草园的四季流转，与保姆“长妈妈”的相处点滴都成了鲁迅童真时光里的回忆。

然后，接连而至的波折很快让鲁迅的童年失色不少。先是祖父因科举舞弊入狱，后来父亲又一病不起。家境败落让鲁迅感叹，“有谁从小康人家而坠入困顿的么，我以为在这途路中，大概可以看见世人的真面目”。鲁迅回忆，自己“几乎是每天，出入于质铺和药店里”，但父亲的病却“日重一日”，最终亡故。1898年，鲁迅带着母亲筹得的8块银圆，孤身一人去南京读洋务学堂。当时，鲁迅的远房叔祖父周庆藩在位于南京的江南水师学堂教汉文，又兼任管轮堂监督。鲁迅也因为这层关系，入读了江南水师学堂，并将大名改为周树人。

在江南水师学堂，一周四天学英语，一天学语文，功课内容在鲁迅看来是简单的。来到大城市的鲁迅接触到了更多新思想，闲时也翻起了《天演论》等新书报。来到南京几个月后，他又投考了新设的矿路学堂并被录取。在这里，有德语、地质学和矿物学等课程，让鲁迅觉得“非常新鲜”。采矿也成了鲁迅修读的第一个专业，他也曾下矿井学习过。1902年，鲁迅从矿路学堂毕业，并获得官费出国的资格。这年3月，他告别母亲，和同批20余名官费留学生一同坐轮船前往日本。

到日本东京后，鲁迅先进了弘文学院。这是那时候专为中国留学生办的速成学校，主修日语和普通科学知识，为升入高等专门学校打基础，1902 年 1 月才开设。这所学校在鲁迅看来多少有点奇怪，学生要去孔庙行礼，还要执行“凡逢孔圣诞辰，晚餐予以敬酒”这样的规定。学生们和校方的摩擦时有发生，因不满日方对留学生的升学规定和学校课程设置，鲁迅就目睹并参与了两次罢课活动。1904 年，鲁迅从弘文学院毕业，决定继续就读仙台医学专门学校。缘由多少和童年时父亲的病久治不愈有关，他梦想着回国后救治像父亲一样的病人，战争时候便去当军医，又能促进国人对于维新的信仰。

仙台医学专门学校开设了物理、化学、解剖、组织等多门科目。很多医学名词都是拉丁语或德语，让鲁迅记起来费了不少脑力。在解剖学的课堂上，鲁迅遇到了让他终生感念的藤野先生。藤野先生对这位中国留学生很是关照，主动帮鲁迅订正课堂笔记、询问学习中的困难。鲁迅多年后回忆起这段经历时感叹，“在我所认为我师的之中，他是最使我感激，给我鼓励的一个。”

让鲁迅决心转变人生轨道、弃医从文的也许是第二学年课堂上放映的几张时事幻灯片。当时正是日俄战争，幻灯片中出现了这样一幕：中国人给俄国军队做侦探，被日军捕获并枪毙。现场围观的也是一群中国人。在周围同学的拍手喝彩中，鲁迅清醒过来，学医学不再是一件紧要的事，国民的愚弱、麻木的看客心理更加可怕。“我们的第一要著，是在改变他们的精神。”这个念头此后长久盘旋在鲁迅的脑海中。1906年3月，鲁迅从仙台医学专门学校退学。他告诉好友许寿裳，“我决计要学文艺了，中国的呆子、坏呆子，岂是医学所能治疗的么?”

在日本留学期间的鲁迅

教坛廿载，亦师亦友

1909年8月，鲁迅从日本回到国内，第一站在浙江两级师范学堂做生理学和化学两科的教员。这所学校的校址就在今天杭州高级中学贡院校区。鲁迅当时的工作就是翻译日籍教师的讲义，同时也教一点生理卫生的课程。在同事夏丏尊的记忆中，“周先生每夜看书，是同事中最会熬夜的一个”。鲁迅翻译的讲义，很被人称赞，也受学生尊重。第二年8月，鲁迅应绍兴府中学堂（绍兴第一中学的前身）的聘请，去教生物学兼任监学（教务长）。

回到家乡的鲁迅，先碰上的是“无辫之灾”。早在日本弘文学院就读期间，他就剪掉了辫子，绍兴这边认识他的人多，因此不免遭到议论。好在随着辛亥革命的开始，剪辫不再成为问题。新成立的绍兴军政分府任命鲁迅担任绍兴山会初级师范学堂（1912年更名为绍兴初级师范学校）校长。鲁迅有时候自己也代课，代国文教员批改文章。据当时的学生孙伏园回忆，“学生们因为思想上多少得了鲁迅先生的启示，文字也自然开展起来。大概是目的在于增加青年们的勇气吧，我们常常得到夸奖的批语”。

1912年中华民国临时政府在南京成立后，许寿裳向当时的教育总长蔡元培推荐了鲁迅。蔡元培也早慕鲁迅之名，欣然请许寿裳代为邀请。再次回到南京的鲁迅想必感慨万千，新身份、新国家、新气象。在南京待了没多久，由于南京临时政府与袁世凯达成妥协，国民政府迁往北京。鲁迅也随教育部一起转往北京。1912年8月，鲁迅被任命为教育部佥事，后又兼任社会教育司第一科科长。鲁迅的官场之路，在外人听来风风光光，但背后却是另一番景象。鲁迅曾在日记中写道，“晨九时至下午四时半至教育部视事，枯坐终日，极致聊赖”。在社会教育司，他主管图书馆、博物馆、美术馆等。

1920年，北京大学国文系想新开一门小说史的课程，系里的人就找到鲁迅，送上聘书。鲁迅对古代小说早有研究，在北京大学期间的讲义《中国小说史略》后来更是被视为这一领域的开山之作。鲁迅的课极受学生欢迎。学生王鲁彦回忆，鲁迅的课上“教室里两人一排的座位，总是挤坐着四五个人，连门边走道都站满了校内的和校外的正式的和非正式的学生”“大家在听他的中国小说史的讲述，却仿佛听到了全人类的灵魂的历史”。同时，鲁迅也被北京高等师范学校（1922年改名为北京师范大学）聘作国文系讲师。1923年，北京女子高等师范学校（1924年更名为北京女子师范大学。后与北京师范大学合并）和世界语专门学校也聘他做讲师。值得一提的是，正是在北京女子高等师范学校，鲁迅遇到了一生知音许广平。

1926年，鲁迅自北京南下，前往创办不久的厦门大学任教。除了讲授小说史，还要讲授中国文学史、声韵文字训诂专书研究等课程。初到厦门，鲁迅听不大懂方言，饭菜也不合胃口，但学生待他甚好。有几个本地学生周末还带他去城区游玩，同作翻译。第二年1月，鲁迅又前往广州的中山大学任教，甚至还有几名厦大的学生跟着他转学到了中山大学。春学期的开学典礼上，鲁迅鼓励学生“读书不忘革命，革命不忘读书”。在中山大学，鲁迅任中国语言文学系主任兼教务主任。

1927年，蒋介石发动“四一二”政变，中山大学不少学生惨遭逮捕、枪杀，鲁迅辞职以示抗议，并离开广州，前往上海。他在给友人的信件中写道“政、教两界，我不想涉足”，以后“也许翻译一点东西卖卖罢”。虽然此后并未从教，但鲁迅通过社团、演讲、书信等激励当时的青年奋勇抗争。1936年10月19日，鲁迅因肺结核在上海逝世，终年55岁。有多达七千人为鲁迅送葬，灵柩上写着“民族魂”三个大字，由沈钧儒题写。

批判旧教育，容纳新潮流

鲁迅对清末通过科举制度培养官僚和国民政府时期奴化教育的本质有清醒的认识。景宋在一次和鲁迅的通信中，问起他，“我总不解教育对于人是有多大的效果？”鲁迅在回信中说，“现在的所谓教育，世界上无论那一国，其实都不过是制造许多适应环境的机器的方法罢了”。

在目睹了当局对学生的屠戮后，鲁迅深刻剖析了旧式教育之弊端，“施以狮虎式的教育，他们就能用爪牙，施以牛羊式的教育，他们到万分危急时还会用一对可怜的角。然而我们所施的是什么式的教育呢，连小小的角也不能有，则大难临头，惟有兔子似的逃跑而已”。

要改造国民精神，改造教育乃当务之急。鲁迅强调回归儿童天性的教育。“往昔的欧人对于孩子的误解，是以为成人的预备；中国人的误解，是以为缩小的成人。”鲁迅认为，旧式教育的弊端之一就是把青少年当成“缩小的成人”，不注意他们的年龄特点。“低眉顺眼，唯唯诺诺，才算一个好孩子”“一向就不许孩子愤怒、悲哀，也不许高兴”。

对于教育中父母扮演的角色，鲁迅认为，“开宗第一，便是理解。第二，便是指导。第三，便是解放”。鲁迅觉得，不应用一种模式来限定孩子的成长，要让他们的天性得到完全的释放。

鲁迅还从进化论的角度，否认父子之间有什么恩，认为生儿育女完全是自然规律。“一、要保存生命；二、要延续生命；三、要发展这生命（就是进化）。生物都这样做，父亲也就是这样做。”对于封建观念中的父子之伦，鲁迅直言不讳：“前前后后，都向生命的长途走去，仅有先后的不同，分不出谁受谁的恩典。”

在鲁迅看来，孩子自己才是学习的主体。“初生的孩子，都是文盲，但到两岁，就懂许多话，能说许多话了，这在他，全部都是新名词，新语法。他哪里是从《马氏文通》或《辞源》里查来的呢，也没有教师给他解释，他是听过几回之后，从比较而明白了意义的”。

在他看来，育儿上要“养成他们有耐劳作的体力，纯洁高尚的道德，广博自由能容纳新潮流的精神，也就是能在世界新潮流中游泳，不被淹没的力量”。有的家庭，父母终日给以冷遇或呵斥，父母美其名曰这样的孩子才“听话”，鲁迅认为，“自以为是教育的成功，待到放他到外面来，则如暂出樊笼的小禽，他决不会飞鸣，也不会跳跃。”

旧式教育注重读经，教育内容也与人的全面发展相悖。鲁迅在北京大学给学生作讲座时，曾说道，“大家要时刻懂得劳动、健康，不得像封建社会的那些女子认为纤细柔弱才是最美的，孩子们是国家发展的动力，孩子们的身体状况反映出了整个国家的水平，因此，加强孩子们身体素质的培养决不能够放松”。

对于美育，鲁迅也有自己的看法。鲁迅喜爱木刻，儿时还学过美术，偷偷做指甲戏。在教育部期间，鲁迅发布了《拟播布美术意见书》，指出“美育是感性与趣味两种教育的结合，美感的提升，可以温煦情感，陶冶情操，为单调的生活增加色彩。我们国家的人都是在封建教育的模式下生活的，因此现在的美的教育对孩子的成长起着较重要的影响”。鲁迅还建议给孩子们开办美术展览，来提高孩子们的兴趣。1914年，鲁迅全程准备并参与了全国儿童艺术展览会活动。

鲁迅主张教师对学生要“绝无傲态”，应“和蔼若朋友然”。他在北京任教期间，总是热情地接待每一个来访的校内外学生。学生给他去信，他一定复信。有学生拿了自己写的文章、书稿，请他批改、校对，他也从不推辞。对于青年，鲁迅曾寄语，“你们最富有的就是生命力，这种力量可以将丛林夷为平地，这种力量亦可以在荒芜中造就大片的丛林，可以在沙漠中寻求生机。”

鲁迅对于理想的教育模式，心中自有憧憬。他在给许广平的信件中提到，“我们现在所应用的教育模式，不管对于哪一个国家来说，也不过是从逐渐的符合环境的生活方式算了。要想说话办事都能够合适，张扬每个人的个性，现在还没实现，也不知道以后我们会不会可以实现”。

鲁迅的很多教育观点在今天仍有启发性，以“立人”为核心的教育思想影响着一代又一代办学者。他的儿童教育观、家庭教育观、大美育感富有洞见，激励着教育改革者向着理想的教育图景不断奋斗。

大事年表

1881年，出生在浙江绍兴。

1898年，离开绍兴，入读位于南京的江南水师学堂。

1899年，改入读矿路学堂。

1902年，从矿路学堂毕业，赴日本留学。

1904年，从东京弘文学院毕业，入读仙台医学专门学校。

1909年，任浙江两级师范学堂生理学和化学两科的教员。

1910年，任绍兴府中学堂监学、生物学教员。

1912年，到民国政府教育部工作。

1918年，参加改组后的《新青年》编委会，创作《狂人日记》《孔乙己》。

1920年，被北京大学聘任为讲师。

1923年，《呐喊》出版。

1926年，前往厦门大学任教，《彷徨》出版。

1927年，前往广州赴中山大学任教，同年辞去教职，搬回上海。

1936年，在上海逝世。

寻根觅源

以“立人”教育文化引领学校教育实践

王慧琴

鲁迅是伟大的思想家、文学家、革命家，也是伟大的教育家。鲁迅先生在《文化偏至论》中提出的“角逐列国是务，其首在立人，人立而后万事举”的主张，鲜明地强调了教育的根本目的在于“立人”。鲁迅先生100多年前提出的“立人”教育主张，在今天依然焕发着跨时代的光芒，依然可以成为引领我们学校教育的航标。

教育贵在“立人”，但在鲁迅先生的“立人”理念中，具体要立的是怎样的人呢？我们该怎样以“立人”教育文化引领学校教育实践呢？

一、确立“立人为本，全人教育”的办学理念

“全人”是“立人”的具体目标和内容，也就是我们要立的人是完全的人，即完美和谐的人或全人格的人。“全人”教育理念在鲁迅时代是一种新教育思潮，在日本被列为八大教育主张之一，被称为“全人教育”，也就是指人的多方面和谐发展的教育。鲁迅的“全人教育”观更多地是从“以人为本”的“人学”思想体系出发的。这是他在长年的思考和探索之后发现的“救救孩子”的重要方略，也是他在卓越的文化实践中的智性体悟。以人的健全发展为本，而不是以某种工具性的标准为本，是其本质特征。它更多地强调人的完美和谐的发展，从而成为有健康个性、健全人格的人。在不同的时代，对人的健康个性、健全人格还会有特别强调的某些方面。所以，他在国家积贫积弱的状态下所要求的“完全的人”，就特别提出了“养成他们有耐劳作的体力，纯洁高尚的道德，广博自由能容纳新潮流的精神，也就是能在世界新潮流中游泳，不被淹没的力量”（《坟·我们现在怎样做父亲》）。这显然是当时也是现在我们国家最需要的“全人”。

二、提炼“独立、独特、独创、独秀”的校训

在鲁迅“立人”教育文化引领下，学校以鲁迅的儿童教育观为学校的核心价值观，积极探索让教育归依童心的最佳途径，让追寻童真、尊重童心作为从事教育教学活动的逻辑出发点，构建起了“独立、独特、独创、独秀”的完整的“立人”教育实施体系，努力打造鲁迅小学教育集团（以下简称“鲁小）充盈着灵气、智慧、活力、激情的“四独”教育品质。

“独立”，即“独立的人格”。鲁迅先生在《坟·摩罗诗力说》一文中指出：“地球上至强之人，至独立者也!”对鲁小教育而言，“独立”重在唤醒学生的主体意识，促进学生主动发展。

“独特”，即“独特的个性”。鲁迅先生在《两地书》中指出：“要适如其分，发展各各的个性。”结合我们鲁小的教育，“独特”首在呵护学生的健康个性，作为全面发展的基石。

“独创”，即“独创的精神”。“……后起的人物，一定尤异于前，决不能用同一模型，无理嵌定。长者须是指导者协商者，却不该是命令者。”这是鲁迅先生在《坟·我们现在怎样做父亲》一文中提出的理念。后起的一代要比前人更优秀，关键在于培养学生的创造力，这必须从小抓起。

“独秀”，即“独秀的人才”。鲁迅先生在《坟·我们现在怎样做父亲》一文中还指出：“后起的生命，总比以前的更有

意义，更近完全，因此也更有价值，更可宝贵。”而这“后起的”“更为完全”“更可宝贵”的生命，必然是一个立于天地之间的优秀的人。只有让儿童在学会团队合作的基础上自信地发现自己、认可自己、赞赏自己，才能让他们得到更为充分的发展，成为“基础宽实、素质优良、特长明显、适应未来”的独秀人才。

三、培育“尊个性，张精神”的校风

鲁迅先生在《文化偏至论》一文中指出：“其首在立人，人立而后凡事举；若其道术，乃必尊个性而张精神。”尊重每一位师生的个性，张扬求真务实、开拓创新的精神，是鲁小立生、立师、立校的必由之路。

四、形成“指导协商，适如其分”的教风

寿镜吾、藤野严九郎和章太炎等正是充分尊重学生、像朋友一样平等对待学生而为鲁迅所称颂。而鲁迅自己在长达18年的教坛生涯中，也一直如他在《两地书》中所言的一样，主张尊重学生的独立人格，帮助其得到最好、最合适的发展。他为培养“天才”，甘愿做泥土；为培育“花朵”，宁愿做“腐草”；为建筑“高楼大厦”，宁愿做“一木一石”；为使青年登上高峰，自愿做被人践踏攀登的“梯子”。这种精神正是所有师者的榜样。

五、倡导“自己思索，自己观察”的学风

对于读书与学习，鲁迅先生在《而已集》中提道：“看别的书也一样，仍要自己思索，自己观察。”他反对“只求记忆，不需思索”的学习方法，鼓励青年对未知的事物永远保持好奇心，不耻下问，勇于探索真理。这正是我们最应倡导的学习风范。

文化向上是生产力，向下是软实力，向内是凝聚力，向外是竞争力。学生的品性素养、教师的专业提升、学校的创新发展，很大程度上是在一种适宜的文化的土壤里滋养出来的，靠的是日积月累的“浸润”和“孕育”。

我们很庆幸“立人”教育文化带给了鲁小最好的滋养。根植在“立人”教育文化这片沃土上，我们通过文化立境、文化立矩、文化立课、文化立师、文化立生、文化立校等实施途径，办学取得了累累硕果。

（作者系绍兴市鲁迅小学教育集团总校长）

课堂传承

“百草园”里“读”鲁迅

——成长在“百草园”里的孩子

潘　英

“闰土的心里有无穷无尽的希奇的事，都是我往常的朋友所不知道的……”

2021年9月，鲁迅诞辰140周年纪念日的那一天，和畅堂校区里新建的“百草园”开园。这批入学不过20几天的孩子，在开园仪式现场，奶声奶气地诵读着这出自鲁迅《故乡》中的句子，开启了有“百草园”相伴成长的小学生活。

给学生一个真正的“百草园”，去探寻那小鲁迅最为稀罕的事儿，拥有鲁迅在童年时最向往的生活，成为儿童最该有的模样。

这是学校建造“百草园”的初衷。

每一届新生，在入学的第一个学期，便会跟着老师阅读校本教材《亲近鲁迅》的第一册，从而对鲁迅有初步的认识。而从这批孩子开始，他们认识鲁迅有了新的方式，因为校园里有了“百草园”。

校园里的“百草园”是有魔力的

“老师，我在‘百草园’里找到了闰土给小鲁迅讲稀奇事的场景。”

“原来，寿镜吾先生并不是小鲁迅的第一位老师啊！”

“矮矮的泥墙根里真的能发现何首乌呢！”

校园里的“百草园”是一个植物园，也是一个鲁迅文化公园。鲁迅先生在《从百草园到三味书屋》里展示的世界，在这里得到了最大程度的还原。碧绿的菜畦，高大的皂荚树，光滑的石井栏，矮矮的泥墙根……还有“鲁迅与闰土”“鲁迅与寿镜吾”“雪地捕鸟”等小品铜雕，带每一个进入其间的儿童回到小鲁迅童年的世界。鲁迅的生平、鲁迅的作品、鲁迅的笔名、鲁迅的启蒙老师……以丰富多样的形式呈现于园中，孩子们对园中的一切都充满了好奇，而鲁迅，成了陪伴他们成长的重要的伙伴。

“……欢迎来到百草园。百草园，是鲁迅的童年天堂，大家看，这堵园墙上，就有许多鲁迅童年的故事……”

“……大家眼前看到的这片区域，是最受小朋友们欢迎的世界，一边是被称为酷虫家园的泥墙根，一边是每季都有新面貌的菜地……”

一批一批来到“百草园”参观学习的大小客人，被几个一年级的小不点们带着，听他们用稚嫩的童音讲述各种关于鲁迅的故事，推介这个神奇的园子。很多人惊叹这些一年级的小娃儿说起鲁迅，就像在介绍自己最为亲密的家人和伙伴。

这就是“百草园”的魔力吧！

打开“读”鲁迅的新方式

“老师，考考你，你知道鲁迅先生为什么会有100多个笔名吗？”

作为小讲解员之一的小瞳充满神秘地指着园中鲁迅的笔名墙问我这个问题时，我着实愣了一下。这个似曾相识的问题，还是在带上一届学生六年级时学习《我的伯父鲁迅先生》一文时，我向学生抛出的一个问题。记得当时是为了理解那句“四周围黑洞洞的，还不容易碰壁吗”，引例学习到这个关于笔名的材料。没曾想，今天会被刚升入二年级的小瞳问同样的问题。

“是考我！那你是已经知道为什么了？”

“当然，我们几个小讲解员为了不被客人们难倒，去鲁迅纪念馆开展了好几次活动了，关于笔名的故事，还听纪念馆的馆长伯伯给我们仔细讲述了。”

“还有这里，鲁迅到过的绍兴农村，我们也去看了几处。”一旁的小泽也插了进来，指着隔壁的刻有“鲁迅到过的绍兴农村”的墙面，“鲁迅外婆家的安桥头现在已经成了一个文物保护景区。鲁迅到农村里去，有时候是去避难的，他还认识了很多农村小伙伴。”

很多时候，我们都会为让孩子们“读懂”鲁迅而头疼，有些坊间流言甚至反映出学生对鲁迅作品的“畏惧”。但这些“百草园”里的孩子，对鲁迅的“阅读”是如此的自然而然、水到渠成。试想，对于这些孩子，到了六年级，还会需要费好大力气去理解“碰了几次壁，把鼻子碰扁了”之类的知识点吗?

用“行读”的方式去“亲近鲁迅”，我们就这样打开了“读”鲁迅的新方式。“百草园”里关于鲁迅的一点一滴，无一不在触发着孩子们的探究兴趣，这是一种积极主动的学习方式。一次次的“行读”，也让孩子们日益感受到了鲁迅先生的丰富、温暖和真实。

像鲁迅先生希望的那样成长

鲁迅历来主张“解放了我们的孩子”，“三味书屋”的死读书，先生并不都认可，但“百草园”的自由快活，却是绝对的留恋。鲁小校园里的“百草园”，它的神奇在于它并非围墙圈起来的一方生态，更是一个充满磁场的地方。鲁迅童年的乐园也成为孩子们的乐园。他们用自己的眼睛去观察，用自己的心灵去感受，用自己的方式去打开，用自己的途径去探究学校的这片“百草园”，探究百草园的生命意趣。

5月，百草园中草药基地里的艾草和薄荷获得了大丰收，《“艾”与我们在一起》这一主题实践活动开展后，班中的徐梦艺小朋友便向我提出了大胆的设想：

“老师，我想把用艾草和薄荷制作花露水的过程，拍摄录制成小课堂，让更多的小朋友来学习和参与。”

于是，小梦艺以主讲的身份拍摄录制了四个课时，在“之江汇社团空间”中发布了《做花露水》这一学习计划，竟收获了大量粉丝。后续还推出了《向“百草园”借色彩》。她的创意实践作品引爆了朋友圈，还巧妙地借助了国庆游玩契机，利用她的创意实践作业向素不相识的游客推广了自己学校的百草园课程。我们不难发现，“百草园”正在悄然地让孩子们的素养在这方小小的天地中真实地生长。

“百草园”里的孩子，正如大先生希望的那样，勃勃地成长着……

（作者系绍兴市鲁迅小学教育集团教师）

书影音推荐

书　名：《呐喊》

作　者： 鲁迅

出版社： 人民文学出版社

鲁迅负有盛名的小说集之一，中国现代小说的开山之作。收录1918年至1922年所作小说14篇。代表性篇章有《狂人日记》《孔乙己》《药》《阿Q正传》《故乡》《社戏》等。本书表现了辛亥革命前后的社会思想状况，对封建主义和中国的国民性进行了批判。

书　名：《朝花夕拾》

作　者： 鲁迅

出版社： 人民文学出版社

鲁迅所写的唯一一部回忆性的散文集，原名《旧事重提》，后由鲁迅改为《朝花夕拾》，一向得到极高的评价。内容是鲁迅先生在晚年回忆童年时期、少年时期、青年时期的人和事。

书　名:《无法直面的人生：鲁迅传》

作　者: 王晓明

出版社: 生活·读书·新知三联书店

一部影响深远的鲁迅思想传记，代表了20世纪八九十年代知识界努力冲破启蒙话语，力图回到“鲁迅本身”，从个体生存的心理结构和思想困境的角度去重新解读鲁迅的重要尝试。

片　名:《先生鲁迅》

导　演: 王新建

中央电视台纪录频道于2011年推出的纪录片，共8集。通过大量影像资料展现鲁迅的人生轨迹和心路历程。

夏丏尊

先生名片

夏丏尊像

夏丏尊（1886—1946），浙江绍兴上虞人，文学家、语文学家、出版家和翻译家，开明书店创办人之一。他创办了《中学生》杂志，其代表作有《爱的教育》（译）、《文心》等。他提倡人格教育和爱的教育，对学生既严格要求又关怀备至，在语文教学上，提倡白话文，是中国最早提倡语文教学革新的人。

生平事迹

夏丏尊：理想主义者的教育人生

童抒雯

在朱自清的《白马湖》一文中有着这样一段描述："白马湖在甬绍铁道的驿亭站，是个极小极小的乡下地方。"让人不曾想到的是，正是这片"极小极小"的地方，却在中国现代教育史上留下了浓墨重彩的一笔。

20世纪20年代，是中国近现代史上社会动荡较为剧烈的时期。动荡时期下，每个人都在时代的缝隙中努力寻求出路和希望。因为共同的人生志趣和理想，一批有识之士相聚在白马湖畔。

传道授业之余，他们在尘嚣之外开辟了一亩精神的自留地，更开创了中国现代文学史上一个重要的作家群体——白马湖派。夏丏尊、朱自清、丰子恺……白马湖派的名单上，星光熠熠，而夏丏尊更是那难以抹去的一抹色彩。

夏丏尊的《白马湖之冬》对白马湖的风有诸多描述："那里的风，差不多日日有的，呼呼作响，好像虎吼。""至于大风寒，那是整日夜狂吼，要二三日才止的。""风的多和大，凡是到过那里的人都知道的。"

记者初遇白马湖，正值冬季，有幸体会了一番白马湖的风。它倒不像“虎吼”，但凛冽，总往脸上蹭，当初定居在此的夏丏尊肯定也是知道的。近100年过去了，白马湖的风一直都在，就像夏丏尊与那个时代发出的回响一般，一直都在……

平屋里的“平凡人”

沿着春晖马路踱步，沿途经过晚晴山房、小杨柳屋、朱自清旧居，行至马路最深处，便是夏丏尊的故居——平屋。平屋正对着白马湖的一大片湖面，潋潋水光下倒映着春晖中学围墙校舍，那是“白马湖的最胜处”。

走出平屋所见的白马湖畔风光

两扇窄门虚掩，推门而入便是一个四四方方的小院。庭院收拾得干净整洁，一看便知是后人有心，延续了旧居主人一贯以来的习惯。在朱自清的笔下，夏丏尊是个讲究人，“屋里有名人字画，有古瓷，有铜佛，院子里满种着花。屋子里的陈设又常常变换，给人新鲜的受用”。

和周边四邻相比，平屋也最有烟火气。平日里，夏丏尊对来串门的朋友总免不了好酒好菜地招待一番，“丏翁夫人的烹调也极好，每回总是满满的盘碗拿出来，空空的收回去”。以至于多年后，朱自清缅怀故友时感慨道：“我不能忘记丏翁，那是一个真挚豪爽的朋友。”

对于平屋，夏丏尊真是倾注了一番心血。这间旧居所承载的不单单是一个家庭的生活，更是时代的缩影；它是一个时代的注脚，更是一个人内心渴望的延伸。夏丏尊的平屋便是这样的存在。

有人曾问过夏丏尊，“为什么叫平屋？”夏丏尊总以“平民”为由，他认为自己的一生平凡，“生活过得平淡，那房子自然也平凡”。其实，关于平屋的由来可以从夏丏尊写的《读书与冥想》中窥得一二：“高山不如平地大。平的东西都有大的涵义。或者可以竟说平的就是大的。”

夏丏尊故居平屋

夏丏尊自居平凡却又不卑不亢的品行源自浙东一带的风土人情。古有“禹墨遗风”，指的就是当地人安于贫贱，终岁勤劳的生活作风，以及于朴素中求真务实的生活意趣。

绍兴上虞崧厦镇是夏丏尊的出生地。因为祖上世代经商，夏丏尊的童年时期过得算是宽裕，家里也有能力请来先生坐馆，教授课业。夏丏尊也没有辜负家庭期望，年仅15岁便中了秀才。

但当时中国的教育已经揭开了近代化的帷幕，原先的八股体系俨然已经与时下的社会经济不相适应。尽管当时夏家境况已走下坡，但为支持子女求学，夏丏尊的母亲变卖了首饰，换来了夏丏尊进入中西书院的机会。

好景不长，由于种种原因，夏丏尊的求学之路还是中断了。直到1905年，已在家闲待许久的夏丏尊终于实现了他赴日留学的梦想。当时江浙一带掀起了一股赴日留学之风，在这样的背景下，夏丏尊“很费力地集了五百元”，冒着经费不足的风险负笈东瀛。日本的留学经历帮助夏丏尊打开了近现代文明的视野，更塑造了他具有现代性的知识结构，为他日后的教学、译述和创作奠定了较为坚实的学识基础。

夏丏尊在《我的中学生时代》一文中，大致描绘过他曲折忐忑的求学之路。“总计我的中学时代，经过许多的周折，东补西凑，断续不成片段。”然而，“覆巢之下，安有完卵”，这样的情况并非只发生在他一人身上。对于这一点他曾不止一次表达过自己的羡慕之情，“现在的中学生在这点上真足羡艳，真是幸福”。

平屋院落

铁面无私的“舍监”

1908年，浙江官立两级师范学堂正式开学。作为一所在向西方学习浪潮中诞生的新式学校，学堂聘用的教师大部分是留日学生，夏丏尊于1908年来到该校担任教育科日文翻译员。在那里，他认识了鲁迅。夏丏尊关于文学艺术可以“转移性情、改造社会”的观念，正是受了鲁迅的启蒙。

1913年，两级师范学堂停办优级师范，保留初级师范后改名为浙江省立第一师范学校（后简称“浙一师”）。夏丏尊前后在此任教十几年。夏丏尊在《紧张气氛的回忆》中称自己“最像教师生活的”便是担任舍监的那几年。

事实上，舍监一职并非是什么好差事，不仅待遇低，“其地位力量易为学生所轻视”，被学生气跑的情况时有发生。明知是件吃力不讨好的事，但夏丏尊偏偏迎难而上，自告奋勇担下这一职，而且是“抱了不顾一切的决心去的”。

一次，饭厅中有学生故意发出“嘘嘘”的鼓动声，夏丏尊一点也不发怵，反倒站上凳子环顾四周，试图找到声音的来源。“凡事讲合理与否，不讲感情”是他的处事准则。因此，与学生的几场“较量”下来，他很快就获得了“阎罗”“木瓜”等绰号。但他自己却不介意，本就是“预备去挨打与拼命的”。

夏丏尊做舍监做了好多年，到后来可以“无为而治”，这与他从心底里关爱学生，为学生着想分不开。学生放假了，他会嘱咐学生"早些回来，勿可吃酒啊!"看见学生走远了，还不忘记补上一句，"铜钿少用些!"在丰子恺的回忆里，夏丏尊给予了学生的是"妈妈的爱"。

求真务实的"执教人"

除了当舍监，夏丏尊还是国文教师。夏丏尊的国文课有个特点，他总能从语文教学和新的文学观点着眼，选择讲解有较高文学价值和学术价值的文章。作文课上，他要求学生要言之有物，不要无病呻吟，要讲真话，不用套语。文如其人不假，夏丏尊对作文的要求，正是他做人的态度，在他看来，"要作细密的文字，先须具备细密的性格"。

除此之外，夏丏尊对为人师者也有着自己的思考。他曾在《学斋随想录》中提及，"教师之只有教师气者，必非善教师也"。他觉得一名优秀的教师应该有着广泛的趣味、丰富的学识和开阔的胸襟。

1919年，中国教育界爆发了轰轰烈烈的五四运动。随后以启蒙为诉求的新文化运动登场。在五四运动期间，夏丏尊发表的《教育的背景》一文，提出教学的内容"应当以境遇和时代为背景"，做到与时俱进。

1920年，经历浙一师风潮后，夏丏尊已经离开了浙一师。

原本客居杭州的夏丏尊在经亨颐的邀请下，来到了白马湖畔，一起筹备春晖中学的开学事宜。建校初期，最缺教师。人脉广阔的夏丏尊为学校引荐了不少名人名流，其中就有李叔同、朱自清、丰子恺、朱光潜等。

1922年，学校创办了《春晖》半月刊，而这本刊物也成为传播当时先进教育思想的“源头活水”，源源不断地滋养着白马湖畔的春晖师生。在夏丏尊撰稿的《我们应把学生培养成怎样的人》中，夏丏尊极力推崇德、智、体全面发展的教育理念，譬如，“体育运动旨在增强人的体质，使人有充沛的精力从事学习或工作”；再如，“学数学不光是为了能做几道数学题，而在于它能锻炼人的脑筋，使人思维精密。”仔细想来，这样的思想即使放在当下也毫不过时。

叶圣陶也曾是夏丏尊的学生。他对夏丏尊的教师角色有过这样一段评价：“夏先生当教师，没有什么特别的秘诀，用两句话可以概括：对学生诚恳，对教务认真。”“诚恳”“认真”二字虽朴素，却涵盖了夏丏尊为人师者的品质和精髓。为了做好这两点，夏丏尊怀抱理想与信念，穷尽一生，在一个又一个时代的浪潮中迎难而上，负重前行。

追逐初心的践行者

在夏丏尊的《平屋杂文》里有一段这样的描写：“靠山的

小后轩，算是我的书斋，在全屋子中风最少的一间，我常把头上的罗宋帽拉得低低地，在洋灯下工作至夜深。”夏丏尊就是在这间小书房中完成了《爱的教育》的翻译。

平屋书房里摆放着夏丏尊翻译的《爱的教育》

《爱的教育》是夏丏尊根据日译本转译意大利作家亚米契斯的小说。相传，他曾在阅读此书时情不自禁泪流满面，“曾流了泪三日夜读毕，就是后来在翻译和随便阅读时，还深深地感到刺激，不觉眼睛润湿”。但夏丏尊自觉不是因为悲哀而流泪，而是“惭愧和感激的眼泪”。惭愧是因为身为人师，他觉得自己并没有把以人为本，从心底爱孩子的教育执行得淋漓尽致，感激是因为这本书犹如指路明灯，让他决意要将“爱的教育”带进学校，并且将其进行到底。

夏丏尊竭力推崇的“爱的教育”，并没有停留在高谈阔论或是高头讲章上，而是体现在他对教育初心和理想的身体力行和一以贯之上。在春晖中学担任国文讲师时，夏丏尊实行了当年在浙一师未能实现的教育改革，他自订学则，自编教材，创办校报，以至于学生们都发自肺腑地感叹夏先生的教育是“爱的教育”“妈妈的教育”。“妈妈的爱”一说也由此而来。

夏丏尊对学生的关心和关照总是细致入微的。这一点，他的学生钟子岩最有感触。有一次下小雨，同学们都穿上了皮鞋，家境不富裕的钟子岩穿上了母亲缝制的“水鞋”，这样的鞋子与皮鞋比起来自然相形见绌。夏丏尊感觉到了学生的敏感，于是有意识地赞叹起了鞋子，“这鞋子好啊”。寥寥几个字却不动声色地拂去了少年心头的忧伤和自卑。

1925年初，夏丏尊因办学问题与校长经亨颐产生了意见分歧，随后便离开了春晖中学，前往上海与朱光潜和匡互生会合，目的是“自由自在地去实现教育理想”。夏丏尊的一生都在追逐理想的路上，虽几经波折，却从未停步：和志同道合的同仁们一起成立立达学园，在高校担任讲师，创办杂志《中学生》……他创办《中学生》的一个重要原因是他觉得当下青年“彷徨于分岔的歧路，饥渴于寥廓的荒原”，于是决意要替中学生们“补校课的不足”“供给多方的趣味与知识”“指导前途，解答疑惑”。杂志出版后，深受广大读者欢迎，被社会公认为青年的良师益友。

在夏丏尊的作品中，最绕不开的是他与叶圣陶合著的小说《文心》。此书以朴实精到的语言记述了当时中学生活的各个方面，文笔清雅，故事贴地，寓教于文。尽管此书创作于20世纪30年代，至今已有近百年跨度，但其仍然发挥着独特的育人价值。日本《新中国事典》称誉此书是"在国语教育史上划了一个时代"。

夏丏尊是一个执拗的人，他的一生在诸多的角色中辗转、跋涉，即使经历过时代下的动荡和不安，生离和死别，他仍能葆有赤子的虔诚和初心，用尽满腔的热切捕捉时代的精神，勇敢无畏地去追逐心中的教育理想。对于身处乱世的任何一个人来说，这本身就很"英雄"。

大事年表

1886年，生于浙江上虞崧厦。

1912年，改字丏尊，号闷庵。

1902年，到上海中西书院初等科读书，一学期后因家贫辍学。秋，去杭州应乡试，开始接受新思潮。

1905年，前往日本留学，就读于东京弘文学院，后转入东京高等工业学校。

1907年，因家境贫困，辍学回国。

1908年，任浙江两级师范学堂通译助教，为该校延聘的教育科日本教员做翻译。

1912年，自告奋勇担任舍监，深得学生拥戴。

1913年，两级师范学堂停办优级师范，并改组为浙江省立第一师范学校，被选为校友会文艺部长，组织学生办校友会志，经常在该刊发表诗文，在第一号上发表《学斋随想录》。

1920年，经“一师风潮”后，离开浙江省立第一师范学校。秋，应聘到湖南第一师范学校任教。

1921年，离开长沙一师。冬，回家乡上虞白马湖，在经亨颐主持的春晖中学任教，在学校附近盖平房定居，题名为平屋。后来把在这里写的散文随笔等辑为《平屋杂文》。

1923年，将日译本《爱的教育》（意大利作家亚米契斯原作）译为中文，在《东方杂志》上连载。

1926年，译作《爱的教育》由上海商务印书馆出版。同年，开明书店成立，参加编辑工作。

1930年，《中学生》杂志在上海创刊，每年出版10期，由夏丏尊、章锡琛、丰子恺、顾均正4人主编，开明书店发行。同年，译作《续爱的教育》（意大利作家孟德格查原著）一书由开明书店出版。

1933年，迁居上海。与叶圣陶合作《文心》，在《中学生》

上连载。作《命相家》《文学的力量》《蟋蟀之话》等散文随笔、科学小品。

1934年，《文心》由开明书店出版，陈望道、朱自清分别为该书作序。

1935年，《平屋杂文》一书由开明书店出版，收所作评论、小说、随笔30多篇。

1943年，与章锡琛等人被日本宪兵司令部逮捕，威武不屈。后经日本友人内山完造等营救获释。经此磨难，肺病复发。

1946年，因肺病在上海病逝，墓葬上虞白马湖畔。

夏丏尊之墓

教育思想

夏丏尊语文教学思想的理论渊源、时代呈现及当代价值

刘正伟

夏丏尊自清末留学日本归国后投身新式教育，躬身中等学校教育实践20年，后又长期献身教科书的编辑出版，推动语文教学改革，他的语文教学思想在其长期的教育与文化实践中逐渐形成。

一、夏丏尊语文教学思想的形成

夏丏尊语文教学思想的形成，经历了三个阶段。

第一个阶段（1908—1921），投身中等师范国文课程改革。1908年春末，夏丏尊应聘担任浙江两级师范学堂教育科日本教员的通译助教，后又担任浙江高等学堂教育、心理科教员。

新文化运动爆发后，夏丏尊在浙江省立第一师范学校译述杜威的民主主义教育理论，提倡人格教育，和陈望道、刘大白、李次九等发起国文科的课程改革，在国内率先进行白话文教学实验，“教学生用批判的眼光，取研究的方法”。浙江“一师风潮”后，夏丏尊辞去教职。

1920年秋季起，夏丏尊应邀担任湖南第一师范学校国文教

员，在课堂上除提倡白话文，要求学生阅读新文学作品、写作新思想文章外，还改革作文批改方法，从文法、修辞等方面督促学生进行作文评改。

第二个阶段（1922—1927），投入中学及大学国文教学改革。1921年12月夏丏尊担任春晖中学国文教员，之后，历任浙江省立第四中学、上海立达学园国文科教员。夏丏尊“竖了真正的旗帜，振起纯正的教育”，他积极倡导人格教育，让学生“按照他们的个性自由发展”。

第三个阶段（1928—1946），担纲中小学国文国语课程标准起草、修订工作，编制中学国文教科书，探索以培养学生自主学习和自行探讨为中心的教科书体系。1928年起，夏丏尊投身编辑出版事业，担任开明书店编辑所所长和总编辑，先后创办了《中学生》《新少年》等杂志，为广大青少年学习语文提供指导与帮助。

二、夏丏尊语文教学思想的理论渊源与核心

（一）夏丏尊语文教学思想的理论渊源

夏丏尊的语文教学思想具有深厚的教育学理论基础，其理论源头主要有三个：自然主义教育学说、民主主义教育理论和中国传统文化。

1. 自然主义教育学说

1913年，浙江《教育周报》连载了夏丏尊翻译的卢梭的

《爱弥尔——论教育》，较早地介绍了卢梭的自然主义教育学说。夏丏尊在译介卢梭自然主义思想之余，也积极接受了卢梭的自然主义教育理论。

2. 民主主义教育理论

1919年8月，夏丏尊在《教育潮》发表了他翻译的《杜威哲学概要》一文，概括性地介绍了杜威的民主主义教育理论及其哲学基础。

夏丏尊指出教育的根本问题是一切从人出发，研究“人如何教”，而非“应如何教人”的问题。

3. 中国传统文化

早在读私塾时，夏丏尊就埋头苦读《左传》《诗经》《礼记》和四书等，在中国传统文化中浸润成长。夏丏尊努力钻研中国传统文化典籍，尤其是宋元明时期的性理之学。可以说，中国传统文化，尤其是宋元明的性理学说是夏丏尊语文教学思想的重要源头之一。

（二）夏丏尊语文教学思想的核心与表达

1. “以人为背景”

夏丏尊提出“以人为背景”建构语文教学，其教育的理想和目的是“完成被教育者的人格塑造”。夏丏尊认为，实施人格教育的目标在于，通过情感上的陶冶，养成自由的思想，最终形成学生完整的人格和健全的个性。

2. “我们应把学生培养成怎样的人”

夏丏尊在《我们应把学生培养成怎样的人》中对语文教学最终指向的目标，即人的培养及其特质作了充分的阐述：“我们要使我们的学生为有丰富的常识和趣味的人”“我们要使我们的学生为有广博的同情的人”“我们要使我们的学生为能自律地不断向上的人”。

三、夏丏尊语文教学思想的当代价值及启示

“以人为背景”，教育的一切活动都是为了培养人、造就人。语文教学的根本任务是塑造人，指向学生人格及个性的发展。夏丏尊从现代教育的本质出发，指出学校所有的学科教学是完成人的情感、价值和精神的塑造，培养时代所需要的公民，即完成一个社会公民的核心素养与趣味的培养。

夏丏尊注重教材编制过程中引导学生学习，探索问题与作业的科学设计。如果说夏丏尊在20世纪30年代中学语文教材的编制中注重课（即单元教学的创编）要贯穿“教材无非是个例子”的教学理念，通过课文的研习、文本的读解，让学生自己摸索、探寻语文学习的途径与方式，以获得语文学习的经验与体验，那么，通过课后作业的科学化设计，以达到目标的完成与实现，提高学习文本的效率，则是夏丏尊在语文教学科学化道路上创造性地探索与贡献。

（作者系浙江大学教育学院教授、博士生导师）

课堂传承

点亮“爱的教育”

童抒雯

“犯错不要紧，诚实承认错误并改正错误依然是好学生。如若不然，便是他这个舍监的失职，是他没有教育好学生，他愿绝食赔罪。”这是夏丏尊的一种“别样教育”。

百年前，在浙江省立第一师范学校执教的夏丏尊为了找出偷盗的学生，决心用绝食的办法使其迷途知返；百年后，这一幕在绍兴市上虞区夏丏尊小学的课堂上被重新演绎……

可能夏丏尊自己也未曾想到，当年那份“爱之深，责之切”的教育情感，在跨越百年时光之后，犹如投石入湖，在浙江的一所农村小学的教室里荡开了涟漪。

“同学们，夏爷爷是一位‘爱的教育’的践行者，你们有什么想对他说的吗?”课堂上，语文教师郑亚利的提问开启了一场小学生与教育大拿之间的“时空对话”。只见学生们纷纷提笔，在纸上留下一番心里话：“夏爷爷，我决定向您学习，做一个正直、善良的人。”“夏爷爷，我在以您命名的学校学习，每天都能看见您的故事，您是我们所有人的榜样。”“夏爷爷，您爱生如子，我们的老师也和您一样爱着我们。”……一时之间，爱的模样在学生的笔尖流淌，学生们对于爱的理解和认识也愈发清晰具象。

课堂问答

《绝食捉贼》是学校校本课程《亲近夏丏尊》中的一则选文，如何让理性的文字变成有温度的教诲，把发生在遥远的“天边事”变成触手可及的“身边事”，是这节课的设计者郑亚利最在意的。于是，在课堂上，郑亚利决定让学生从演一演课本剧，到讲一讲心里话，再到想一想身边事，在情感迁移中完成一次精神滋养，“在感受夏丏尊‘爱的教育’的同时，学生需要将这份情感迁移到对家人、对同学、对老师的爱中去，并且能够勇敢地去表达，去奉献这份爱”。

课本剧《绝食捉贼》

在校本教材《亲近夏丏尊》中，类似小故事并不少见。这套由学校自主开发编写的校本课程分为上、中、下三部分，并根据各个年级段的学情特点，由易到难、由浅入深编排成册。郑亚利是教材的编者之一，在她看来，《亲近夏丏尊》是学生认识夏丏尊的一个窗口，想要让学生从心底理解教育思想，产生情感共鸣，则需要教师在课堂设计上多一些新鲜的元素、生动的故事和拓展的活动。

事实上，对于夏丏尊小学的师生来说，夏丏尊先生更像是一位从未谋面却相交已久的故友。他的生平事迹、作品文集、教育思想不仅出现在书本上、校园中的文化长廊里，更是印在了学校每一位师生的心间。

学生展示想对夏丏尊说的话

漫步在校园里，关于夏丏尊“爱的教育”的元素随处可见。在学校的金爱心广场上，一尊夏丏尊先生的铜像“端坐”其中，目睹着校园里的生机勃勃；金爱心园里记录着教师和学生的“爱的事迹”，而这些动人的故事也在学生的口口相传中留下了明亮的底色。

校长李烨挺介绍，夏丏尊是绍兴上虞崧厦人，当地得天独厚的人文资源为学校的校园文化建设提供了丰厚的精神土壤，“夏丏尊先生的人格品质和教育思想有着极高的文化价值和教育意义，挖掘并且利用好这些人文资源意义重大”。

在夏丏尊的笔下，爱和教育如同“池塘与水”，“教育之没有情感，没有爱，如同池塘没有水一样，没有水，就不称其为池塘，没有爱就没有教育”。这与学校提倡的用“活教育”点亮“爱”的办学理念不谋而合。

在夏丏尊小学，几乎每个学生都有自己的“责任田”。无论是监督他人节约水电的“节能爱心岗”，还是负责雨天接送低年级学生的“雨中爱心岗”，又或是主动承担家务的“家庭能手岗”，学生可以根据自己的实际情况，自主确定岗位任务，做到人人有岗位、个个有行动。而这一切得以实现离不开学校坚持多年的“夏丏尊爱心岗”活动。

“爱不应该是空洞无物的口号，而是应该真切地关照学生一生的成长。”在李烨挺看来，要将“爱的教育”落到实处，不仅需要有一颗火热的心，更需要具备相应的能力，“学生能在不同场景下找到适合自己的岗位，并且扮演好岗位的角色，收获的不仅是一项技能、一次共情，更重要的是明白爱的含义，涵养付出奉献的品质”。

书影音推荐

书　名：《跟大师学语文：文话七十二讲》

作　者：夏丏尊、叶圣陶

出版社：中华书局

作者系统讲授书信游记、诗歌小说、学

术论文等各类文章写作方法，以及如何通过培养良好的阅读乃至生活习惯，提高语文素养和实际写作能力的专著。书中的72篇文章短小精悍，见解独到，读之如听大师闲谈作文之道，娓娓道来，让人茅塞顿开。

书　名：《文心》

作　者：夏丏尊、叶圣陶

出版社：开明出版社

《文心》是一本专讲读和写的书，它把知识巧妙地融进有趣的故事，用32个故事，讲解了“关于国文的全体知识”，平易近人，寓教于乐，多年来受到无尽读者的赞誉。

书　名：《爱的教育》

作　者：【意大利】亚米契斯

译　者：夏丏尊

出版社：中央编译出版社

《爱的教育》是意大利作家亚米契斯在1886年写的一部儿童小说。这是一本日记体的小说，此书以一个四年级男孩安利柯的眼光，讲述发生在他身边各式各样感人的小故事。每章每节，都把“爱”表现得精髓深入、淋漓尽致，大至国家、社会、民族的大我之爱，小至父母、师长、朋友间的小我之爱，处处扣人心弦，感人肺腑。夏丏尊也把这份“爱的教育”奉献给中国的儿童和家长、老师……

书　名：《夏丏尊年谱》

作　者：薛玉琴、陈才

出版社：浙江大学出版社

《夏丏尊年谱》以社会交往为主线贯穿起夏丏尊非凡的一生。从夏丏尊思想的演变入手，展现其努力于文化运动和民主运动的光辉业绩。以历史变迁的视角叙述夏丏尊个人思想主张及其行为的变动，揭示其思想变动与大时代的关系。

片　名：《爱的教育》

导　演：路易吉·科门奇尼

语　言：意大利语

电视剧《爱的教育》根据意大利文坛巨擘埃迪蒙托·德·亚米契斯原著改编，透过主人翁安利柯的眼睛，观察周遭的人、事、物，探索世界的变化，感知世界的真善美。

蒋梦麟

先生名片

蒋梦麟像

蒋梦麟（1886—1964），原名梦熊，字兆贤，号孟邻，浙江余姚人，中国近现代教育家。他曾任北京大学校长、浙江大学校长、中华民国第一任教育部部长、西南联大校务委员会常委之一。他一生涉猎教育行政和农村改革等诸多领域，其中，教育实践尤为出彩。他是北大历届校长中任期最长的一位，其间，他致力“整饬纪律，发展群治，以补本校之不足”。他的代表作有《西潮》《新潮》《谈学问》《中国教育原理之研究》等。

生平事迹

蒋梦麟：政教立功，学问立言

李　平

3 月上旬的余姚，春和景明，桃李争妍。蒋梦麟故居就掩映在黄家埠镇华家村后蒋自然村的春色之中。房屋的整体布局具有典型的浙东民居风格，简朴肃穆，环境幽雅，附近一派秀美的宁波水乡风情，还原了他在小说《西潮》中描述的“故居环境幽雅，小桥、流水、修竹、河埠”的场景。蒋梦麟的少年时代就在此度过。

蒋梦麟故居入口

走过蒋梦麟故居的门厅、正屋、厢房和灶屋，静静浏览完里面的展品，他的一生，似乎徐徐铺陈于眼前——

蒋梦麟故居内的礼耕堂

中西合璧，中体西用

蒋梦麟学贯中西，“深通中西文化及历史”，悠游于中西两种文化之间。他从小生长在内忧外患的社会环境，长大后又在美国生活了多年，中西文化的碰撞及中国社会的巨变在他的思想中留下了鲜明的烙印。

他的代表作《西潮》“有点像自传，有点像回忆录，也有点像近代史”。《西潮》记录了蒋梦麟从童年生活到参加科举，进而赴美留学后又返回国内投身政界学界的完整历程。书中梳理了中国自鸦片战争以来的百年风云，从“西风东渐”到“军阀纷立”，从五四运动到抗战时期，蒋梦麟既是历史的亲历者，也是历史的观察者。通读这本书，蒋梦麟身上的那种西潮冲击下一代知识分子的精神风骨，便可管窥一二。

出生于1886年的蒋梦麟，6岁进私塾读书，11岁进入绍兴中西学堂，17岁考中秀才，并转入上海南洋公学就读。在诸多学校中，上海南洋公学对他的影响最大，学校强调德、智、体全面发展，同时开设了中学、西学课程，学生们既学四书，也学西方历史文化和自然科学知识。在急剧变动的大时代，在新与旧、中学与西学、维新与革命之间，他感觉到“西化的潮流已经无法抗拒”。

自1908年起，蒋梦麟开启了留美生涯，并在哥伦比亚大学拜入杜威门下，潜心钻研教育学，1917年，他获得了哥伦比亚大学哲学和教育学博士学位。学成归国后，蒋梦麟主办《新教育》杂志，以传播现代教育思想为己任。他为该杂志撰写了大量文章，开辟了专门刊载涉及教育、政治、学术等问题的专栏《教育评论》。在蒋梦麟的带领下，《新教育》始终与当时中国社会进步思潮步调一致，深受社会广大进步人士的欢迎，成为20世纪20年代前后宣传、推进新思潮的主要舆论阵地，也是五四运动时期最知名的教育学刊物。

出生于殷实之家的蒋梦麟，从小接受中国传统文化启蒙教育，在不断地学习中，他渐渐熟悉了几千年的中国历史，同时对于历代兴衰的原因也有了相当的了解。这是他后来从事西洋史比较研究的一个基础。

蒋梦麟注重继承中国传统文化与吸收西洋文化相结合。面对中西方文化的激烈碰撞，他既不主张完全学习西方，也不赞同守旧，而是强调中西文化的交流与融合。他在《西潮》中说：“中西两者融会贯通，如蜂酿蜜，蜜成即是创造出了新文化，花不见了。”

他认为，“中国文化是少数古文化现在还巍然屹立的一枝。它之所以能够如此，就是因为能不断吸收新的文化与适应新的环境”。而当时国内的五四运动和陈独秀等人提倡的文学革命，就是中国传统文化自觉吸收西方文化的表现。在《西潮》中，他写道："我们吸收西方思想的能力愈强，我国的文化亦将愈见丰富。"

深受西方文化影响的蒋梦麟，认为自然科学的发展可以改变社会，增强社会的发展能力。在实际教学中，蒋梦麟一直恪守人文科学与自然科学相结合的教学方针。代理北大校务期间，他十分重视中西结合，文理贯通，要求入外文系者须有国文功底；入国文系者须有外文成绩。他把《科学概论》作为所有文学院一年级学生的必修课，理科各系则把国文作为一年级学生的必修课。

投身教育，成就卓著

逸云寄庐，又称明鉴楼，位于杭州市西湖区孤山路2号，蒋梦麟曾居于此。他在《西潮》中，有关于这段经历的描述："鱼儿戏水，倦鸟归巢，暮霭像一层轻纱，慢慢地笼罩了湖滨山麓的丛林别墅。只有缕缕炊烟飘散在夜空。我感到无比的宁静。"

蒋梦麟一生致力教育工作，他是孙中山口中"他日当为中国教育泰斗"的近现代著名教育家。留美期间，原本追求以农兴国的蒋梦麟，弃农业而从教育，认为教育能够拯救新一代年轻人的思想。回国后，他投身教育事业近30载，任编辑、大学教授、校长、教育部部长等多种职务，成就斐然。

蒋梦麟像

从1919年代蔡元培掌印北大，到1930年出任北大校长，再到1938年以北大校长的身份而成为西南联大三常委之一，这一番人生经历，于蒋梦麟而言，最为浓墨重彩。民国时期，社会动荡不安，政治变革频繁。在他代理北大校长期间，军阀混战连绵不断，学生运动风起云涌，办学经费严重短缺。在他和北大同仁的不懈努力下，克服了一个又一个的困难，让北大在困境中得以继续前行。

1927年，蒋梦麟被任命为刚成立的浙江省教育厅厅长，走上地方教育行政管理的重要岗位。在蒋梦麟领导下，浙江省率先在全国教育界确立了职责明晰、有序规范的行政管理制度，修订了教育法规，完善了全省各层级教育制度，将全省各级学校的管理工作纳入正轨。

1927年，第三中山大学（次年定名为国立浙江大学）在原浙江高等学校（求是书院）的旧址蒲场巷宣告成立。学校有工、农、文理三个学院。蒋梦麟正式就职该校首任校长。蒋梦麟作为出色的教育理论家与改革家，以浙江省教育厅厅长和第三中山大学校长的身份，领导和组织了辛亥革命后浙江新教育的发展，以试点“大学区制”的实践缓解了浙江高等教育薄弱的状况，使全省的教育格局得到适当的调整。

蒋梦麟还十分注重师资队伍建设这一教育基础性工作的积极开展。他盛邀在全国教育界享有盛名的陶行知到浙江，协助创办湘湖师范学校。该校仿照著名的晓庄师范教育教学模式，以为农村教育培养师资为己任，极大促进了浙江农村教育与基础教育的普及。

由于在浙江主持教育行政工作政绩卓越，1928年，蒋梦麟被国民党政府任命为教育部部长。1929年，国民政府教育部先后颁布的《专科学校组织法》《大学组织法》《专科学校规程》《大学规程》等，都是在蒋梦麟的主持下拟定、修订并制定完成的。

1930年，蒋梦麟正式就任北大校长。当时，民族危机日益深重，北大的外部环境十分复杂。蒋梦麟除了忙于校内的改革和整顿工作外，还带领全校师生积极参与到反对日本侵略的运动中，努力使北大免遭日军的侵扰，稳定了教学秩序。

在教育主张上，蒋梦麟认为教育的长远之计在于“取中国之国粹，调和世界近世之精神：定标准，立问题”，以培养“科学之精神”“社会之自觉”为目标。培养“活泼泼的人”“改良社会”和“能生产”的实干型人才，是他一以贯之的教育目标。

学术救国，学术立国

身处于中西交融、新旧交织的动荡环境，蒋梦麟一直秉持学术救国、学术立国的理念。他曾明确提出：“学校之唯一生命在学术事业。”

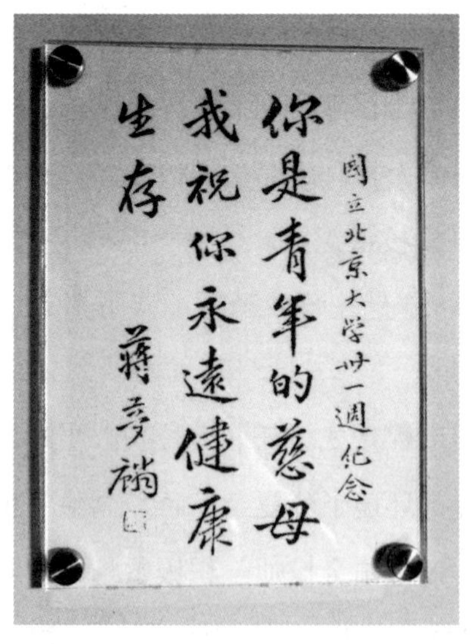

蒋梦麟为北大所做的题词

无论是担任民国教育部第一任部长，还是后来出任北大校长，蒋梦麟始终不忘学术，把“研究高深学术”写入《大学组织法》和《国立北京大学组织大纲》中。

从1919年成为北大教授至1945年完全步入政坛，蒋梦麟在北大工作了20余载，是北大历届校长中任职时间最长的一位。五四运动爆发后，北大处于政治漩涡，战火纷飞的岁月里，又要面对“中日冲突中的惊涛骇浪”，然而北大依然能够执近代中国高等教育之牛耳，人才云集，学术繁荣，各方面都取得了令人瞩目的成就，在很大程度上离不开蒋梦麟的苦心经营。

蒋梦麟说自己平生做事全凭“三子”：以孔子做人，以老子处世，以鬼子办事。所谓鬼子者，洋鬼子也，指以科学务实的精神办事。他在坚持蔡元培确定的“思想自由、兼容并包”的办学方针基础上，对原有的体制做了调整，明确提出“教授治学，学生求学，职员治事，校长治校”方针，整治此前曾提及的“群治弛”的校风痼疾。

按照蒋梦麟的这一方针，北大进行了深入的教育改革。例如确立了一套体系完整的教育行政管理模式；首设研究型教授，制定了专任教授制度、教授休假政策、教授留学资助政策等，并着力提高所有教师的生活与科研条件，进而极大提升了教学与科研质量；制定了严格的学生管理制度，同时也十分注重学生自治能力的培养。在上述的治校方略中，蒋梦麟始终坚持一条原则：学术自由。通过一系列的改革举措，让北大成为相对独立、自主的学术机构。

抗战期间，北大南迁昆明，与清华大学、南开大学合组“国立西南联合大学”之后，蒋梦麟又兼西南联大校务委员会常务委员。他与蔡元培、傅斯年等人一道，艰苦地致力北大中兴，铸就了北大和西南联大的辉煌，为国家培养了大批高质量人才。

精思力践，“尊重个人”

民国时期，风云变幻。蒋梦麟且行且思、勤政务实，以其前瞻性的教育理念和坚定的实践精神，在那个充满变革与探索的时代，留下了难以磨灭的印迹。

以“梦麟”命名的小学

他的思想得到了很好的传承和发扬。在他的家乡余姚，不仅有余姚市东风小学教育集团梦麟校区，还有一所以他的名字命名的高中。

蒋梦麟为学精思力践，具有鲜明的求实作风。留学时期，蒋梦麟由农业转向教育，回国治事，他又由教育走向农村建设。他不仅是民国教育界的重要人物之一，晚年主持创立农复会，注重社会改革，提倡家庭计划，指导石门水库建设，同样功绩卓著。

作为中国近现代教育长河中著名的教育家，蒋梦麟的教育思想内容涉及非常广泛，在高等教育、平民教育、职业教育、个性教育、历史教育及科学教育等多方面发表过精辟论见。尤其对于个性教育，蒋梦麟有着独到的见解和看法。他撰写过诸多有关个性教育的文章，如1918年4月载于《教育杂志》第10卷第4期的《个人之价值与教育之关系》、1919年2月登于《教育杂志》第11卷第2期的《个性主义与个人主义》等。

师从杜威的蒋梦麟，对美国个性主义思想有着深刻的认识。杜威是美国实用主义哲学的创始人之一，是民主主义教育的先驱。杜威强调教育应尊重儿童的天性，注重儿童个性的养成。蒋梦麟认为教育必须从受教育者自身固有的特性来发展，是对杜威思想的传承。在20世纪二三十年代，新文化运动的兴起打破了中国传统对个人的束缚，发展个性教育也成了当时教育发展的潮流趋向。

蒋梦麟构建了以培养“健全个人”为目标、以“尊重个人”为前提、以“自动自治”为方法的个性主义教育体系，来达到“增进个人价值，促进社会文明”的目的。

在北大的20余年间，是他实践自己个性主义教育思想的重要时期。在人才培养上，他除了强调学术与健全人格的养成，还特别强调专业化人才的培养与大学生改造社会的能力。比如，为加强专业人才培养的目标，他对当时北大的课程进行整合，“北大以前课程失之广泛，不但应有尽有，而且不应有亦尽有。其不需要之课程，徒耗国家财力，并废学生有用光阴，于其所研究之专科，并无裨益，故近来对此种课程，毅然裁去”，以更突出其专业性。

蒋梦麟认为个性主义教育的一个重要保障即施行平民主义教育。他提出一系列推进平民主义教育的方案：在教育行政方面，随时随地推行义务教育，以促进社会之进步，随时随人设职业教育、补习教育以增经济之能力；在学校教育方面，发展个性以养成健全之人格，注重美感教育、体育教育以养成健全之个人，注重科学以养成真实正当之知识，注重职业陶冶以养成生计之观念，注重公民训练，以养成平民政治之精神，为服务国家及社会之基础等。

综观蒋梦麟的个性主义教育观，“尊重、认识学生个人价值”“培养健全人格”“一切以人为本，以培养学生个性为本”等，与现代教育理念不谋而合。在当下教育改革的浪潮中，他的这种教育思想依然具有极大借鉴意义。

大事年表

1886年，生于浙江余姚蒋村。

1897年，入绍兴中西学堂求学。

1902年，考入浙江省立高等学堂（浙江大学前身）。

1903年，回绍兴参加郡试，录取为余姚县学附生（俗称秀才）。

1904年，考入上海南洋公学。

1908年，赴美留学。

1909年，入加州大学伯克利分校，先习农学，后转学教育。

1912年，于加州大学伯克利分校毕业，随后赴纽约哥伦比亚大学研究院，师从杜威，攻读哲学和教育学。

1917年，获得哥伦比亚大学博士学位。回国后，在商务印书馆担任《教育杂志》编辑和《新教育》杂志主编，并协助孙中山制定实业计划。

1919年，被聘为北京大学教育系教授。五四运动爆发后，受蔡元培委托，代理北大校长。同年9月，蔡元培返回北大，聘他为教育学教授兼总务长。

1920年，蔡元培出国考察，蒋梦麟再次代理北大校务。

1923年，第三次担任代理校长职务。

1927年，出任浙江临时政治会议委员兼秘书长，8月，任国立第三中山大学（1928年改为国立浙江大学）校长。

1928年，接替蔡元培出任国民政府大学院院长，大学院改为教育部后，为中华民国第一任教育部部长。

1930年，正式出任北大校长。

1937年，北大奉部命南迁长沙，与清华大学、南开大学合并组成长沙临时大学。

1938年，临时大学由长沙迁到昆明，改名为西南联大，由蒋梦麟、梅贻琦、张伯苓组成的常务委员会来主持校务。

1964年，病逝于台湾台北。

教育思想

倾情教育的一代巨擘

吴民祥

蒋梦麟1908年自费留美，入哥伦比亚大学跟随杜威研学教育，获哲学博士学位，对西学有深入探究。

1917年回国后，蒋梦麟在商务印书馆担任编辑，并兼任由黄炎培主持的江苏省教育会理事。同年，担任中华职业教育社总书记及《教育与职业》主编，刊文呼吁发展职业教育。1918年，中华新教育社创立，发行《新教育》月刊，蒋梦麟任该社主任和杂志主编。《新教育》坚持中国文化本位，大力推介“西潮”，对教育与政治、教育界之新精神、教育与学术，学校调查等众多问题予以深刻阐述，成为宣传、推进教育改革的重要阵地。《新教育》与《新青年》南北呼应，是为宣传新文化运动的重要刊物。

他长期服务于高等教育领域，先后代理与主持北京大学校务20余年，在秉承与创新蔡元培教育理念及实践经验基础上，带领北大实现了中兴。蒋梦麟也是浙江大学首任校长，在谋划布局、争取资源、引进人才等诸方面为浙大的发展奠基。此外，他曾出任国民政府首任教育部部长，本着改进全国教育应该“先从高等教育着手”的精神，他大力推进高等教育整顿与改革，形成了“大度包容，思想自由”的理念论；“学校之唯一生命在学术事业与改良社会”的职能论。全面抗战时期，作为西南联大的三大常委之一，他为联大在艰苦环境中取得办学奇迹，贡献甚伟。蒋梦麟在教育领域中的事功是举足轻重的。

1920年初，以倡导教育革新而名噪一时的蒋梦麟先后应浙江第一、二师范邀请，演讲教育改革问题，后又数次参与浙江教育学制改革工作，主持创办湘湖师范学校。1927年5月，出任浙江省政府委员兼教育厅厅长，致力恢复受战乱影响的浙江教育事业，建立了职能明确、规范有序的教育行政体系，主持制定了许多教育法规文件，为浙江教育现代化体系的形成奠定了良好的基础。

蒋梦麟的教育情怀所展现出的教育家精神，可以概要如下：

首先，满怀“发展学术、至诚报国”的教育信念。蒋梦麟一方面坚持学术至上、学术本位的教育价值取向；另一方面，也秉持学术文化改造社会、拯救国家的使命，认为救国第一要务在于改革教育和发展学术。在社会政治观上，坚持学术文化的发达是社会进化、国家兴亡的基础。在教育文化观上，视学术为教育尤其是高等教育的生命之源，指出“学术衰，则精神怠；精神怠，则文明进步失主动力矣”；强调“有真学术，而后始有真教育，有真学问家，而后始有真教育家……无大教育家出，而欲解决中国教育之根本问题，是亦终不可能也”。

其次，富含“依天性、展个性”的育人智慧。蒋梦麟深受强调个人主义的美国教育熏陶，也清醒地看到了我国传统教育的弊端，一再强调发展个性教育的价值，以“养成健全之个人，创造进化的社会”为教育宗旨，坚持“吾人若视教育为增进文明之方法，则当自尊重个人始”，希望通过教育发展个性来增进人的价值，自动与养成自治则是个人主义教育的方法与途径。1920年，他在《北京大学开学演讲词》中曾说“本校的特色，即在人人抱个性主义”，强调个人主义的教育不应该使学生成为曲背近视眼的一个人，教育的根本改革就是要养成一个活泼自动的人。对个人主义教育的提倡也是他抨击封建牧民政治之教育，倡导平民主义教育的理论前提。

再次，充满“努力作为、甘于奉献”的仁爱之心。乐教爱生、甘于奉献的仁爱之心，既昭示了教育职业的伦理光辉，也构成了蒋梦麟执掌北大的师德底色。他代理与执掌北大校务期间，正值北大处于财务拮竭、学潮频发的困境中。为筹集办学经费以维持学校正常的教学活动，蒋梦麟四处奔波，多方交涉，一方面努力向政府索要拨款，多方设法，四处筹措；另一方面则精打细算，减少一切不必要的开支。此外，多事之秋的校园生存环境，无不需要校长出面协调，“出了事时，不论在校内校外，校长都得负责。发生游行示威或暴动时，大家马上找到校长，不是要他阻止这一边，就是要他帮助那一边。”蒋梦麟殚精竭虑，利用可资利用的条件，采取各种灵活手段和方法，使北大渡过了多个难关。北大能在全国大学中名列前茅，执近代中国高等教育之牛耳，既与披荆斩棘、开风气之先的蔡元培对北大的革新有关，亦与上承余绪、努力作为的蒋梦麟之苦心经营密不可分。

纵观历史，蒋梦麟教育事功中所蕴含的真知灼见与精神，已熔铸进中国特色的教育家精神谱系之中，至今依然熠熠生辉。

（作者系浙江师范大学教育学院教授、博士生导师）

课堂传承

让“活泼泼的教育观”落地生花

李　平

阳春三月，记者来到余姚市东风小学教育集团梦麟校区，走进教学楼，大厅正面首先映入眼帘的，是“成德达材”这几个大字。

余姚市东风小学教育集团以蒋梦麟题词作为校训

校长张雅南介绍，“成德达材”源于1938年，时任民国教育部部长的蒋梦麟为东风小学40周年校庆时所题，寓意学校要成就学生的品德，造就社会有用之才。东风小学以“成德达材”作为校训，位于城东的这所新建于2018年的新校区，以“梦麟”命名，是以纪念这位著名的教育家。

此时，在504班，一堂主题为“赶潮的人——蒋梦麟”的校本课正进行得如火如荼。讲台上，语文教师郑林萝循循善诱，“蒋梦麟就是‘西潮’冲击背景下走向现代的第一代领路人。而我们要赶怎样的潮，做一个怎样的人？”这也正是这节校本特色课需要挑战的问题。

学生在课堂上展示关于蒋梦麟的手抄报

课前，郑林萝让学生以小组合作的形式，通过查找资料，了解蒋梦麟的生平，他对北大教学、中国教育的影响，以及在经济发展方面的贡献。课上，要求每个小组借助图表、手抄报、课本剧和描述性语言等多种形式，有效地展现蒋梦麟的事迹，表达对蒋梦麟的尊重和敬佩之情，增强自我责任意识。

余姚市东风小学教育集团历史可以追溯至始建于1898年的达善学堂，达善学堂是维新运动浪潮推动下兴办的国内首批新学之一，也是余姚的第一所新式学堂，在百年历史长河中数易校名，但薪火相继，弦歌不绝。幼年时期的蒋梦麟曾在这里就读。

“蒋梦麟所展望的中国教育的未来，要定出教育产品的标准是‘活泼泼的，能改良社会的，能生产的个人’。他提出的活泼泼的个性教育观，要求教育者能顺天性，尊重生命，立足人的全面发展，培养未来的人。而这与百年老校东风小学实践多年的绿色育人理念完全共通。”张雅南说。

近年来，该校以“成德达材”校训为主线，以培养“活泼泼的达善好少年”为目标，在顶层设计、校园文化、课程实施、评价改革等方面全方位架构绿色童梦教育体系，落地蒋梦麟“活泼泼的教育观”。

东风小学梦麟校区于2019年投入使用，从一幢幢冰冷的建筑，到现在校园里遍布别具匠心的景观设计，每一处都是“活泼泼的教育观”的外在体现。而这群五年级的学生，就是学校一路走来的见证者、亲历者。对于蒋梦麟其人，他们耳熟能详、如数家珍。课堂上，学生潘米乐说，“我在学校的大厅见过蒋梦麟先生的照片，他看起来很儒雅，是一位儒雅的大先生。”学生李嘉轩说：“我们一年级时发放的《东风学子成长册》，封面上写着的‘培养活泼泼的人’，就是他的思想，包括活泼泼的教育方法观、活泼泼的教育过程观、活泼泼的人才观、活泼泼的教育观……”

蒋梦麟一生致力教育工作。在北京大学担任校长期间，蒋梦麟虽是一介文人，却也有赳赳武夫之勇。在明知日军要抓捕他时，他孤身独闯日军司令部，并全身而回，被时人称为“郭子仪第二”。身为余姚人，郑林萝熟知蒋梦麟的这个故事，并指导学生将其编进课本剧中。几名学生精彩的表演，再现了那个战火纷飞的年代，蒋梦麟为了教育大业“舍我其谁”的气度和胸襟。

课本剧表演

“赶教育之潮”“教育专业人士”；“赶救国之潮”“北大功勋校长”；“赶发展之潮”“农业水利人口节育”……随着探究情境的推进，黑板上，关键词一个个在增加。蒋梦麟的形象在学生心中变得愈发鲜活生动了起来。

追溯历史，立足当下。这节课，不仅是一次关于家乡文化的探寻，也是一场精神洗礼，让学生真切地感受到了余姚这位历史名人的教育思想和大担当的家国情怀，也让他们对于学校一直倡导的“做一个具有中国情怀、世界眼光的活泼泼的好少年”这一育人理念，有了更为直观的认识。

书影音推荐

书　名：《西潮》

作　者： 蒋梦麟

出版社： 天津教育出版社

《西潮》是蒋梦麟的自传性作品，几乎囊括了中国1842年至1941年间的所有重大历史事件。前半段是作者所“亲闻”的，后半段是作者所“亲历”。作者利用抗战期间躲空袭的“闲暇”，在没有灯光、没有桌椅的防空洞里，用随身携带的铅笔和硬面笔记本，写成这样一部“自传”。

这部书被作者视为“有点像自传，有点像回忆录，也有点像近代史”。

书　名：《蒋梦麟述怀》

作　者：蒋梦麟

出版社：商务印书馆

《蒋梦麟述怀》主要从其文集《过渡时代之思想与教育》和其自传《西潮》《新潮》中选编了以文化与教育为主题的思想性散文和回忆性散文。其中“幽寄写心”主要收录了蒋梦麟关于北大的几次演讲，阐释了北大精神，以及他对教育、学术和人生的论述；“《西潮》节萃”主要选取了蒋梦麟对人生历程中的重要事件和对重要历史事件的回忆，“《新潮》节萃”主要收录了蒋梦麟对吴稚晖、孙中山、蔡元培、傅斯年等重要历史人物的追忆。

书　名：《走出象牙塔——蒋梦麟传》

作　者：孙善根

出版社：杭州出版社

浙江这块并不算太广阔然而深厚的土地，哺育了众多的文化名人。他们为文化的传承，更为文化的创新，竭尽了他们的才智，取得了伟大的成果，而蒋梦麟就是其中之一。本书对蒋梦麟的传奇人生进行了具体的描摹。

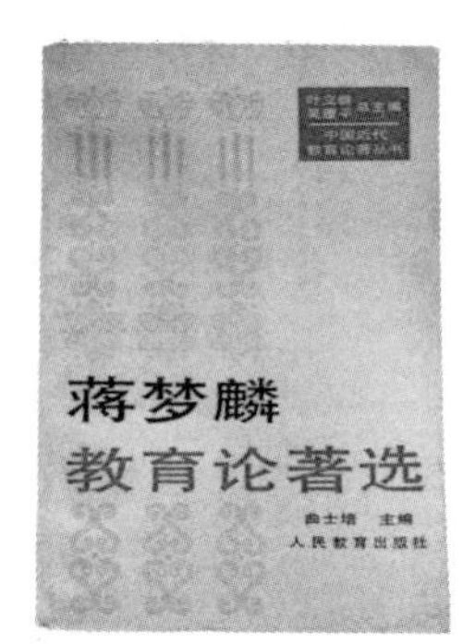

书　名：《蒋梦麟教育论著选》

作　者： 曲士培

出版社： 人民教育出版社

本书主要介绍了蒋梦麟的教育思想。

片　名：《先生蒋梦麟》

播放频道： 央视CCTV-10科教频道

栏　目： 人物（2016年12月8日）

本片从客观的视角，把蒋梦麟在教育领域的贡献作为主线，以蒋梦麟的童年和家庭教育为突破口，层层剖析，为观众还原了一位有情义、有担当的教育家形象。

丰子恺

先生名片

丰子恺像

丰子恺（1898—1975），浙江桐乡人，散文家、画家、文学家、美术与音乐教育家，原名丰润，又名丰仁，号子觊，后改为子恺，笔名TK，主要作品有《缘缘堂随笔》、画集《子恺漫画》等。

生平事迹

丰子恺：卖花人去路还香

朱诗琪　金　澜

在他之前，中国没有人这么画画；在他之后，虽然模仿者甚众，但没有人达到他的高度，仅寥寥数笔，便能画出世间万象。

他就是丰子恺。

丰子恺从小就被脉脉温情所包围，暖意来自父母家人、来自恩师们、来自诸多友人同道。而他，更是以温柔悲悯之心看待万物，落到笔下便是充满诗意的生活场景。

看他的画，泪在眼中，暖在心头。

梦一般的儿童时代

1898年11月9日，丰子恺在浙江崇德石门湾（今桐乡石门）呱呱坠地。因是家中的第一个儿子，被家中长辈视若珍宝，备受珍惜，故取乳名“慈玉”。

丰家是染坊世家，丰子恺的父亲中举后做私塾先生，在世时极受人们尊敬，而丰子恺的母亲钟芸芳，在遭遇婆婆、丈夫和几个孩子离世等变故后，努力维持染坊生意，帮小“慈玉”保留住了一个充满温情且如同梦一般的童年。儿时游戏时，丰子恺曾跌到门槛上，头上结了一道疤，他说：“我的左额上有一条同眉毛一般长短的疤……我自己美其名曰‘梦痕’。因为这是我的梦一般的儿童时代所遗留下来的唯一的‘痕迹’。”

童年时期的丰子恺有三件最不能忘却的事：养蚕、吃蟹、钓鱼。如果要算第四件事，那就是绘画。说起来，丰子恺初学画的故事跟普通孩子并没什么分别，都是从“乱涂乱画”开始的，唯一不同的是，丰家经营染坊，讨要颜料要更容易些。

七八岁时，丰子恺觉得《千字诗》中的大舜耕田图有趣，就从染匠那里要来了一些颜料，用笔蘸着给书上单色的画上色——一头红象、一个蓝人、一片紫色的地，这就是丰子恺绘制的第一幅画。

从那之后，丰子恺就被这多彩的绘画世界迷住了，他会躲在扶梯底下画、瞒着私塾先生画，绘画的内容也从临摹到原创肖像画。画得多了，画作也就变得精美起来，不少画作被同学讨要贴在灶头间或床头，就连私塾先生都让他绘制了一幅大型孔子像，贴在了私塾堂前供学生拜谒。

除了绘画，开启幼时丰子恺美术之旅的还有两样东西，那就是玩具和花灯。尤其是红沙泥模型和花灯会，最能引起丰子恺的兴趣：竹龙、泥猫……各式各样的印泥模型给丰子恺“视觉以充分的粮食”，而在彩伞上刺绣、绘制画作等制伞流程给了丰子恺“美术制作的最初的欢喜”。在《视觉的粮食》这篇文章中，他发出这样的感慨：美术是人生的“乐园”，儿童是人生的“黄金时代”。

丰子恺与子女在丰同裕染坊

负笈求缘的苦学经历

1914年，丰子恺考入浙江省立第一师范学校。在那里，他学音乐、做文章、接触西洋画、去西湖边写生……最关键的是，他遇到了两位影响终身的恩师——慈母般的夏丏尊和严父般的李叔同。

丰子恺读二年级时，正好是李叔同教这一届学生学木炭石膏写生。第一次接触西洋写生画的丰子恺对西洋画产生了兴趣，而他飞快的进步也引起了李叔同的注意。有一天，丰子恺有事去见李叔同，告退时，李叔同郑重地说："你的画进步很快，我在所教的学生当中，从来没有见过这样快速的进步。"这句话对当时才17岁的丰子恺起到了至关重要的作用。从那天起，他便打定主意，专心学画，把一生奉献给艺术，永不变志。

彼时夏丏尊在学校既是舍监又教国文。他会毫不心软地当面指出学生思想上的偏差，不允许有懈怠、萎靡、懒散的习气，每日都要积极上进；批改学生作文时则是"锱铢必较"，斟字酌句，逐一点评。

丰子恺曾说："我倘不入师范，不致遇见李叔同先生，不致学画；也不致遇见夏丏尊先生，不致学文。"

1919年，丰子恺顺利毕业，和同学刘质平、吴梦非一起创办了上海艺术专科师范学校，并自任美术课教师。随着教学深入，丰子恺越发觉得自己在"闭门造车"。1921年在亲戚们的支持下，丰子恺东渡日本学习。虽然只停留了10个月，但丰子恺的学习涉及素描、油画、小提琴、语言等多个领域，还邂逅了自己的灵感缪斯。

一天，丰子恺在东京的一个旧书店里，偶然见到了一册

《梦二画集·春之卷》，随手一翻，立刻被里面的简笔漫画所吸引。在丰子恺看来，竹久梦二的画风熔东西洋画法于一炉，其构图是西洋的，画趣是东洋的，称赞其画是“无声之诗”。

丰子恺陷入了对竹久梦二的崇拜中，回国后热度不减，他也从竹久梦二的画风里得到许多启发，并最终形成了自己的漫画风格。

漫步山水的教师生涯

当丰子恺回国时，恩师夏丏尊已经在上虞春晖中学任职。听闻学生归来，夏丏尊就写信约他前来共事。

春晖中学校景

“慈母手中线，游子身上衣。临行密密缝，意恐迟迟归。谁言寸草心，报得三春晖。”这是创作于1922年的春晖中学校歌，歌词取自唐代诗人孟郊的《游子吟》，曲子则由丰子恺谱写，旋律简单，如同涓涓细流，流淌着纯净质朴的情感。而这首曲子也代表着丰子恺在春晖中学任教时的生活状态和心境：在远离尘嚣的白马湖畔，一心钻研美育。

丰子恺在春晖中学任教时一家居住的宅院

丰子恺在春晖中学主要教音乐与绘画，偶尔也教英文。夏丏尊曾对学生说：“丰子恺先生真是全材，他能教音乐和图画，但他也能教英文和国文呵，只不过他已经担任全校的音乐和图画，我们不好意思再请他教别的了。”

1925年，丰子恺因与学校负责人的办学思想不和，辞职离开了春晖中学。

1925年初，丰子恺、夏丏尊、匡互生等人凑钱筹款，在上海租用民房创办了一所“立达中学”。“立达”二字，乃取《论语》中“己欲立而立人，己欲达而达人”之意。

丰子恺担任立达中学的校务委员，西洋画科负责人。不久后，学校还增办高中，并设农艺科和艺术专修科，改校名为“立达学园”。

立达学园的宗旨是：“修养健全人格，实行互助生活，以改造社会，促进文化。”学校主张“爱的教育”，即师生住同样的宿舍，同桌吃同样的饭菜，用说服、感化的方法来教育学生。在这种优良的教育方式下，立达学园很快以教学质量闻名，成为沪上名校。直到淞沪会战爆发，立达学园在战火中损毁，多年心血付之一炬。

为孩子们创作的艺术家

在春晖中学任教时，丰子恺在校务会上随手画下了神态各异、垂头拱手的同事，画完后又恐学生见了不好，便把这些画贴在了门的背后。端详着这些画，丰子恺兴趣盎然，之后便一发不可收，包皮纸、旧讲义纸、香烟壳的反面都成了画纸，有毛笔的地方就成了画室。一幅幅的画，就如一首首的小诗——平凡中带着奇特，浅显中带着深奥，风韵独特地展示着人世间的琐碎平凡，让人回味无穷。

当时，朱自清与人合办了一份刊物《我们的七月》，他向丰子恺要了张画，刊登在1924年的期刊上。那幅题为“人散后，一钩新月天如水”的画，引起在上海办《文学周报》的郑振铎的注意。1925年，《文学周报》开始连续刊载丰子恺的画作，郑振铎给这些画定了“子恺漫画”的标题。《子恺漫画》的出现，是中国漫画步入正轨的一个标志。在这中国第一本漫画集之后，中国绘画史上才正式有了“漫画”的命名。

丰子恺漫画《人散后，一钩新月天如水》

1926年8月，章锡琛、章锡珊兄弟创办了摒绝官气市气、倡导自由新风的开明书店，取“开宗明义”之意，丰子恺亦是当时的支持者之一，并主持设计了开明店徽。“淡观山水闲看月，只读诗书不念愁”，在开明书店任职时，丰子恺度过了一段怡情悦性的读书人时光，编著了大量书籍和刊物。例如1930年1月创刊的《中学生》杂志，创刊号中有丰子恺美术讲话四篇，补白两篇。丰子恺作为该杂志的重要作者之一，每期都会发表作品，内容涵盖了艺术讲话、散文和漫画，该杂志也是当时最受学生欢迎的读物。

1932年，南京国民政府颁布《小学课程标准国语》，明确规定了编写小学语文教材的诸多条例。其中在教材编选方面提到了“要依据增强儿童阅读能力的原则”“要依据增强儿童阅读趣味的原则”以及“依据儿童心理，尽量使教材贴切于儿童生活”等要点。于是，丰子恺和好友叶圣陶合作，编写了《开明国语课本》。这套民国老教材，真正做到了“以儿童为中心”，丰子恺的童趣插画和不同字号的挥毫，不仅增强了书本的阅读乐趣，更是绝佳的美育和书法范本。

爱的教育不拘于空间地域

1933年，丰子恺用版税和开明书店的分红，在家乡建造了缘缘堂。在丰子恺眼中，缘缘堂不仅是一座供家人居住的房子，更是一个儿童乐园。他在院子里安装了秋千，种上了缤纷的花草树木。一到夏天，孩子们放假归来，缘缘堂就变得热闹起来。

丰子恺故居

丰子恺是艺术巨匠，也是慈爱的父亲。他习惯言传身教，会用平易近人、通俗易懂的方式教育子女。有一次，女儿丰一吟随便踩蚂蚁玩，丰子恺看到了连忙劝阻说："蚂蚁也有家，也有爸爸妈妈在家等它回家。你踩死了它，它的爸爸妈妈就要哭了。"从那以后，丰一吟每逢见到蚂蚁搬家就会拿一些小凳子放在蚂蚁经过的路上，提示过路人绕道行走。

丰子恺成名后，经常收到读者来信。丰一吟喜欢帮他拆信，习惯性地把拆下来的那片小纸条随手扔地上，丰子恺看到了就弯腰拾起来放进纸篓里。如此数次，丰一吟有些不好意思了，此后主动把小纸条放进纸篓里。

在丰家，每周六晚上都要召开一次家庭会。丰子恺会买些糕点果品，孩子们可以边吃边听他讲故事，这也是丰家独特的家学传统“课儿”的来源。基于对古诗词的热爱和对古诗词句教育功用的理解，丰子恺逐渐将“课儿”从讲故事发展到教授古诗词，他的教学方法也十分特别：画出来，唱出来，玩出来。在丰子恺的影响下，家里的学习氛围特别浓厚。饭前游戏飞花令、节日必玩览胜图，孩子们一面玩，一面欣赏、交流游戏背后的典故和诗词，在游戏中充分享受诗词的化育。

1947年，丰子恺又与子女们立下“约法”。其中四、五两条尤其独特：让已经“独立”的子女过自己的生活，鼓励已经“独立”的子女与父母“分居”；子女独立了，父子父女之间也就不再有什么“义务”，只有“友谊”和“邻谊”，这超越了“养儿防老”和“长宜子孙”的传统观念。

丰子恺说：“孩子的心灵是最纯洁的，他们是身心全部公开的人，好的教育和坏的教育都很容易接受。父亲是孩子们的第一任老师，因此父亲对孩子们的影响是至关重要的。”有这样的家风影响和家教培养，丰子恺的7个子女都成了有用之才。

丰子恺漫画《瞻瞻底车》

师道永存，精神赓续

缘缘堂里岁月静好，丰子恺就想过着这样晴耕雨读的人生。然而世事难料，抗日战争爆发后，丰子恺携一家老小开始了长达八年的逃难之旅。当时的中国生灵涂炭，哀鸿遍野，目之所及都是人间炼狱的画面。

悲愤之中，丰子恺一路走，一路画：他画自己变成天使，挡下空中的炸弹；他画鲁迅的《阿Q正传》，希望唤醒百姓的觉悟与深省；他画祖国的一草一木，大好山川，那是他所展望的美丽人间。在那段充斥着硝烟和鲜血的日子里，丰子恺用画笔，为人们构筑了一个充满希望的桃花源。

1945年，抗战胜利的消息传来，他又创作了三幅画及《狂欢之夜》一文，慨叹“一早起来，欢迎千古未有的光明白日”。之后，丰子恺定居上海，专心译著，1975年9月因病逝世。

先生千古，风范长存。1984年，被炮火摧毁的缘缘堂在原址按原貌重建；1985年9月15日，即丰子恺逝世十周年纪念日，新筑成的缘缘堂举行了开馆仪式；1998年11月，丰子恺百年诞辰，缘缘堂东侧又建起了丰子恺漫画馆。

丰子恺漫画馆

在丰子恺家乡的丰子恺漫画学校、桐乡市凤鸣小学里，学生们习惯将自己的所见所闻，用手中的画笔、颜料以漫画的形式记录下来。学校信奉“童心”文化办学理念，以“子恺漫画”为指引，不仅每学期设置8个主题16课时的漫画拓展课，开发了《漫画四时》校本课程，校内还有丰子恺漫画苑、“童心”漫画大课间、“童心”漫画社团……不断引领学生发现美、欣赏美、创造美，在孩子们心中播撒一颗颗艺术的种子。

丰子恺曾说：“我的心为四事所占据了：天上的神明与星辰，人间的艺术与儿童。”在他的精神引领下，桐乡乃至整个浙江，涌现了一批批爱孩子、懂教育的浙派名师名校长，就像丰一吟在《他留下一条芬芳的道路》一文里写的那样“在这条道路上来来往往的人，现在越来越多了。他们争相吸取他留下的芬芳之气，采摘他播种的花草”。

凤鸣小学校园里的丰子恺雕像

大事年表

1898年，出生于浙江崇德石门湾（今桐乡石门）。

1910年，入石门湾西溪小学读书。

1914年，考入浙江省立第一师范学校。

1915年，师从李叔同学图画和音乐。

1919年，毕业于浙江省立第一师范学校，与吴梦非、刘质平一起创办了上海艺术专科师范学校。

1921年，赴日本游学，对日本漫画家竹久梦二的漫画风格印象深刻，同年回国。

1922年，由夏丏尊介绍赴上虞春晖中学任教，授课之余开始用毛笔作简笔画。

1924年，漫画《人散后，一钩新月天如水》在《我们的七月》杂志上发表。

1925年，郑振铎编辑《文学周报》，转请胡愈之索丰氏画稿发表，并加“子恺漫画”题头；作为主要创办者参与创办的立达中学挂牌，并于当年搬迁后改名为“立达学园”。

1930年，开明书店创办《中学生》杂志，任艺术编辑。

1933年，石门湾缘缘堂落成。

1937年，故乡石门湾遭日机空袭，走上逃难之路。

1938年，赴桂林师范学校任教。

1939年，赴浙江大学任教。

1945年，8月10日日本投降。作《八月十日之夜》（又名《狂欢之夜》）赠亲友。《子恺漫画全集之一：古诗新画》《子恺漫画全集之二：儿童相》《子恺漫画全集之三：学生相》《子恺漫画全集之四：民间相》《子恺漫画全集之五：都市相》《子恺漫画全集之六：战时相》由开明书店出版

1946年，《子恺漫画》（彩色版）出版。

1954年，任中国美术家协会常务理事，上海美术家协会（原华东美协）副主席。

1960年，任上海中国画院院长。

1975年，在上海病逝。

教育思想

修养人格，以美润心

——丰子恺的教育思想

陈　星

评说丰子恺的教育思想，可以从他自己的两幅画谈起。这两幅图，一是他为立达学园画的校徽图案，为三个幼童拥着一

颗大红心，红心正中为“人”字，“人”字两边分别为“立”和“达”字，充分体现了立达人一颗赤诚的育人之心的教育理念。另一幅画是《教育》，是丰子恺讽刺某种“教育”只是像工匠在一个模子里铸造出相同的泥人，没有个性，没有精神，更谈不上创造。

立达学园校徽

丰子恺自1919年在浙江省立第一师范学校毕业后，曾有过创办上海艺术专科师范学校的经历，这段经历因他赴日本游学而中断；1921年冬回国后，他于次年应邀赴上虞春晖中学任教，最终亦因与学校当局的教育思想不合而于1924年底辞职。辞职后，丰子恺与匡互生一起于1925年在上海创办立达中学，后改名为立达学园。经验让丰子恺清醒地意识到，要实现自己的教育理想就必须走一条自己开创的道路。合作者匡互生说得更具体："如果要坚持呢，必不见容于学校；如果默尔不言呢，良心又不允许他……"他们创办的学校取义《论语》中"己欲立而立人，己欲达而达人"之句。他们的教育关注点乃在于"人"本身。围绕着立达学园，也有立达学会，其宗旨是"修养人格，研究学术，发展教育，改造社会"。

丰子恺漫画《教育》

早在浙江省立第一师范学校求学时，丰子恺即具备了修养人格、以美润心的思想基础。丰子恺随李叔同学习艺术，成绩出类拔萃，但李叔同给予他的影响更重要的还在于思想、情操和艺术修养等方面，即给予他的是一颗艺术家的心灵。李叔同告诫丰子恺“应使文艺以人传，不可人以文艺传”。这使丰子恺意识到：“有艺术的心而没有技术的人，虽然未尝描画吟诗，但其人必有芬芳悱恻之怀、光明磊落之心，而为可敬可爱之人。若反之，有技术而没有艺术的心，则其人不啻一架无情的机械了。”

有了上述思想基础，丰子恺在教育实践中十分强调修养人格的重要性。立达中学正式更名为立达学园的时间是1925年夏。同事朱光潜执笔写了一份《立达学园旨趣》，公开了改名立达学园的原因，其中就明言：“我们坚信学校要有特殊的精神，才可以造就真正的人材”“我们的人格教育第一个要素就是诚实”。这种人格为先的教育思想，用丰子恺为立达学园所绘的校徽图案即是那个“人”字，而铸就这种人格的教育者的精神，也就是两边的“立”字和“达”字。他们希望自己培养出的学生，个个都是赤子般的诚实之人。

作为艺术教师，丰子恺也同样践行着经亨颐“莫如提倡美育”的主张，希望能在自己的学校里辟一块园地，来从事真正的艺术教育，设立艺术科，欲在立达这一块园地上作一番艺术的耕耘，这跟“学园”这个词也十分吻合。其实，“立达中学”之所以要改名为“立达学园”，很大程度上跟该校重视艺术教育有关。他们认为把校名改成“立达学园”才能够表示教育的真正意义。因为教育的真正意义是引发而不是模造，是要使被教育者在能够自由发展的环境中发展，这正像园艺家培养花木一样。故此，匡互生说：“无论教育者，被教育者，大家都把学校看做‘美的世界’，看做‘艺术的宫殿’……我们希望教育者有真正的园艺家一样的趣味，所以叫学校做学园，凡是花园，又是极广大极自由的。其中各种形形色色的花草，无论是大的小的红的白的，本国的、外国的，都可兼收并容，各自发展，学校培养人才，也该和这一样，不能拘于一格的。”这种主张，又恰是丰子恺《教育》一画所希望表达的教育思想。丰子恺又以为，艺术不仅仅是绘画、唱歌，而主要是生活的艺术。丰子恺强调“‘生活’是大艺术品。绘画与音乐是小艺术品，是生活的大艺术品的副产物。故必有艺术的生活者，方得有真的艺术的作品。”

至此，或许还可以用丰子恺的同事朱光潜将人们对待外在世界的方法区分为三种态度来小结。这三种态度就是实用的、科学的、美感的，他认为“实用的态度以善为最高目的，科学的态度以真为最高目的，美感的态度以美为最高目的”。其实，这种以“人”为关注对象，并进而以此为目标在文艺、教育、出版等各个领域展开自己踏实的工作，切切实实地为中国社会的文化建设贡献自己一分心力的态度与作风，是在从事当代中国社会文化建设工作中可以强调与借鉴的；在一个日益技术化的时代，这种直接将教育的终极目标定位在“人”本身的思想，进而又以美来加以浸润的方式，在当代中国的文化建设工作中，尤其具有借鉴意义。

（作者系杭州师范大学弘一大师·丰子恺研究中心主任、教授）

课堂传承

丰润童心 四时探趣

——走进子恺漫画中的秋日生活

胡晓萍

作为全国唯一一所丰子恺漫画学校，桐乡市凤鸣小学充分秉承了丰子恺先生的艺术思想和人文精神。学校依据校本特色，开发了两门漫画校本课程——“童心漫画”和“漫画四时”。

“童心漫画”课程基于学校“追求不息的童心”的办学理念，引导学生们以“童心”看待世界，学会画漫画，并爱上漫画；“漫画四时”课程则充分挖掘丰子恺先生作品中的人文精神，让学生从子恺漫画出发，感知人与自然的联系，体验子恺漫画中浓浓的生活味。

在这金秋送爽、丹桂飘香的日子里，终于又盼来了每周一次的漫画课，我早早来到学校的“丰子恺漫画苑”，准备给四年级的学生们上一节名为“‘漫’品秋韵”的课。课程名中的

“漫”既指漫谈，也有漫画的意思，我希望学生们通过了解和欣赏丰子恺关于秋天的漫画，对秋天以及家乡习俗有一定的感悟，并创作出有童心、有童趣的秋日作品。

胡晓萍在上《‘漫’品秋韵》课程

“同学们，你们知道这幅画的创作者是谁吗？”

“是丰子恺爷爷。”

桐乡长大的孩子们，是浸润在丰爷爷的漫画中成长起来的，所以，课堂一开始，学生们一眼便能认出具有独特艺术风格的子恺漫画。

正值秋色浓时，我提议学生们一起跟着丰子恺的漫画感受秋日生活。“丰子恺在散文《忆儿时》中这样写道：第二件不能忘却的事，是父亲的中秋赏月，而赏月之乐的中心，在于吃蟹……让我们一起来欣赏丰爷爷笔下的《秋饮黄花酒》，从文字和画中你们读懂了什么?”我的一句提问，打开了学生们的话匣子，他们争先恐后地讨论着。

“丰爷爷非常喜欢在秋天赏月吃蟹。”

“秋风起，蟹儿肥。我奶奶告诉我中秋节开始河蟹才肥美，才真正到了吃河蟹的最佳季节。”

“我记得田边的野菊花就是漫画里这种黄色的菊花，插在瓶中边吃蟹边赏花，别有一番风味。”

四年级的学生会根据自己对生活的认知，判断漫画所表达的意义，也会结合自己生活中的所见、所想去创作漫画。讨论过后，他们都迫不及待地把自己的秋日生活画下来了。经过起稿、上色，学生们的奇思妙想呈现在富有桐乡特色的竹匾上。丰子恺用画笔记录了桐乡的秋日习俗，学生们也学着丰子恺在画中描绘自己感受到的生活味和家乡情。

学生在制作竹匾画

“在桐乡的乡下，几乎家家种杭白菊，每年秋天我都会跟着外婆去采杭白菊，成堆的杭白菊就像一团棉花，那时候真想跳上去玩一玩，于是，我就画了这幅画，这是我想象出来的画面。”画完后，学生范祯熹拿着她的作品向大家介绍着。

为了让学生们对家乡的时令习俗有更深的了解，除了欣赏和创作的环节外，我还增加了一个动手实践的环节——制作桐乡特色小吃桂花年糕。来到食堂，学生们分工合作，有的炒年糕，有的熬桂花糖水，最后把年糕拌在糖水中，桂花年糕就出锅啦。“桂花香伴着甜甜的年糕，配上一口清爽的菊花茶，清甜不腻，太好吃了！”学生谭睿说道，“等会儿我要把今天做桂花年糕的场景画下来。”

两节课的时间很快就过去了，这是每周校本漫画课程的缩影。近二十年来，在“童心”文化办学理念下，以“子恺漫画”为引领，学校开展了丰富的漫画课程实践，“生活即教育，美源于生活”的美育思想贯穿两个课程的开发与实施。

在漫画课程的实施过程中，我们采用“知、探、绘、悟”四条路径开展，即加强生活感知、各学科深度融合、注重艺术实践与表现、感悟四时时节中的人文情怀。课程加强学习与生活的有机联系，提倡亲近自然；鼓励积极实践，注重提升学生感知生活、适应社会的能力，进而提升对家乡艺术名人的敬爱之心，加深对家乡传统文化、生活的理解。在学生们心中种下艺术的种子，循着丰子恺先生的艺术足迹感受自然、绘创意、爱漫画，体会四时生长，赋能未来。

（作者系桐乡市凤鸣小学教师）

书影音推荐

书　名：《丰子恺自述：我这一生》

作　者：丰子恺

出版社：中国青年出版社

本书精心撷取了丰子恺的自述性文章数十篇，分为“童年记忆”“苦学经验”“居缘缘堂”“艺术逃难”“日月楼中”“艺术年表”六个部分，内容涉及作者的童年回忆、求学之路、笔墨生涯、历史流光和生活随感等，可借以系统了解这位艺术大师颠沛而赤诚的一生。

书　名：“丰子恺给孩子的美育三书”系列（《漫画古诗》《万物可爱》《艺术启蒙》）

作　者：丰子恺

出版社：华中科技大学出版社

精选丰子恺40篇经典散文，并配上

漫画插图，其中多篇文章入选中小学语文教材，让孩子从丰子恺富有童趣的文章中感受万物生灵之美、纯真的艺术生活之美。

书　名：《丰子恺家塾课》

作　者：宋菲君

出版社：华东师范大学出版社

由丰子恺大外孙宋菲君回忆和撰写的丰家私塾课，真实再现丰子恺的家庭教育。宋菲君是丰子恺的大外孙，从小和外公生活在一起，直到18岁考上北京大学物理系。本书饱含趣味，寓教于乐，能真正提高孩子的人文素养。

电影名：《丰子恺》

导　演：王小列、郭希

影片讲述了1937年丰子恺被迫离开缘缘堂，携一家老小开始艰辛逃亡，直到抗战胜利后与家人安全重返故乡的故事。影片以丰子恺在抗日战争期间笔耕不辍且以笔为枪、不屈不挠的故事为主线，以“教惟以爱”的教育理念保护、陪伴孩子成长的故事为辅线，表现其爱国主义精神和乐观向上的人生态度。

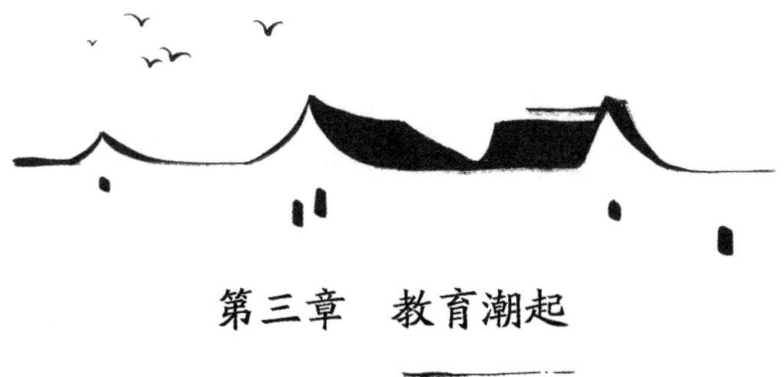

第三章　教育潮起

拉开近代中国教育史的帷幕，一批批充满智慧和热情的教育家们以浙江为起点，承前启后、继往开来，引领着一代又一代的学子，开启了我国教育事业的辉煌篇章。在他们的引领下，浙江教育之船破浪前行，迎潮而上。

章炳麟

先生名片

章炳麟像

章炳麟（1869—1936），字枚叔。初名学乘，后改名绛，号太炎。浙江余杭人。清末民初民主革命家、思想家、教育家、文学家、朴家大师，研究范围涉及历史、哲学、政治、朴学等，一生著述甚丰。

生平事迹

章太炎：先哲的精神，后生的楷范

张　莺　张自恒

周恩来总理评价他“学问与革命业绩赫然，是我们浙江人民的骄傲”；胡适说他是“清代学术史的压阵大将”；当代文史学者刘梦溪说：“回观整个20世纪，如果有国学大师的话，章太炎先生独当之无愧。”

章太炎兼革命大家与国学大师于一身，一生特立独行。鲁迅是他的学生，曾在《关于太炎先生二三事》一文中高度赞扬了其师：“七被追捕，三入牢狱，而革命之志，终不屈挠者，并世亦无第二人：这才是先哲的精神，后生的楷范。”

章太炎故居

章太炎为什么获得这么多人的高度评价？是什么让鲁迅对章太炎如此尊敬？当下，我们该如何传承他的优秀品质和精神？让我们一起走近章太炎，在了解他传奇一生的同时，感受他留给世人的巨大的精神财富。

不仅仅是国学大师

章太炎，出生于浙江余杭仓前，这是一座具有将近900年历史的江南古镇。章太炎出身书香门第，祖上世代行医，祖父章鉴有许多藏书，给幼小的章太炎以无穷的知识滋养、浸润与熏陶。6岁时，他就吟出了平生的第一首诗：“天上雷阵阵，地下雨倾盆。笼中鸡闭户，室外犬管门。”

为培养章太炎，具有深厚国学基础的外祖父朱有虔从海宁来到余杭，在章家一住就是4年。1890年，章太炎的父亲章濬去世。此后，章太炎离开仓前古镇，来到了西湖孤山之麓的书院——诂经精舍，师从俞樾。俞樾曾在诂经精舍主讲30余年，博通经史。

在恩师俞樾的引领与指导下，加上章太炎天资聪明、勤奋好学，他进步很快，成绩卓著，深得老师的喜爱。在诂经精舍，他撰写了平生的第一本书《膏兰室札记》。

1894年，中日甲午战争爆发，给一心治学的章太炎带来了沉重打击，他断然离开杭州，前往上海，参加康有为与梁启超创办的强学会，从此开启了他的革命生涯。章太炎通过报纸宣传革命，以激发人们的革命斗志，唤醒更多的民众。1897年他回到杭州，编辑《经世报》。1898年，应张之洞之邀，前往湖北筹办《正学报》。1903年因发表《驳康有为论革命书》，并为邹容的《革命军》作序，触怒清廷，被捕入狱，这就是著名的“苏报案”。1906年出狱后前往日本，主编同盟会机关报《民报》。晚年在苏州主持章氏国学讲习会，主编《制言》杂志。章太炎一生办报先后多达15种，很好地宣传了革命与教育思想。他心有大我、至诚报国的理想信念，需要我们用一生去学习。

1936年6月，章太炎在临终前一周仍坚持带病上课。他曾说过：“饭可不食，书仍要讲。”这也正是教育家精神中言为士则、行为世范的典型代表。

值得一提的是，章太炎从来不是在一种平静状态下接受某一思想（或学术观念），而始终是坚持“依自不依他”的独立意识，在争辩、对抗中选择取舍，融会贯通。章氏治学讲求自得，既反泥古，也反媚外。评判历代学术，其重要标尺就是能否“独立自得”。而对西方学术，章氏从来都是以我为主，不为所拘。20世纪20年代，章太炎有一段自白，很能表明他这种治学风格：“我们更可知学术的进步，是靠着争辩，双方反对愈激烈，收效愈增大。我在日本主《民报》笔政，梁启超主

《新民丛报》笔政，双方为国体问题辩论得很激烈，很有声色。彩”章太炎之不同于清儒，不只在于他有幸借鉴泰西学说，学术眼界更为广阔；更在于其超越考据、直探义理，成为近代中国真正有思想的大学者。

章太炎主编的《制言》杂志

大师们的老师

身兼斗士与学者的章太炎，一生屡遭世变，多次卷入政治斗争旋涡，可依然著述、讲学不辍。他一生先后有四次比较大型、持续、一定规模的讲学活动，分别在日本、北京、上海与苏州。

第一次讲学是在1906年，章太炎出狱后前往日本，从当年秋天开始，为当时留学日本的中国留学生开办国学讲习会，并一直持续到1909年。讲授内容包括顾炎武的《音学五书》、段玉裁的《说文解字注》等。当时听课的学生有100多人，多是中国留学生，也有一些日本人。章太炎门下弟子有诸多大师，比如黄侃、朱希祖、钱玄同（“中国原子弹之父”钱三强的父亲）、周树人（鲁迅）、周作人（鲁迅弟弟）、沈士远、沈兼士、许寿裳等，都在那时听过章太炎讲座授课。当时著名的“周末班”，也正是在那个时候办的。回忆当时的情景，弟子许寿裳是这样表述的：“师生席地而坐，环一小几。先师讲段氏《说文解字注》、郝氏《尔雅义疏》等，精力过人，逐字讲解，滔滔不绝。或则阐明语原，或则推见本字，或则旁证以各处方言，以故新谊创见，层出不穷。即有时随便谈天，亦复诙谐间作，妙语解颐。自八时至正午，历四小时毫无休息，真所谓‘默而识之，学而不厌，诲人不倦’。”

第二次讲学是在1913年，章太炎在北京被袁世凯软禁时。他在写给夫人汤国梨的信中说“以讲学自娱”“聊以解忧”，并写出了《驳建立孔教议》。章太炎的此次讲学，前来听讲者甚众，大多为各大学的教员和学生。

第三次讲学是在1922年，章太炎应江苏省教育会邀请，在上海作了国学系列演讲。此次讲学共10次，持续一个半月。章太炎每次来上课，都有五六个弟子陪同，由刘半农任翻译，钱玄同写板书，马幼渔倒茶水。根据此次讲学，曹聚仁编成了《国学概论》一书，此后由张冥飞整理出版《章太炎国学讲演集》。

第四次讲学是1933年至1936年，在苏州公园的图书馆。1933年至1934年，他先后演讲20多次，盛况空前。

另外，他还接受邀请到各地讲学，如1901年在东吴大学任教，1903年在上海爱国学社任国文教员，1925年在长沙辰光学校演讲。1926年6月任职上海国民大学校长，1933年3月在无锡国学专门学校讲《国学之统宗》，在无锡师范学校讲《历史之重要》。

章太炎故居碑

章太炎桃李满天下，培养了一大批著名弟子，因而也被称为大师们的老师。在讲学过程中，章太炎启智润心、因材施教的育人智慧和乐教爱生、甘于奉献的仁爱之心，一直为世人所称道。

先生倡导的素质教育

章太炎将学问分成两类：一类是基础知识，另一类是应用知识。他认为，基础知识最为重要，对于学生来说，是发展的根本。通过对中国传统文化的发掘和整理，章太炎将基础知识概括为书（语言文字学）、数、史三大方面，认为基础知识学了虽没有用，但也应该学，而且是教育的第一步。

“书数通了，就要讲历史”，章太炎十分重视历史教育。他认为，“研究历史须注意，一是制度的变迁，二是形势的变迁，三是生计的变迁，四是礼俗的变迁，五是学术的变迁，六是文辞的变迁。不仅把固有的政治史传统，拓展为制度史、疆域沿革史、经济史、文化史、学术思想史与文学史，而且重视各门专史的变迁，强调其动态”。

章太炎生活在国家、民族濒临危亡之秋，因此他提出要以史育人，激发青年学生的爱国热忱。他指出：“欲成大器必先通史，不通史而不知古今，而不知古今，且不知经世致用。”

他认为，青年学生不学历史，就无从爱国。“现在的青年，应当明了是什么时代的人；现在的中国，是处在什么时期；自己对国家，应负有什么责任。这一切问题，在历史上，可以全部找到明确的指示。”

章太炎从民主革命的思想出发，大力提倡发展人的个性。他认为，社会是由个人组成的，“群必以独成”。他说：“大独，大群之母也。”只有充分发挥每个人的个性，才能孕育新的“大群”，推动社会前进。

因此，他提出教育要重视学生个性的全面发展，让每一个学生都能树立起正确的人生观、价值观。这一思想与当前提倡的以人为本的素质教育高度吻合。

他认为，中国几千年的传统教育一直受到孔子儒家思想的影响，观念保守、内容陈旧、方法机械、目标单一，禁锢了人们的思想，束缚了人们的个性，使得受教育者的潜能得不到充分的挖掘。

然而，章太炎也反对功利主义教育观念。尤其是在洋务派创办学堂后，以实用的自然科学知识为主要的教学内容，全面否定国学。章太炎认为，这样会把学生培养成工具，而忽略了人自身的价值。

他认为：“学问本来是求智慧也不专为致用”“求学不过开自己的智，施教不过开别人的智”“致用本来不全靠学问，学问也不专为致用”“况且致用的学问，未必真能合用；就使真能合用，还有一件致用的致用，倒不得不碰机会。机会不巧，讲致用的还是无用”。

教育要开启学生的智慧，就必须对学问进行创新。“不过学问既然为求智慧，得了前人已成的学问，不可将就歇手；将就歇手，自己仍没有自己的心得。要知道智识与道德，原是不同；道德或者有止境，智识总是没有止境。以前的人，积了几千年的智识，后人得了这个现成，又发生自己的智识来，就比前人进了一级。现在看当时的后人，又是前人，应该要比他更进一级，学问才得新新不已。”

章太炎把教学形象地比喻为做买卖，前人的学问是本金，创新的部分是利息，也就是自己的智慧。如果不去创新，“那么就求了一千年的学，施了一千年的教，一千年后的见解，还是和一千年前一样，终究是向别人借来的，何曾有一分自己的呢！”

章太炎在提倡常识教育的同时，着重提出常识也需要创新：“常识不是古今如一，后来人的常识，应该胜过古人，但要求一代一代的人，常识展转增进。”他认为，要想达到这个目标，关键在于教育者在学问方面要有独到的认识和精辟的见解，在教学方法上要做到化难为易、化繁为简。

为此，章太炎从发展个性、开启智慧、掌握常识的角度出发，突破了传统教育所谓“三纲五常、四书五经”的教育观念和内容，重视历史教育，增进人们的常识，培育爱国精神，把个人发展提到了前所未有的高度。

章太炎一生坚持常识教育，提倡学生掌握基础知识、发展智力、培养道德、大胆实践、敢于创新，从本质上讲，是以人为本的素质教育，放在当下仍然具有重要的指导意义。

大事年表

1869年，出生于浙江余杭仓前古镇。

1883年，赴县城应童子试。

1890年，父章濬去世，遵父遗训，进诂经精舍学习。

1893年，撰写《膏兰室札记》四册及《孝经本夏法说》等。

1895年，参加康有为与梁启超创办的强学会。

1897年，任《时务报》撰述，因参加维新运动被通缉，流亡日本。

1900年，剪辫发，立志革命。

1903年，发表《驳康有为论革命书》并为邹容的《革命军》作序，触怒清廷，被捕入狱。

1906年，出狱后，参加同盟会，主编同盟会机关报《民报》。

1911年，主编《大共和日报》，并任孙中山总统府枢密顾问。

1917年，在苏州设章氏国学讲习会，以讲学为业。

1935年，在苏州主持章氏国学讲习会，主编《制言》杂志。

1936年，在苏州病逝。

学思践悟

豪杰思想，熠熠生辉

夏晓菲

杭州市余杭区太炎小学有着近120年的连续建校史。学校创建于1905年，名为“余杭县高等小学堂”，校址定于原余杭镇南门头曹庙。1929年，学校迁址建于原余杭镇太炎路。

学校曾在1936年、1949年、1999年、2011年4次易名“太炎中心小学”，以此纪念乡贤章太炎，激励后人。1999年，余杭镇第一小学（现余杭区太炎小学）迁回目前的校址。太炎小学现有在职教师96人，超过50%的为区级及以上名优教师；有38个教学班，在校生1686人。

根据史料记载，章太炎在16岁那年，从仓前到10余里外的县城孔庙参加童子试，写了一篇《论大清帝国之灿烂》。据考证，章太炎考试的地方是大成殿后面的明伦堂，也就是目前太炎小学的校园内。这也是有史可查的章太炎与太炎小学距离最近的一次接触。

位于太炎小学校园内的章太炎像

建校至今，太炎小学培养了2万余名优秀毕业生。早期本校高等小学堂毕业的蔡堡、陈邦达等曾留学国外，回国后在知名高校任教。学校办学百廿年，为各条战线培养了一大批人才。

章太炎努力探索适合中国国情的政治发展道路，他一生忧国忧民，并致力民主革命。他是一位杰出的爱国主义先行者，更是一面挽救民族于危难的精神旗帜。学校以“太炎”命名，当自觉敬太炎、学太炎、成太炎。为此，学校将其人其事其精神凝练成“承太炎，以立人”的办学理念、“崇德、尚志、博学、砺行”的校训、“成已成人”的校风、“修已达人”的教风和“自立立人”的学风，并以此为立德树人之养分，为学生立德、立康、立学、立美、立行，助力学生成为德智体美劳全面发展的时代新人。

太炎小学校训

作为一代国学大师，章太炎曾在日本、北京、苏州等多地讲学，引领了中国近代的文化变革。他弟子众多，知名的有鲁迅、周作人、黄侃、朱希祖、钱玄同等，皆为近代大师。他倡导国学，是基于对国家民族文化传统的保护和对青年道德情操提升的重视。他指导学生治学，主张独立思考，反对人云亦云，强调实事求是，体现了他慎于治学、厚以为人的教育理念。太炎小学秉承先生理念，提出“崇德、尚志、博学、砺行”之校训，即是对太炎精神的传承，传递崇德尚志、风清气正的社会正能量。同时，寓意太炎学子读书学习必须广泛地涉猎吸收，打牢基础，方可循序渐进。

依托章太炎的生平事迹、治学精神和国学研究成果，学校推进了一系列独具一格的育人环境建设。比如，章太炎在小篆与行书领域颇有建树，我们就从他的文章中辑出小篆和行书应用到学校正大门的校名上。我们将行政楼命名为“太炎楼”，还建设了太炎书院、太炎书画长廊、太炎书吧、太炎乐坊、太炎美术馆、太炎科创院、太炎音乐坊等专用教室，致力让校园的每一处布局都彰显出太炎元素，让每天进出校门的每位师生都带着对先生的崇敬，开启一天的学习与生活。

太炎书院

学校以传承和发扬太炎精神为内驱，开设了书法、诗歌诵读、中草药、劳动等校本课程。其中，学校特别重视诗歌诵读课程的教与学，为学生提供丰富、多元的诗歌学习资源，让他们在欣赏和学习诗歌的过程中全面提升综合素养。自2010年3月起，学校就开展了古诗词考级争章活动，同年9月开设“太炎诗教课”，拉开了学诗词、诵诗词、创作诗词的序幕。之后，学校又组织开展了古诗词教学研讨、古诗词诵读表演等一系列活动，取得丰硕成果，“太炎诗教课”也成为学校的一门特色和窗口课程。2012年，学校被评为浙江省首批诗歌教学先进单位。

学校还以班级为单位，定期组织学生参观章太炎故居纪念馆、章太炎纪念馆。而这两家场馆，也为我们学习、研究太炎精神提供了有力支持。我们与浙江图书馆、杭州图书馆、杭州名人纪念馆、余杭图书馆等单位开展校馆合作，将丰富的校外资源，如“章太炎与鲁迅展”等搬到校园里，让师生足不出户就可以获得更高层次的沉浸式学习。学校还依托校址系旧时县学及明伦堂所在地，新建明伦亭、连廊和新亭，与太炎百草园相连，给学生提供一个集欣赏、休憩和实践劳动于一体的德育基地。今后，我们要继续深化，把“讲太炎故事、传太炎精神”作为每一位师生的精神追求与行为准则。

太炎小学学生参观章太炎故居

千年古镇，百年太炎。太炎精神就是一座文化宝库，在一代又一代的传承与弘扬中不断发展。

（作者系杭州市余杭区太炎小学校长）

课堂传承

传承太炎精神　振兴诗教特色

娄美林

在杭州市余杭区太炎小学，“太炎诗教课”是一门特色的窗口课程，也是每个学生的必修课。该课程旨在通过学诗词、诵诗词、创作诗词等方式，让学生在传承国学的同时，培养善于观察、独立思考等能力，从而促进自身的全面发展。

我们这堂诗教课的主题是“春之韵”。为了上好这堂课，我提前一周给学生布置了三个小任务：一是在课后观察校园里的春天，二是根据观察写一小段感悟，三是自主学习一首春天的诗。

“校园里的桃花粉粉的，玉兰花有雪白的，也有紫红的，它们都绽放着美丽的笑脸，春天是个万紫千红的季节。”“树木长出嫩绿的叶子，草地上的小草探出了脑袋，它们好像在向我招手，春天是个生机勃勃的季节。”“走在校园里，一阵阵暖暖的春风吹在脸上，舒服极了，还有同学在操场上放着风筝，春天是个快乐的季节。”……以交流分享开场，诗教课的气氛立马活跃起来了，学生们纷纷举手发言，并背诵起自己新学的古诗，有杜甫的《春夜喜雨》、贺知章的《咏柳》，还有王维的《鸟鸣涧》。

要写诗，先要学诗、诵诗。因此，这堂课的第二部分是带学生一起品读白居易的《春风》。课上，我给每个学生准备了一张纸，纸上除了印有《春风》这首诗，还对诗中的平仄声做了标注。其中，用“—”标注的，是平声字，要读得稍微长一点；用“|”或“!”标注的，是仄声字，要读得稍微短一点。“春风先发苑中梅，樱杏桃梨次第开。荠花榆荚深村里，亦道

春风为我来。”我先范读一遍，再让学生跟着吟诵。诗会吟诵了，后面理解起来也就水到渠成了。

太炎小学诗教课

“天上雷阵阵，地下雨倾盆。笼中鸡闭户，室外犬管门。”课堂的第三部分是教学生自己创作诗歌，这对小学生来说可不是件容易的事儿，为此我特意分享了章太炎6岁写诗的故事，鼓励学生勇敢尝试。之后，我又向学生分享了自己写的《春之韵》，给他们打样：“春暖千花醒，争妍大地苏。纸鸢乐舞起，彩蝶望童踌。”在这首诗中，我想说的是：暖暖的春天来了，各种各样的花都从睡梦中醒来了；花儿们在竞相比美，把大地妈妈也吵醒了；风筝在空中跳着快乐的舞蹈，越飞越高；五彩的蝴蝶望着可爱的儿童，恋恋不舍地停留着。

“同学们，只要你有心去观察，当春天来临时，你也能发现它的美。”那么，该如何写好一首诗呢？课上，我还给学生分享了一些写诗的技巧：先想好题目，再围绕这个题目把最喜爱的春元素写进诗里；一般第二句和第四句的最后一个字是平声字，那第二句和第四句要押韵；调整个别字词，第一句对应第二句，第三句对应第四句，可以运用名词对名词、动词对动词、叠词对叠词等方法。

课堂最后，我给学生布置了课后作业：写一首春天的诗。有学生写道：“嫩叶冒枝头，鱼儿水中游。燕子归来早，剪出春日柔。”有学生写道：“古镇春风踏步到，鸟语花香日展颜。柳条飞舞积雪化，春光好景又一番。”还有学生写道：“芬兰吐翠春意泱，莺雀桃源谱春光。苏盈万物东风焕，布谷催声事耕秧。”

在这堂课上，我和学生们一起吟诵诗歌、感悟春天，并创作诗歌，陶醉在浓浓的“春之韵”中。在学校大力弘扬诗教特色的氛围中，学生们不仅有观察、有思考，还会积累、会吟诵、能创作。希望诗歌的种子能慢慢地从他们这儿发芽，一直延续下去，相信某一天一定会开出最美丽的花。

（作者系杭州市余杭区太炎小学教师）

书影音推荐

书　名：《章太炎全集》

作　者：章太炎

出版社：上海人民出版社

《章太炎全集》收录章太炎早年诗文结集，以及学术论文、政论文，共分《文录》二卷、《别录》三卷以及《补编》一卷，其中大部分为主编《民报》时所作，其论述启迪宏深、用字古奥，集中反映了作者辛亥革命时期的革命思想和学术思想。

书　名：《国故论衡》

作　者：章太炎

出版社：商务印书馆

本书为章太炎重要的国学著作，分小学、文学、诸子学三卷，系统论述文字音韵学、文学、文献学、周秦诸子学、经学及佛道之学等，在中国现代学术史上有极其重要的影响。

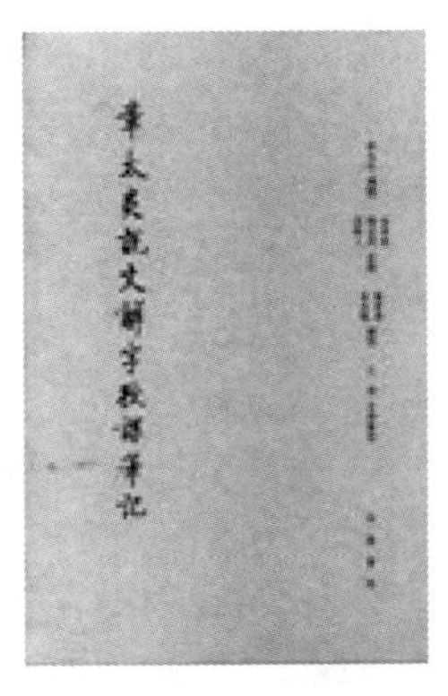

书　名：《章太炎说文解字授课笔记》

作　者：章太炎

出版社：中华书局

这部《章太炎说文解字授课笔记》（以下简称《笔记》），是章太炎1908年4月至9月在日本讲授《说文解字》的课堂实录，根据钱玄同、朱希祖、周树人（鲁迅）3人现场所记和事后整理的笔记整合在一起编排。这份《笔记》记录了太炎先生研究《说文解字》的具体成果，反映了太炎先生创建的以《说文解字》为核心的中国语言文字学的思路与方法，也记载了3位原记录者向太炎先生学习《说文解字》的经历，是一部中国近现代学术史上难得的原始资料。

书　名：《章太炎国学讲义》

作　者：章太炎

出版社：海潮出版社

本书收录章太炎先生1922年及1935年两次具有代表性的公开讲学记录，较系统地展示国学的概貌，是国学爱好者及研究者了解国学的必读之书。

王国维

先生名片

王国维像

王国维（1877—1927），初名国桢，字静安（庵）、伯隅，初号礼堂，晚号观堂，又号永观，另又号人间、观翁等。浙江海宁盐官人。他在教育、哲学、文学、戏曲、美学、史学、古文学等方面均有深诣和创新，著有《〈红楼梦〉评论》《宋元戏曲考》《人间词话》《观堂集林》《古史新证》《曲录》《殷周制度论》等，为中华民族文化宝库留下了广博精深的学术遗产。

生平事迹

王国维：大师的潮落潮生

杨　倩

地处钱塘江北岸的海宁市盐官镇，除了有奔腾浩荡的钱江潮景观，还孕育了诸多名人，比如著名的国学大师——王国维。

不观王国维之学问，不知大师之大、高山之高，仅是他的“境界说”便妙不可言，令人受益匪浅。当我们准备从王国维故居——娱庐出发，探寻大师的一生时，却不料故居所处的盐官镇西门内周家兜区域因建设度假区项目而关闭。经提醒，笔者来到了距离周家兜20多公里的海宁市王国维小学教育集团静安小学。学校以王国维命名，从大师的学术思想中提炼出“尚自然，展个性，成大师”作为办学理念，学校里的文化馆布展精致，可供人一瞥大师的半百人生。

求学：并非一帆风顺，最终独上高楼

用现在的话说，王国维的原生家庭条件一般，父亲王乃誉在江苏溧阳县衙做幕僚，王国维自述“余家在海宁，故中人产也。一岁所入，略足以给衣食”。但王家有一个显赫的远祖——王禀。北宋末年，王禀坚守太原城，抗击金兵，宁死不屈。南宋建立后，王禀被追封为安化郡王，谥忠壮。从此，王家成为海宁“巨族”。但到清末，王家已经衰落。不过，王氏家族并未中断读书的种子，王国维亦是自幼就泡在书堆里。

海宁盐官王国维故居外景

一、“鸡娃”之下的一试而中

1883年，7岁的王国维进入私塾，学习《千字文》《三字经》等传统儒家启蒙经典。到了10岁那年，王家迁入新宅，即现存的王国维故居。王国维听从父亲安排，转学至李善兰的学生陈寿田开设的私塾。李善兰因译介西方数学、天文学而闻名。显然，为儿子挑选这样一位师从西学大家的先生，王乃誉是有所考量的。

乔迁新居没多久，王国维的祖父病逝。历经世乱、看破功名利禄的王乃誉决定辞去职务，居家“课子自娱”。“自娱”——他带回了不少金石书画方面的著述研究，“每深夜不辍”；“课子”——他不仅督促王国维学好私塾课程，也会“口授指划”，带王国维写诗题对，临帖习字，鉴别书画古籍。王国维是长子，王乃誉对他要求颇高，“益教其不可畏事，亦不可卤莽”，但王国维总是“畏缩拖沓”，写字“游衍随意”，王乃誉责备他读书“犹如马之脱辔，鹰之脱鞲，一纵不可复收”。

这何尝不是一种“鸡娃”呢。王乃誉的做法开阔了王国维的视野，也很难说后来王国维的“独学”态度不是受父亲“自娱”的影响。总之，“鸡娃”之下，1892年，16岁的王国维一试而中，成了名噪乡里的秀才。

这段时间，王国维开始交友论学，与同乡褚嘉猷、叶宜春、陈守谦议论古今大事，4人被誉为“海宁四才子”。同时，王国维展露出钻研学问的迹象。一是他开始读“前四史”，即《史记》《汉书》《后汉书》《三国志》。“因见友人读《汉书》而悦之，便把幼时所积蓄的钱到杭州去买了一套前四史，即《史记》《汉书》《后汉书》《三国志》，每天阅读，颇有兴味，自谓‘是为平生读书之始’。”二是他开始研究古籍，尝试“考据”，甚至还撰文“条驳”批评翰林院编修俞樾的《群经评议》。

二、从十里洋场开始半工半读

1894年，中日甲午战争爆发。各种关于"变法""新学"的书刊传到王国维手中，激起了他出国留学的想法。无奈家境困顿，王国维只能继续走科举之路，以期谋得一官半职。

然而，中秀才似乎花光了王国维的"考试运"。1892年、1896年、1897年，连续3次，他赴杭州应试都未考取。最终，王国维断了考取功名的念头，父亲王乃誉也不再指望他中举做官，而是"通达中西要务以自立"。

这时候，王国维已经成家。为了养家糊口，也为了更好的前程，他辞去了塾师的工作，于1898年年初，告别妻子，来到上海寻觅新的出路。

在同乡的介绍下，王国维来到时务报馆。彼时的《时务报》由汪康年管理。见王国维不过是个20岁出头的文弱书生，上齿外龅，沉默寡言，汪康年就安排他做了书记，负责抄写、校对以及登记往来客人、书信。工作繁重，薪水却少得可怜，馆内还有派系斗争，得不到重用，种种情形让背井离乡的王国维感到郁闷，却又不得不忍耐。

这时，罗振玉创办的东文学社开班了，王国维的人生迎来重要的转折点。

因为报馆需要翻译日本新闻，缺少通日语的译员，王国维提出去东文学社学习，汪康年同意其半工半读，"日以午后三小时往读焉”。这不仅打开了王国维涉猎西学的大门，也使他结识了人生中非常重要的一个人——罗振玉。

西域纵横尽百城，张陈远略逊甘英。

千秋壮观君知否？黑海东头望大秦。

这是王国维《咏史二十首》中的一首。罗振玉看到他题写在扇面上的这首诗，不仅书法有功力，内容更是大气磅礴，“惊为异才，将有以培植之，俾成大器”。于是，罗振玉不仅免去了王国维的全部学费，还让他担任学社庶务，按月领取薪水。两年后，他又资助王国维东渡日本东京物理学校，进一步深造。

罗振玉长王国维11岁，他对初出茅庐的王国维以诚相待，这让王国维心存感激。两人从此成为志同道合的莫逆之交，后来还成了儿女亲家。只可惜，最后因种种事由二人断交，直至王国维自沉。这组诗的手稿罗振玉一直收藏着，直到王国维去世一年后，才拿出来发表。多年后，当回忆起这段往事，罗振玉仍然不胜感叹：“君博学强识，并世所稀，品行峻洁，如芳兰贞石，令人久敬不衰。”

三、独上高楼追求学术之“专门”

终于能出国留学，王国维的身体却很不争气。在东京仅四五个月，他就因“脚气病作”而不得不返回国内养病。但他并没有放弃兼通中西文化的理想，决定凭着已经掌握的知识努力摸索。他认为“且大学，虽为国家最高之专门学校，然所授者，亦不过专门中之普通学与以毕生研究之预备而已。”他志在“研究专门中之专门”，这是“毕生之事业”。自此，他开始“独学之时代”。

学些什么呢？王国维认为自己“体素羸弱，性复忧郁，人生问题，日往复于吾前，自是始决从事于哲学”，埋头于西方的社会学、心理学、伦理学、哲学，读康德、尼采、叔本华。他还开始尝试用西方的理论来解读中国文化，“独学”由此迎来了第一个辉煌的学术成果——《〈红楼梦〉评论》。王国维对悲剧与喜剧、优美与壮美等议题发出哲学、美学上的批判。可以说，新旧“红学”的疆界由王国维划开，他开出了“考证之题目”，欲以“考证”取代“索隐”，给方法论，又以“题目”标示方向，指明研究的目标。

教书：从师范到清华园

当然，“独学”不代表王国维像父亲王乃誉那样隐居不出。事实上，从日本回来后，王国维在“独学”的同时也开始了教育事业。

一、徜徉在“教育世界”

《教育世界》是1901年罗振玉为张之洞谋划行政、改革学制而创办的。创刊头3年，内容主要译载东西方教育专书，供新办的学堂摘录使用。罗振玉偶尔也会亲自撰稿，但他要务繁多，无暇顾及，便邀请王国维接手。王国维接手的第一期，便公布了《本报改章广告》，指出除选译专书外，杂志将增加自编自撰的文稿，栏目包括插画、论说、学理、教授训练、学制（教育史）、传记、小说、丛谈、本国学事、外国学事、杂录、来稿、文牍，向“海内同志”征文。

从接手改刊到1908年杂志停刊，4年多的时间里，王国维文思泉涌、信笔驰骋，将杂志的视野扩大至哲学、心理学、伦理学、文学、美学等领域，像《〈红楼梦〉评论》等学术著作都是首发在《教育世界》的。这种改革正应了他的教育思想——倡导德、智、体、美“完全之人”的新教育。

《教育世界》杂志封面

二、两度任教师范学堂

人们熟知的王国维，是清华研究院四大导师之一，其实他的从教之路是从通州师范学校开始的。

1902年，张謇在与罗振玉一同考察日本教育后，在江苏南通创办了通州师范学校。罗振玉此时已经前往广州任“两粤教育顾问”，便推荐王国维前往南通。当时国内师资奇缺，也没有办师范学校的经验，王国维成为唯一的中国主课教师，“授伦理、国文”。

通州师范学校的招生对象是贡、举、生、监出身的学生，有些已经年过40，而当时王国维不过27岁。学生管劲丞回忆，王国维年纪小，仅有秀才资格，再加上他讲课多用外国教材，中英文夹杂，学生听不懂，也不怎么尊重他。

就这样教了一年书后，王国维离开了通州师范学校，专心主编《教育世界》。到了1904年年底，罗振玉受江苏巡抚端方邀请，在苏州开办江苏师范学堂，王国维又受邀来到苏州任教。

这是国内最早的官办师范学校，开设了历史、地理、理化、博物、简易五科，王国维依旧教授伦理课。有了之前的经验，这一次，王国维讲课“能沟通不同之中外礼俗，时创新说，着眼当时之国势民风，讲求实效，而为学生心悦诚服”。

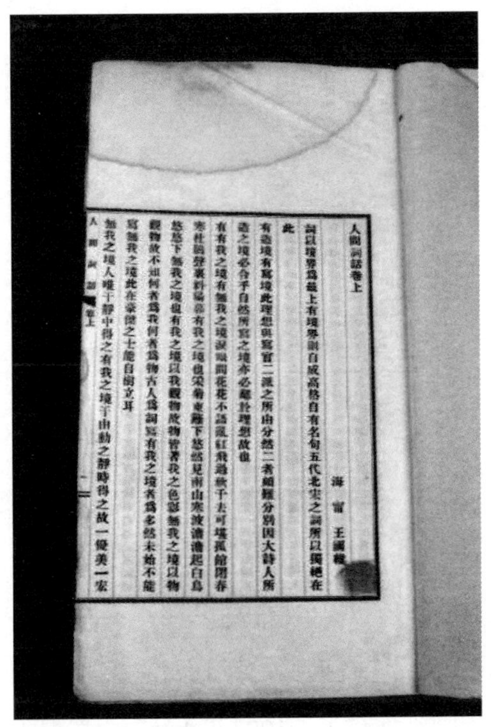

人間詞話卷上

海甯 王國維

詞以境界爲最上有境界則自成高格自有名句五代北宋之詞所以獨絕在此

有造境有寫境此理想與寫實二派之所由分然二者頗難分別因大詩人所造之境必合乎自然所寫之境亦必鄰於理想故也

有有我之境有無我之境淚眼問花花不語亂紅飛過秋千去可堪孤館閉春寒杜鵑聲裏斜陽暮有我之境也采菊東籬下悠然見南山寒波澹澹起白鳥悠悠下無我之境也有我之境以我觀物故物皆著我之色彩無我之境以物觀物故不知何者爲我何者爲物古人爲詞寫有我之境者爲多然未始不能寫無我之境此在豪傑之士能自樹立耳

無我之境人惟于靜中得之有我之境于由動之靜時得之故一優美一宏

人間詞話 卷上

民国活字版王国维著作《人间词话》

在苏州任教这段时间，王国维“颇以词自娱”。苏州环境优美，名胜众多，王国维经常四处游览，也都通过填词抒发雅兴。这段时间他填的词形成了《人间词甲稿》。

可惜，才过了一年，因为与南通师范学校间的竞争，罗振玉离开江苏师范学堂，大批教职人员也随他离去，包括王国维。

王国维（左）和罗振玉合影

三、成为废帝的“南书房行走”

离开苏州之后，王国维先是回到海宁，乡里想推举他为县学务总董，王国维推辞了。1907年4月，由罗振玉推荐，王国维来到北京，任学部总务司行走，后又任图书局编译和名词馆协修。这期间，王国维主要研究戏曲，《词录》《曲录》《宋元戏曲考》《明杂剧六种跋》等著作均作于此时。

1911年10月，武昌起义的枪声传来，京师岌岌可危。11月，王国维一家随罗振玉一家东渡日本，寄居在京都郊区。接下来的几年，王国维认为是“生活在一生中最为简单，惟学问则变化滋甚”的时期。

受罗振玉影响，也为生活所迫，王国维需靠笔杆子赚钱，他“尽弃”平生所学，开始钻研经史。拓本、古器物、晋汉简牍、金文、甲骨文……都成了王国维研究的对象。《殷卜辞中所见先公先王考》《殷卜辞中所见先公先王续考》《殷周制度论》《古史新证》等一系列研究成果，轰动海内外学术界，开近代中国古代史研究之先河，王国维也因此成为中国新史学的开山。

1916年2月，王国维回到上海，来到哈同花园，出任《学术丛编》编辑。那时，出入哈同花园的是章太炎、沈曾植、康有为这样在各个领域独领风骚的人物，足见王国维的学术研究受到各界认可。

时间匆匆来到1923年，民国以后仍在紫禁城小朝廷里的废帝溥仪，召杨钟羲、景方昶、温肃和王国维为“南书房行走”。清朝时，只有进士、翰林才有资格陪皇帝读书。现在，清已亡，南书房形同虚设。但对只中过秀才的王国维来说，这是一种莫大的恩宠。对于召他“入朝”、赏赐五品衔、可在紫禁城内骑马等“上谕”，他都亲笔记录下来。更有趣的是，觐见“皇帝”时，需要穿朝服，王国维没有，还是向别人借的。只见他身穿清官褂袍、脑后还拖着一条辫子，向已经是西式发型的溥仪三跪九叩。

“食君之禄，忠君之事”，王国维上过两封奏折。一封是建议把紫禁城改建为皇家博物馆，这样就能保全紫禁城；另一封是提倡以周公孔子的学说拯救中国乃至世界。两封奏折无不透露出他作为前朝遗老的守旧思想。

在小朝廷的日子其实是非常无聊的，没过多久，王国维就被各种钩心斗角闹得心灰意冷。随着溥仪被赶出紫禁城，王国维的“南书房行走”差事也结束了。

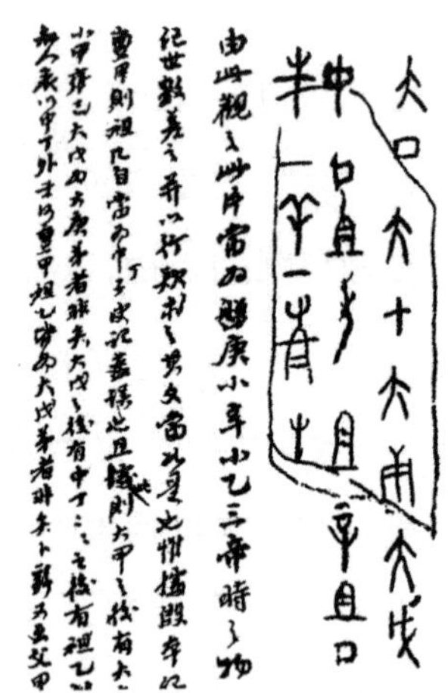

王国维研究甲骨文书法的手书

四、搬进清华园

京郊圆明园旁的清华学校，是由美国退还的庚子赔款建立的。1925年，清华学校成立大学部，同时筹设研究院，要聘请一批专家学者任教。校长曹云祥征求胡适的意见，胡适主张非请一等学者不可，并指明要梁启超、王国维、章太炎。最终，梁启超、王国维、赵元任、陈寅恪相继到任，成为研究院四大导师。此外，还有考古学家李济、外国文学专家吴宓任教，阵容堪称全国一流。

1925年4月，王国维举家迁进清华园西院的两所平房。在清华，王国维的课时不算多，“古史新证”每周1小时，“说文练习”1小时，“尚书”1小时，后来又增加了“仪礼”1小时，他有足够的时间自己研究著述。

出于“知治学方法而其理解力足以运之者，最为上乘”的理念，王国维在指导学生时，特别重视研究方法的指导。学生们对他的印象都很好。蔡尚思回忆初见他时“一是惊骇他仍留着辫子；二是喜欢他的和气和虚心，一点也没有架子”。周传儒说他“他人已说过的东西，从来不抄袭，不掠美，不诋毁，说话负责，做事负责，是一个道道地地、扎扎实实的君子”。

王国维也结识了一些新朋友。梁启超就“极服先生之学，凡有疑难，皆曰‘可问王先生。’”。陈寅恪也时常与他交流讨论。虽然年长于陈寅恪，但王国维却对陈寅恪十分信任，遗书里还将后事托陈寅恪和吴宓办理。

清华园里浓厚的学术氛围和导师间和谐的友谊，让王国维能安心地教学、生活。只是好景不长，王国维50岁前后，北伐战争开始了，湖南也开始了工农运动。1926年9月，王国维年仅27岁的长子潜明病逝。正处在丧子之痛中，亲家罗振玉又因后事的安排与王国维闹起了矛盾，发出“绝交书”。

种种事件重叠之下，1927年6月2日上午，王国维向秘书侯厚培借了5元钱，来到校门口乘上黄包车前往颐和园。在石舫前坐了一会儿后，他步入鱼藻轩，吸纸烟，再然后，投入湖中……

颐和园鱼藻轩

现在，来到清华园内大礼堂的西侧，“海宁王静安先生纪念碑”庄严地矗立着，四周的槐树洒下斑驳树影。石碑由清华师生募捐建成，梁思成设计，林志钧书丹，马衡篆刻，陈寅恪撰写碑文，于1929年7月王国维去世两周年之际落成。碑文最后写道：

> 先生之著述，或有时而不章；先生之学说，或有时而可商。惟此独立之精神，自由之思想，历千万祀，与天壤而同久，共三光而永光。

这一年夏天，清华国学研究院正式停办。纪念碑落成的意义，变得更为深远。

清华大学校园内的王国维先生纪念碑

大事年表

1877年，出生于浙江海宁。

1883年，进入私塾读书。

1886年，全家搬往盐官镇西门内周家兜新屋。

1887年，父亲王乃誉居家“课子读书”。

1892年，中秀才，入州学，赴杭州应府试，未考取。

1896年，赴杭州应府试科拔考，未录取。

1897年，赴杭州应乡试，犹未考取，从此结束科举道路。

1898年，到上海任《时务报》馆书记，同年进入罗振玉主办的东文学社学习日语。

1901年，赴日本东京物理学校学习，仅四五个月便因病回国，任《教育世界》杂志编辑。

1903年，至南通通州师范学校任教。

1904年，至江苏师范学堂任教。

1907年，任学部总务司行走，后又任图书馆编辑和名词馆协修。

1911年，辛亥革命爆发，王国维一家随罗振玉一家东渡日本，开始经史研究。

1916年，来到上海，任哈同花园《学术丛编》编辑。

1923年，任废帝溥仪“南书房行走”。

1925年，成为清华学校国学研究院教授。

1927年，于颐和园昆明湖鱼藻轩自沉。

学思践悟

尚自然 展个性 成大师

金敏莉

王国维在词论、戏曲、古简牍、甲骨文、敦煌学、古金石器物领域，乃至服饰史与蒙元史学上，均为先驱，万人随后。但他的研究并不仅仅限于学术范畴，对于教育，王国维也有精深的认知和独到的识见。

1906年，三十而立的王国维遭遇父亲病逝。回到海宁守丧的他，拒绝了担任县学务总董的邀请。虽然未能在家乡办学，但100多年后，以他名字命名的海宁市王国维小学教育集团面世了。集团以王国维倡导的“使人之完人”为办学宗旨，从他的思想中提炼出“立”“守”“得”的教育理念，通过各类课程、活动，努力培养“有担当、善学习、强体魄、会审美”的学生。

然而，终究时隔百年多，对当下的“10后”学生，乃至未来的“20后”“30后”学生来说，这些年代遥远的名人仿佛只是一个符号。对以名人命名的学校来说，如何才能让名人的思想精神真正走进学生的心里？集团尝试从3个层面予以推进。

一、以学生乐见的形式了解大师形象，领略大师风采

集团通过“一本书”“一部戏”“一个卡通形象”，引导学生了解大师。集团师生与海宁市文联合作，联合创作了《遇见少年王国维》绘本，这让学生在生动有趣的阅读中，了解王国维的生平事迹。社团开发了舞台剧《戏起王国维》，学生在演绎和观赏中走进戏剧的世界，与大师相遇。集团创新地举办了“王国维周边文创展”，学生们自创了头戴瓜皮帽、身着长衫的王国维卡通形象，并根据这一形象设计了帆布包、表情包、雨伞、胸针等一系列文创产品。在活动中，王国维古朴严肃的形象变得可亲可敬、有趣可爱。

二、以学生乐享的活动体悟大师思想，涵养精神境界

我们依托项目化学习活动，以主题研究性学习，让学生体悟大师思想。先后开展了“走近王国维”大师思想板报展活动，引导学生把研究成果在各班板报上进行展示，通过“互展”“互观”“互学”活动，在潜移默化中让大师“立志坚守、潜心修身”的思想滋养学生身心发展。开展“您好，大师”读书系列活动，学习大师思想，传承大师精神。举办“境界说”论坛，引导学生将学习大师思想后自己的所得与同伴分享，在智慧的碰撞中，汲取大师思想养分，滋养生命成长。

三、以学生乐秀的平台展示自我风采，成为更好的自己

我们秉承“让每一个学生被看见，让每一个学生成为更好的自己”的理念，尊重学生的兴趣爱好，多渠道联动，让学生获得最大程度的展示空间。定期为爱好美术的学生举行手工、雕刻、版画等展览；为喜欢朗诵表演的学生举办“校园朗读者”活动；为爱好器乐的学生设立“钢琴艺术小舞台”，分年级选拔“小小演奏家”，每天在学校下沉式广场放学家长等候区进行演奏；举办“校园吉尼斯”活动，遵循学生个性发展，让学生在自己擅长的领域成为更好的自己。

可以看到，大师的学术、思想固然精深，但并非完全无法贴近学生。学校以名人命名，除了从名人的思想中汲取办学经验，更应用当下学生喜欢的形式，让名人成为学生身边的朋友，让学生自然而然地浸润在名人的精神世界中，大师之精神就能真正走进学生心中。

（作者系海宁市王国维小学教育集团校长）

课堂传承

追寻王国维，不负少年志

施　怡

作为以国学大师王国维命名的小学，了解王国维的生平及思想并从他身上汲取成长的力量是学校每一个学生的必修课。王国维所处的年代距离当代学生较为遥远，且其在教育、哲学、文学、戏曲等方面的研究内容较为深奥，因此我选取了王国维最享有盛誉的三重境界说为切入点，以追求志向为主题，借助寻宝的形式，设计了一堂特色校本课，引导学生追寻王国维，不负少年志。

本堂课围绕三重境界说，即“立”“守”“得”三个方面展开，通过寻宝的趣味形式深入理解三重境界的内涵并与自身建立起联系。为此，我设计了4个教学活动：一、创设情境，引出“立”“守“得”；二、“立”志：独上高楼，立鸿鹄志；三、“守”志：衣带渐宽，恪守不渝；四、“得”志：蓦然回首，志得意满。

课堂伊始，我以诗词大会的游戏导入，通过“昨夜西风凋碧树。独上高楼，望尽天涯路”“衣带渐宽终不悔，为伊消得人憔悴”“众里寻他千百度，蓦然回首，那人却在灯火阑珊处”3句词引出王国维三重境界说。同时，创设“寻宝”的趣味情境，吸引学生主动学习三重境界。

在“寻宝”的第一站，我带领学生来到了位于海宁盐官的王国维故居。学生在这里找到了“第1个宝箱”，并初步理解了第一境界：“立”就是“立志”。在了解少年王国维的故事后，学生们一起交流课前寻访到的身边人的志向，讲一讲他们树立志向的原因以及该志向对个人人生产生的影响。由此引导学生对于自己的志向进行深入思考，明白志向是人生的航标，立下自己的“少年志”。

第二站来到王国维求学的上海，根据他的求学事迹让学生明白第二境界：“守”是“守志”的内涵。我在班上召开了“志向记者会”，邀请班上“守志”的典型代表做“志向发言人”，为同伴们讲述自己的守志故事。其他学生则做“记者”，通过自主提问的形式，感受“志向发言人”在坚守志向过程中的宝贵品质。随后在班内开展“志向大挑战”，让学生切身体会守志的不易与坚持的重要性。最后，学生写下自己实现志向的行动书，激励自己在践行志向的路上恪守不渝，直到成功的那一天。

最后一站是王国维就任讲学的清华大学，这也是他第三境界的“得”——“得志”的目的地。课前，我让学生自由分组调查王国维在文学、史学、书法方面的成就，并在课堂上进行汇报。为了增加课程开展的有效性和延续性，在课后我还发起了“少年志养成记”挑战活动，组织学生自愿参与参观王国维故居、校内宣讲王国维故事、寻访身边“守志”平凡人等系列活动，让王国维的精神品质传播到每一个学生的心中。

（作者系海宁市王国维小学教育集团文苑小学教师）

书影音推荐

书　名：《人间词话》

作　者：王国维

出版社：上海古籍出版社

《人间词话》一书乃是王国维接受了西洋美学思想之洗礼后，以崭新的眼光对中国旧文学所作的评论，具有划时代的意义，极受学术界重视。本书约请当

今著名专家黄霖为之导读，不仅梳理其理论框架，更着重揭橥其学术源流、历史文化背景，及撰作者当时特定的情境与心态，从而在帮助读者确切理解原著的同时，凸显词学大师王国维的学术个性。

书　名：《观堂集林》

作　者：王国维

出版社：河北教育出版社

全书二十四卷，包括艺林八卷，为古史、古文字、古音韵、经字等方面的研究；史林十四卷，为殷周史事、秦汉地理、西北史地、汉魏碑刻、两汉简牍、敦煌文书等方面的研究；别集二卷，亦是有关古代史地器物的论文。全书内容精深，是王国维学术精华之所在。

书　名：《王国维红楼梦评论笺说》

作　者：俞晓红

出版社：中华书局

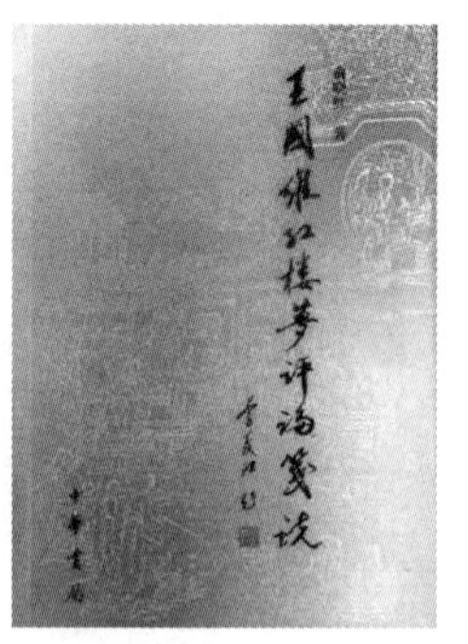

本书以发表于1904年6月《教育世界》杂志的《〈红楼梦〉评论》为底本，重新予以标点、校勘，重点注释和辨析

《〈红楼梦〉评论》中的诸多文史典故，并对以往学界的一些看法提出质疑。书后附录20世纪王国维研究论文论著的索引。本书试图对《〈红楼梦〉评论》的本真面目作一清晰把握和展示，并为近代文论研究者、《红楼梦》研究者、高校中文系教师和相关专业的研究生提供参考。

纪录片:《王国维》

出品方： 中央电视台、浙江省海宁市人民政府

15集大型文化纪录片《王国维》用如诗的语言、精美的画面、精彩的点评向观众展示了国学大师王国维多舛的人生轨迹、坚韧的独学精神和辉煌的学术成就，尤其是他在戏曲艺术方面的造诣和贡献。

马寅初

先生名片

马寅初像

马寅初（1882—1982），字元善，浙江嵊县（今嵊州市）人，经济学家、银行家、教育家和人口学家，中国科学院学部委员，历任浙江大学、北京大学等校校长及中央财经委员会副主任、华东军政委员会副主席等公职。逝世后，马寅初被中共中央宣传部、中共中央组织部等评为“最美奋斗者”个人。主要著作有《中国经济改造》《经济学概论》《通货新论》等。

生平事迹

马寅初：铮铮铁骨见丹心

邹红宇

“剡溪蕴秀异，欲罢不能忘。”沿着唐代诗人杜甫眼中水净沙明的剡溪一路向南，在天姥山、四明山、会稽山、覆卮山的怀抱之中，有一处备受历代文人墨客青睐的“清妙”之境——绍兴嵊县。这里是书圣王羲之、雕圣戴逵、山水诗圣谢灵运等学者名流的归隐地，也是马寅初一生为之挂念的故乡。

白墙青瓦、古朴清幽，嵊州市浦口街道名人街74号，一座晚清风格民居内，郁郁葱葱的老树探出新绿。1882年，我国著名经济学家、教育学家、人口学家马寅初诞生于此。按干支纪年，他出生之年为壬午年，五月为午月，初九为午日，再加上他午时出生，又姓马，“五马齐全”的巧合仿佛预示着他极不平凡的一生。

马寅初故居的雕像

勤学笃行，自强不息

马氏原本是绍兴的一个书香门第、仕族望门，但自明亡以后，马家子弟皆遵照祖训，三朝不仕，从此便耕读传家、商贾继世了。到了马寅初父辈这一代，马氏家族中大多都在做酒水生意，其中马寅初父亲马棣生的“马树记”最为著名。

“马树记”酒店位于浦口镇中央，是前店后家的格局，马棣生一家和酒坊师徒都居住在店后的楼里。马寅初少年时就住在院子北屋西头的二层楼上。每当酒旗扬起，在附近停泊的船工舟子、客商游人经常喜欢到“马树记”酒店喝上一盅，借以解忧解乏。随着马家的生意逐渐兴隆，马棣生也开始考虑培养继承人。

在父亲的安排下，马寅初在6岁便进入家附近的私塾——凌云学堂读书。在那里，他得俞桂轩先生启蒙，学识大进，打下了良好的国学功底。同时，还学得了一手好字，以隶楷见长，洋洋呈大家之风。俞桂轩打开了马寅初的眼界，点燃了他求学的火苗。

绍兴县（今绍兴市）里水澄巷王家是马寅初母亲的娘家，马寅初13岁时经由舅父竭力说和，父亲才勉强同意随舅父进绍兴县学堂读书。晃眼4年过去，马寅初因受维新思潮影响，想去新式学堂继续深造。但父亲却不打算让他继续上学，而是想让聪明伶俐的马寅初继承酒坊。可是马寅初不愿意服从父亲对他前途的安排，为此多次遭到父亲的打骂斥责。

正当父子两人吵得不可开交之际，与马寅初大哥私交甚好的上海瑞纶丝厂经理张江声的到来打破了僵局。张江声非常欣赏这个“跪下也要读书”的年轻人，就力劝马棣生把眼光放长远些，要支持儿子外出读书，并主动提出自己出钱供马寅初上学。就这样，17岁的马寅初在张江声的安排下，进上海教会学校英华书馆（又称“中西书院”）读书，命运的轨迹从此改变。

在英华书馆，开设的英语、代数等科目让马寅初感到格外新鲜，但他的嵊县家乡口音一直改不过来，发音难以准确。马寅初毫不气馁，他抽空便大声朗读，不到口干舌燥不罢休。凭借着刻苦的精神和顽强的毅力，马寅初头一年英文考试没及格，但在第二年就考得了第一名，其他科目也都名列前茅。

1901年，马寅初抱着“实业救国”和“科学救国”的理想，考进北洋大学，选学矿冶专业。1906年，因学业成绩优异，马寅初和其他13个同学一起被选为公费留学生赴美深造。

马寅初在耶鲁大学冶矿系学习一年左右，深受美国发达经济制度之触动，意识到“实业救国”这条路在当时的中国是行不通的，必须改革中国的社会制度。于是，他从第二学年开始改为研究经济学。

由于马寅初知识面广、基础功课底子扎实，加上他好学不倦、刻苦钻研，用常人三四倍的时间去学习，所以他虽然转换专业，也能按期在4年之后获得了经济学硕士学位，并考入哥伦比亚大学攻读经济学博士学位。

作为一个学者，马寅初一直保持着勤奋好学的精神。在他70岁高龄的时候，为了研究苏联经济理论，他开始学习俄语。有人劝他说：“年纪大了，记忆力衰退了，怎能再学外语呢？”他回答道：“年纪大了，记忆是不如青年，但是恒心与勤奋是能够弥补这方面的不足的！”马寅初从俄文字母学起，学发音、背单词、练语法，每天上两次课，还要时时考试。就这样，经过3年苦读，他以惊人的毅力掌握了俄语，不仅能阅读俄文经典名著，而且能用俄语对话，甚至可以在苏联报纸上发表文章。

马寅初小时候使用过的书桌

爱国为民，敢怒敢言

在嵊县浦口幽深邃密的峡谷之中，在潺潺流淌的剡溪和黄泽江两岸，在马寅初命名为“竹屋”的故居庭院中，到处都生长着挺拔秀丽的翠竹。在诸种花草树木中，马寅初最为喜爱的就是竹子，因为竹子有着与他同样的风骨和品格。从从翠竹，以虚心劲节、刚正不阿、宁折不弯的品格影响着马寅初的一生。

1915年，马寅初学成回国，之后长期从事经济学的研究，并热衷于通过演讲和著书普及经济知识，还组织创办了当时最著名的经济学术团体——中国经济学社。随着马寅初在经济界的影响力逐渐扩大，标榜着要搞经济建设的南京国民政府为了装点门面，便邀请马寅初到国家立法院任职。

1928年，马寅初应邀到了立法院任立法委员，之后又被委任为立法院的财政、经济委员会委员长。当时的立法院中大多数委员都是国民党的御用文人、官僚政客，他们习惯于对国民党反动派唯命是从。而马寅初则秉着公心，对那些损害人民利益、阻碍工商业发展的财政政策拼命抨击、寸步不让，不给国民党反动派留一点情面。

抗日战争爆发后，以“四大家族”为首的官僚买办资产阶级，利用其政治、军事上的权力贪污腐败，滥发纸币和公债，大发国难财，弄得财政混乱、物价飞涨、民不聊生。目睹这一切腐败现象，马寅初不顾个人安危，挺身而出。他在报刊上发表文章，在各种集会上演讲，在立法院提出议案，痛斥国民党反动派鱼肉百姓的经济专政，主张要向发国难财者征收“战时财产税”，以充战后“复兴经费”。马寅初字字句句铿锵有力、内容翔实，矛头直指“四大家族”，引起强烈的社会反响。

1940年11月24日，重庆大学演礼堂人头攒动。虽然是一个星期天上午，但听众非常踊跃，连大礼堂外的空地上都挤满了人。讲台上，马寅初精神振奋、声音洪亮，礼堂内外都能听得清清楚楚，他说道：“现在全国一致抗日，是我们中华民族的生死关头，全国上下应该有钱的出钱，有力的出力，同心同德，共赴国难。但是现在是‘下等人’出力，农民和劳动人民在前线浴血抗敌；‘中等人’出钱，后方广大人民受通货膨胀、物价上涨之害，减少了实际收入，为抗日负担了财力；‘上等人’既不出钱，也不出力，还要囤积居奇，高抬物价，从中牟利，发国难财。还有一种‘上上等人’，依靠他们的权势，利用国家经济机密，人事外汇投机，翻手成云，覆手成雨，顷刻之间就获巨利，存到国外，大发超级国难财。”“要做到有钱出钱，就要搞一次资本捐或临时财产税，就要把孔祥熙、宋子文撤职，把他们的不义家财拿出来作抗日经费。”马寅初的文章和多次公开演讲像一柄柄锋利的匕首，刺中了国民党反动派的要害，为国民党反动派所不容。同年12月6日，马寅初被国民党宪兵抓捕，先后被囚禁在贵州息烽和江西上饶。

周总理在马寅初六十大寿的时候，曾撰联：“不屈不淫征气性，敢怒敢言见精神”，这是对马寅初美德美行的高度赞扬，也是马寅初性格的真实写照。为了声援当时仍身陷囹圄的马寅初，祝寿来宾和重庆大学学生们纷纷解囊捐款，在重庆大学校内修建“寅初亭”。黄炎培特地写了一首诗：“顽龙经岁困泥中，忙煞惊曹斗草童。报道先生今去矣，一亭冷对夕阳红。”时至今日，“寅初亭”仍在原址，系六角屋檐，有玻璃屋面和玻璃滴水，亭前还种有菊花等各种花卉。

在社会舆论压力和周恩来等中国共产党党员的营救下，

1942年8月，马寅初出狱，但仍被软禁在重庆歌乐山上，限制与外界接触。直到1944年，彻底恢复人身自由的马寅初始终站在反蒋爱国民主运动的最前列，继续同国民党反动派展开英勇顽强的斗争。

位于重庆大学的寅初亭

以人为本，民主办校

马寅初学成回国之初，自以为在外国学的是财政，便想着用所学之物来改造中国腐败落后的财政税务，并在北洋政府的财政部里当了一名职员。然而痛心于当时中国的各项税收大都控制在各帝国主义的手里，再加上目睹北洋政府贪赃枉法、营私舞弊的丑恶行径，马寅初便一甩袖离开了政界，决心走一条教育救国的新路。

从1915年学成回国后，即走上各大学讲台，到1960年辞去北大校长，马寅初一生从教45年，足迹遍布北京大学、浙江大学、上海交通大学、上海财经大学、清华大学、南开大学、天津大学、复旦大学、重庆大学等20多所著名大学（中间除被国民党当局软禁的4年多），还曾经担任过北京大学校长、浙江大学校长和重庆大学商学院院长。

1916年，马寅初应蔡元培邀请到北京大学担任经济学教授。任教期间，受到“思想独立、学术自由”的北大精神的影响，马寅初的民主办学思想开始萌芽。他曾讲过：“古人云：天下兴亡，匹夫有责，这些头脑灵活、有先进思想的在校大学生，他们是祖国的栋梁，作为学校的领导和老师，我们应该维护学生的爱国热情，大力支持学生们政治活动。”1938年，马寅初担任重庆大学商学院专任院长兼教授之后，积极鼓励学生自由读书，使得当时的进步书报期刊可以在重庆大学的学生间随意传阅；支持成立学生自治会，自治会内学生可以民主选举、自由发表意见。

马寅初被任命为浙江大学新中国成立后第一任校长，他反复思考，怎样办好一所社会主义新型大学。在他看来，要办好大学，还是得继续发扬之前在北京大学和重庆大学的民主办校传统。随后，他发起了“人人提方案，个个想办法”，以主人翁的态度共同努力创造一个新浙大。在这样的倡议下，师生员工纷纷开动脑筋想办法，结果一下就提出了900多条提案。马寅初对此非常高兴，亲自组织召开全校师生员工代表会议，对这些提案和建议加以研讨和落实。时任浙江省委书记、省人民政府主席谭震林高度评价马寅初的工作，并且建议浙大把代表会议制度化，“这是一个新创造，它对于浙大本身的健全和保证它本身任务的完成，有着重要的意义。”

“今后的浙大，要在人民民主的总方针下，大家学习新的思想，确定为人民服务的立场，要与建设相结合，培养切合实际要求的专门人才，在人民政府领导下，响应毛主席的号召，同心协力建设新浙江、建设新浙大。”这句话出自马寅初任浙大校长时的致辞，其鲜明阐述了马寅初的教育目标和办学目的。在1952年就任北京大学校长时，马寅初再次强调教育的基本立场："我希望全体师生以团结一致的精神，发扬北大光荣的革命传统，保持学术地位，并配合国家建设工作的开展，为国家造就大批建设人才。"为此，他采取了一系列举措，例如强调师资队伍建设、注重科学研究、重视教学建设、改进教学内容和教学方法等。

不论在经济研究中还是在校长职位上，马寅初自始至终都贯穿着学以致用的原则。他坚持主张高等教育与科研相结合，以研究成果教育学生；认为经济学服务国家和社会，学界要与事业界进行良性互动；一贯主张和重视职业技术教育；提出主张以教授治校，使学校教学计划与国家计划相符合……这些教育思想和治校方略对今天的教育工作者来说，仍然有无可比拟的启迪与参照价值。

位于浙江大学的马寅初像

位于嵊州市的马寅初墓

大事年表

1882年6月24日，生于浙江嵊县（今嵊州市）。

1898年，到上海教会学校英华书馆，开始中学生活。

1901年，考入天津北洋大学，选学矿冶专业。

1906年，获得官费留学资格，进入耶鲁大学学习。

1910年，获得耶鲁大学经济学硕士学位。

1914年，获哥伦比亚大学经济学博士学位。

1915年，回国，在北洋政府财政部当职员。

1916年，任国立北京大学经济系教授兼系主任。

1919年，成为北大第一任教务长。

1920年，赴上海考察工商业，帮助东南大学校长郭秉文创办东南大学。同年，任浙江兴业银行顾问兼交易所所长。

1921年，国立东南大学（现南京大学）分设上海商科大学，马寅初任上海商科大学（现上海财经大学）第一任教务主任。

1922年，被中国银行聘为钞券主任。

1923年，联合留美归国的经济学者共同发起成立了“中国经济学社”，并任社长。

1923~1925年，在北京交通大学经管学院任教，教授银行货币和国外汇兑。

1927~1936年，先后任浙江省政府委员、国民党经济委员会委员长、财政委员会委员长等多项政府职务，并在南京大学、交通大学、东吴大学、浙江大学等高校任教。

1938年，任重庆大学商学院专任院长兼经济系教授。

1940年，因抨击国民党政府经济政策被蒋介石逮捕，直至1942年8月获释。

1946年，在上海私立中华工商专科学校任教。

1949年，出任浙江大学校长，并先后兼任中央人民政府委员、政务院财政经济委员会副主任、华东军政委员会副主席等职。

1952年，被任命为北京大学校长。

1954年，被选为第一届全国人民代表大会常务委员会委员。

1979年，任北京大学名誉校长，并重新当选为第五届全国人民代表大会常委会委员。

1982年5月10日，因病在北京逝世，享年101岁。

寻根觅源

致青年学生的一封信

亲爱的青少年朋友们：

你们好，我叫马大成，是马寅初先生的侄孙，目前在马寅初纪念馆工作。

今天，我想和你们聊聊一位值得我们尊敬和学习的长者——马寅初先生。他的故事，不仅仅是历史的一页，更是一份精神财富、一盏指引我们前行的明灯。

想象一下，一百多年前，一个和你们差不多年纪的年轻学子，怀着对知识的渴望和对国家的热爱，踏上了求学之路。

这就是青年马寅初，他从小就立下了读书报国的志向。他的一生，是不断追求知识和真理的历程。

1901年，他受到实业救国思想的启发考入北洋大学学习采矿，1906年，远赴重洋，以优秀生官费保送美国耶鲁大学留学。看到了美国发达的工商业和繁华的都市面貌，意识到要振兴中国，必须从经济管理着手。于是，他毅然决然地改变了自己的专业方向，改学经济学为主科，法律社会学为副科，1914年获哥伦比亚大学经济学博士学位。

他的这种勇于探索、敢于改变的精神，是我们年轻人勤奋学习、不断探索的最好榜样。

1915年，马寅初抱着“把知识献给祖国”的初衷归国。回国后，初在交通部和财政部任职，为铁路会计统一和币制整理做出了贡献，设计了中国首套十进制兑换券。但他感到在腐败无能的民国北京市政府很难有所作为，就走上了教育救国之路。他深知，教育是国之根本，办好了教育才能让国家走向繁荣富强。

马寅初书法作品

在教育领域，马寅初同样是一位杰出的先驱。他是新中国成立后浙江大学和北京大学的首任校长，也是很多大学商科和经济系的创建者。他不仅是中国高等教育经济学科建设的主要创建者，更是一位热心于普及经济知识的教育家。

1920年，他南下上海后，发现可以从整理银行入手，实现整理中国财政的目的，又转入银行界，积极推动了银行、商界与经济学界的交流合作，在上海成立了全国银行公会联合会，团结中国的银行与外国资本竞争，还起草了中国第一部银行条例，培训了熟谙国外汇兑的银行业务人才，为中国银行业现代化奠定了基础。而且不辞辛劳奔波于北京、上海、杭州、广州、厦门、武汉等地，为全国各高校和各商业团体演讲，揭露帝国主义的经济侵略，唤醒民意，要求关税自主、经济独立。

民国南京政府成立后，马寅初参与设计全国预算体系和税制体系，结束了清朝末期以来的财政关系混乱局面，确立了中国分级预算管理体制。

马寅初的一生，也是不断斗争的一生。他主张对中国经济进行全方位改造，始终站在国家、民族和大多数民众的利益上，与帝国主义、买办势力、既得利益集团和不法行为作坚决的斗争。

马寅初纪念馆门口的雕像

抗日战争时期，他反对“四大家族”不顾国家安危大发国难财，提出对发国难财者征收战时临时财产税，被国民党当局秘密逮捕，失去自由达五年之久。经中国共产党设法营救，重获自由后，马老不改初衷，走到了轰轰烈烈的民主运动前列，还写下遗书到南京中央大学演讲，鼓舞了青年学生的斗争精神。

新中国成立后，他热爱中国共产党、热爱社会主义，以主人翁的态度积极建言献策。

亲爱的青少年朋友们，马寅初先生的故事告诉我们：一个人的价值，不仅仅在于他的成就，更在于他对社会的贡献、对国家和人民的深厚感情。

我相信，对你们这些正处在人生黄金时期的青年学生，如果能够从马寅初的故事中汲取力量，一定能够立志高远，成为国家的栋梁之材；像马寅初一样坚定信念、努力学习、锻炼身体，就能够为国家的富强和民族的复兴贡献自己的力量。

让我们一起，以马寅初为榜样，成为新时代的奋斗者吧。

祝你们前程似锦，未来可期。

此致

敬礼

马大成

2024年3月10日

最美奋斗者——马寅初回家展

课堂传承

争做“寅初好少年”，传承风骨“寅”未来

郭伶丽　钱璟暖

“跪下也要去念书”“打死我也不做生意！”课堂上，透过

学生们抑扬顿挫的朗诵声，少年马寅初在父亲面前坚持己见、矢志求学的形象跃然眼前。

“为什么要拿鞭子抽打他?”“面对爸爸的鞭子，他改变主意了吗?”“他是怎么说、怎么做的?”……在教师一系列问题的引导下，学生们大胆地给少年马寅初“贴标签”——有决心、意志坚定、好学乐学。

其实，学生们对马寅初老先生并不陌生，甚至人人都能说上几个马老的小故事。作为一所以马寅初先生的名字命名的学校，嵊州市马寅初小学不仅毗邻马寅初故居，校园里也处处蕴藏着马寅初精神的印记。多年来，学校创设以“马寅初精神”为特色的新时代校园文化，并将其融入校园特色文化建设中，全面提升师生的精神文化内涵。

马寅初小学内的文化墙

希望学生能像马寅初一样明理、做人、做事、治学，在提炼马寅初精神文化元素的基础上，学校凝练出“爱国、至孝、刚正、厚道、求实、创新、刻苦、严谨”的校训。不仅如此，学校还积极组织教师开展马寅初精神文化论坛、开发校本课程，将马寅初文化写进课本、搬进课堂。

《马寅初爷爷的故事》就是基于学校特色、校本研修项目而编印的校本研修教材。在这个过程中，教师们坚持理论学习和实地考察并重，通过参观杭州马寅初纪念馆、马寅初故居，收集整理马寅初著作、手迹和生平事迹图片，与马寅初侄孙马大成座谈等，做了大量前期筹备工作。此外，学校还特邀专家讨论提炼适合师生学习的马寅初精神元素，继而编写了上下两册适合学生学习的校本读本《马寅初爷爷的故事》。

此次课堂上选取的，除了少年马寅初《我要读书》的小故事外，还有《七十多岁的“小学生”》，借以引导学生了解并学习马寅初“活到老、学到老”的优良品质。通过播放提前准备好的录音材料，学生们发现：尽管已经精通英文、德文，粗通法文，但为了能看懂苏联的文章和材料，已届七十高龄的马寅初又开始学习俄语。他在车里背俄文单词，晚上到家就开始写作业，经过4年多的坚持，终于学会了这第4门外语。

“对比少年和老年时期马寅初的两个故事，你有什么新感受?”

“我们要学习马寅初爷爷哪些精神品质?”

“古今中外，你还知道哪些勤学好学的名人?”

……

从马寅初向和马寅初一样的勤学名人延伸，学生们纷纷举手各抒己见。映雪读书的孙康、凿壁偷光的匡衡、悬梁苦读的孙敬、为中华之崛起而读书的周恩来……这些名人先贤勤学苦学的故事无不激励着学生们要更加发愤图强、勤勉好学。

紧接着，教师话锋一转又抛出新的问题：“同学们，我们身边有没有这样勤学的好榜样呢?”“我们要以怎样的实际行动向他们学习?”新一轮讨论又将这堂课推向了新的高潮……

嵊州市马寅初小学师生在马寅初精神研究工作坊

除了像这样的校本课程外，在马寅初小学，马寅初精神润物细无声般熏陶、感染着师生。学生们在韵石文化课上以石为纸，画马寅初人像、绘马寅初故事、写马寅初名言，在语文课上朗诵《寅初赞》，在音乐课上学唱现代越剧《马寅初》，在综合实践课上担任马寅初故居“小小讲解员”……学校多门马寅初精神文化校本课程被评为嵊州市精品课程，韵石社团也先后被评为绍兴市特色社团和绍兴市“百佳”美育社团。

不仅如此，学校还将每年的9月定为马寅初文化教育活动月，开展“寅初少年”主题教育活动，包括主题演讲、绘画、手抄报、征文、校园剧等，传承和发扬寅初精神。2022年，在马寅初140周年诞辰之际，学校还与街道、社区、市关工委、马寅初中学等联合举办了“走进浦口，亲近马老”百人艺术创作活动、“红领巾讲马寅初爷爷的故事”、先锋课堂展示等一系列丰富多彩的活动。

（作者分别系嵊州市马寅初小学校长、教师）

书影音推荐

书　名：《天地良知：马寅初传》

作　者：徐斌

出版社：浙江人民出版社

《天地良知：马寅初传》是“浙江文化名

人传记”系列丛书中的一部，讲述了马寅初先生的传奇一生。马寅初毕生从事经济学教学与研究工作，为国民经济综合平衡、稳定物价、控制人口等重大问题献计献策，为国家经济建设和经济科学、人口科学学科建设作出了卓越的贡献。

书　名：《勇气与卓识：马寅初的一生》

作　者： 邓加荣

出版社： 人民文学出版社

《勇气与卓识：马寅初的一生》描述了著名经济学家、教育家、人口学家马寅初先生敢怒敢言的一生。

书　名：《马寅初演讲集（第四集）》

作　者： 马寅初

出版社： 山西人民出版社

本书收录马寅初的演讲文章44篇，论及银行之根本问题、中国的交易所、外国货币买卖之危险、经济学中之重要哲理、中外国际贸易之比较、通货派与银行派之学说、货币之起源、信托公司、国钞挤兑不合乎经济原则等诸

多经济学重要命题。

书　名：《通货新论》

作　者： 马寅初

出版社： 商务印书馆

《通货新论》中，马寅初在第二次世界大战接近尾声的情况下，提出解决通货问题是解决各种经济问题的根本所在。他分析了当时中国的经济结构与金融现状，在参考世界各国的金融制度、研究世界流行的通货决定理论的基础上，提出了确保中国通货稳定的种种方案，并根据中国社会组织的传统提出了建设战后经济的方法。

纪录片：《大师》（第8集）

出品方： 上海文广传媒集团纪实频道

本片展现了大师马寅初的一生经历以及他的研究成果，对于了解马寅初这位教育家、经济学家有一定的帮助。

竺可桢

先生名片

竺可桢像

竺可桢（1890—1974），字藕舫，浙江绍兴东关（今属绍兴上虞）人。中国科学院院士，中国共产党党员，中国近代气象学家、地理学家、教育家，中国近代地理学和气象学的奠基者，曾任浙江大学校长。

生平事迹

竺可桢：开气象之先河　育教育之火种

季　颖　张纯纯

“立春过后，大地渐渐从沉睡中苏醒过来。冰雪融化，草木萌发，各种花次第开放。再过两个月，燕子翩然归来。不久，布谷鸟也来了。于是转入炎热的夏季，这是植物孕育果实的时期。”寥寥数语，大自然季节更迭的景象跃然纸上。

这是上学时学过的课文《大自然的语言》的开篇。其实，这篇课文是竺可桢于1963年发表于《科学大众》杂志上的一篇文章的四个分段小标题当中的头一个，文章的名字叫作《一门丰产的科学——物候学》。

写这篇文章时，竺可桢与他的学生宛敏渭合作编写的《物候学》即将出版。为了普及这门学科，他用通俗易懂的语言写下了这篇科普小品文。而如今，《大自然的语言》早已成为我们几代人对于物候概念的启蒙。

竺可桢一直是以气象学家为人所知的，一生致力对气象学的研究，研究物候也是为农业生产和气象学研究服务的。事实上，这位伟大的气象学家也是极有韬略的教育家。

竺可桢少年时代社会动荡不安，民不聊生、生灵涂炭。当时的有志之士都怀着热情，在不同领域、以不同方式为建设祖国而奋斗。鲁迅弃医从文用笔救国，陈岱孙用经济助国，竺可桢则踏上了科学救国之路。

年少好学　立志救国

1890年3月7日，绍兴东关镇（今属绍兴上虞）的永茂米行充满了喜悦。原来，这一日，米行老板竺嘉祥又喜得一子，这个孩子就是竺可桢。

竺可桢自幼就敏而好学，3岁时就跟着哥哥竺可材读书识字，5岁时进入学堂。不过几年时间，竺可桢便可熟读四书五经。为把儿子培养成才，竺嘉祥特意为竺可桢请了家教，他用米行三分之一的收入聘请了名师章镜尘。

1899年，镇上开办了“中学为体，西学为用”的新式学堂。后来，竺可桢就进入这所学堂学习，他十分喜欢学堂开设的自然常识课程，越是接触越是渴望汲取更多新知识。竺可桢小学毕业后，由于他在校期间成绩优异，老师鼓励他去大城市读书。然而，此时家中日子过得艰难，幸得良师章镜尘的资助，竺可桢于1905年只身前往上海求学。

这时期，面对国家主权丧失、民族危亡的形势，一批具有忧患意识的中国人苦苦寻求救亡图存的路径。以孙中山为代表的具有民主主义思想的先进知识分子，向西方寻求救国救民的良策，开始在国内宣扬民主共和的思想。

竺可桢在上海求学期间十分刻苦，先后在澄衷学堂、复旦公学、唐山路矿学堂读书，学到了大量现代科学知识。他还经常阅读宣传新思想的书报杂志，逐渐接受了民主主义思想。竺可桢科学救国的理想也是在这一时期逐步确立的。

1910年，竺可桢顺利通过第二期庚款留学公费生的选拔，怀着科学救国的理想，从上海前往美国。坐在这艘开往美国轮渡上的留学生们，心情是沉重的，因为庚款留学代价极大。八国联军侵华后，按照清政府被迫签订的《辛丑条约》，规定中国向11个国家赔偿白银四亿五千万两，本息共计九亿八千二百多万两，史称“庚子赔款”。后来，美国政府提出，将这笔赔款的大部分用来资助中国学生赴美留学，于是就有了庚款留学。

竺可桢到了美国，选择专业时考虑到中国以农业立国，他填报了农学专业，进入伊利诺伊大学农学院学习。通过专业学习和实地考察，竺可桢发现美国的农业体制及耕作方式与中国不一样，难以在中国运用。1913年，竺可桢从伊利诺伊大学毕业选择继续深造专业时，他选择了与农业密切相关的气象学专业。

这一年，竺可桢转入哈佛大学地学系研读气象学专业。在当时，气象学是一门新兴学科，国内对于现代气象学的研究几乎一片空白，但竺可桢深知气象学的价值，于是，他抓住一切机会汲取知识，一步一个脚印攀登科学高峰，为科学救国积蓄力量。

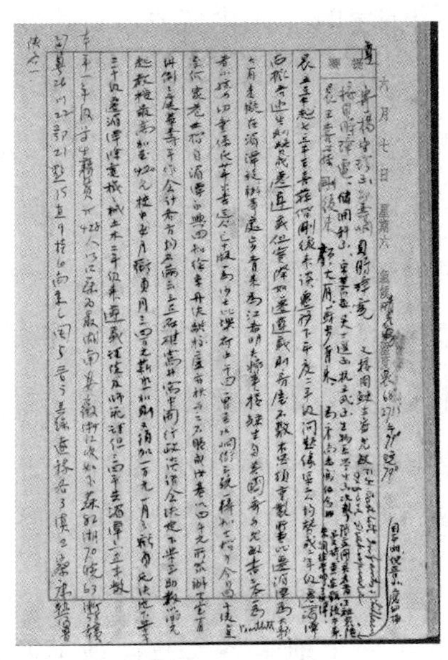

竺可桢日记手稿节选

学成归来　科学救国

1918年8月，正是收获的季节。

历经5年寒窗苦读，竺可桢以论文《远东台风的新分类》顺利通过答辩，获得了哈佛大学的博士学位。这时的竺可桢，在美国气象学界炙手可热，前途一片光明。但忧心国家前途命运，他毫不犹豫地选择了回国。

归国后，竺可桢满腔抱负，本想大干一番，然而，现实却狠狠泼了他一头冷水。

20世纪20年代的华夏大地，满目疮痍，各方面都落后于西方各国。和5年前相比，国内气象学科的发展仍原地踏步，甚至连现代气象观测站都没几个。此时的美国已有200多座测候所，而国内香港和上海的测候所还是由外国人控制的，中国没有气象主权。看着这样的景象，竺可桢倍感痛心。

竺可桢清楚地知道，从老百姓的生活到农业的生产，再到国家战争战备，都离不开气象学，中国需要尽快夺回气象主权。为了让气象早日服务于国家发展，竺可桢付诸行动，决定去大学教书，为国家培养气象专门人才。

1919年，竺可桢在武昌高等师范学校（今武汉大学前身）教授地理学和气象学；1921年，出任东南大学地学系主任，建立中国大学中的第一个地学系，教授地学通论、气象学和世界地理……从武昌到南京，竺可桢在高校执教近10年。

竺可桢故居内景

这期间，竺可桢不遗余力地为国家培养气象专门人才。教授的《气象学》课程没有教材，他就自主编写教材，认真备课，把复杂的气象学知识由浅入深传授给学生；地理学、气象学均是应用型学科，他把野外实习作为地学系各科的必修课，在校园里设立气象测候所，要求学生理论结合实际写专题报告，培养学生的实际工作能力和科研能力。竺可桢这时期的学生中，在气象学领域有建树的不在少数。从零开始，中国气象学科就这样一点点生长起来了。

夺回气象主权，自主培养气象专门人才只是其一。气象研究是建立在长时期的、大量的气象观测数据资料上的，彼时的中国气象资源却严重匮乏。正因为此，当蔡元培邀请竺可桢筹建气象研究所并担任所长时，他欣然应允。

1928年，竺可桢辞去东南大学地学系主任职务，全力以赴中国的气象研究事业。他一方面着手北极阁气象研究所和气象观测站的建立，另一方面紧锣密鼓地组织开展各项气象观测工作。1930年，一则气象预报通过电台从北极阁向四面八方传递。自此，中国人拥有了自主开展天气预报的能力。

收回气象预报的“主权”，只是竺可桢发展全国气象事业的第一步。按他的设想，10年内，全国应有10座气象台、180个测候所、1000个雨量测候所。与之配套，还需要建立一支专业的气象测候员队伍。这对于当时积贫积弱的中国来说，是一项相当艰巨的任务。

建设全国气象台网，培养气象测候员，经过竺可桢等老一辈气象学家的数年努力，全国相继建成了几十个气象站。中国初步奠定了自己的气象观测网，中国的气象研究事业就此生根发芽。

临危受命　重振浙大

就在竺可桢全心全意发展我国气象事业时，1936年，蒋介石约见竺可桢，邀请他担任浙江大学校长。一开始，竺可桢是拒绝的，他放不下气象事业。但在日记里，他也曾写道，“若能于浙大有益，余亦愿竭尽全力以赴之也”。

教育事关民族未来，出于公心，这位科学家郑重作出决定，愿意出任浙大校长。为保障学校教学秩序稳定，他同时提出了“财政须源源接济”“用人校长有全权，不受政党之干涉”等要求。得到允诺后，1936年4月25日，竺可桢正式接任浙大校长一职。从这一天起，竺可桢的身份从气象学家向师者转变。

科学研究需要实事求是、一丝不苟的精神，竺可桢将这一精神延续到校长的工作中。在还未正式上任前，竺可桢便开始了解浙大的情形。他发现浙大校舍破败，图书馆和许多教室是危房；藏书设备贫薄，图书仅六万册；教师队伍更是堪忧，国文、中国历史、外国历史均无教授上课，甚至陆续有教授辞职。竺可桢打算从这些方面入手，对学校的教学管理、学系设置等方面进行重要改革，给师生们创造稳定的学习环境。

在竺可桢看来，一个学校实施教育的要素，最重要的不外乎教授的人选、图书仪器等设备和校舍建筑。这三者之中，教授人才的充实，最为重要。正因为此，竺可桢千方百计为浙大网罗人才，甚至过路或私人探访的学者也要争取他们做学术报告或演讲。谈家桢、张荫麟、叶良辅、苏步青、贝时璋、涂长望等，浙大在一年中集聚一大批一流的学者。

为培育更多于社会有益的人才，竺可桢不仅延揽一流的学者，还招收一流的学生，即使在抗战最动荡的时期，浙大也从未放低过录取标准。他经常勉励学生珍惜来之不易的学习机会，也注重培养学生的品德。

浙江大学的录取通知书内页里印有“竺老两问”

1936年9月，竺可桢在浙大开学典礼上，给诸位学子提出了两个问题：“第一，到浙大来做什么？第二，将来毕业后要做什么样的人?”他给出的回答是，“第一，诸位求学，应不仅在科目本身，而且要正确地训练自己的思想；第二，我们人生的目的是在能服务，而不在享受。”从此，浙大学子牢记竺可桢的教诲，时常用两个问题来提醒自己。

经过一年多的努力，浙大校园里重新焕发出勃勃生机。然而，抗日战争全面爆发，打破了学校好不容易获得的平静，也彻底打乱了竺可桢担任校长半年之后就回到气象研究当中的计划。战火纷飞，竺可桢又将如何带领学校在烽火中求存呢?

统领西迁 艰难图存

为给师生创造相对安定的学习环境，竺可桢从一名大学校长化身为一名“统帅”，他带领浙大一千多名师生踏上了西迁办学路。

从1937年11月到1940年2月，浙大从杭州迁往建德，再由建德西迁到江西吉安与泰和，后又到广西宜山落脚，最终抵达贵州遵义与湄潭。这期间，为给师生寻安顿之处，竺可桢不仅要持续预判并规划路线，考察新的迁校地点，还要不断申请经费，处理好与地方的关系，安排好舟车、营地接洽等事宜。

现在回看浙大的西迁之路，学校选择的落脚点都是规模相对小的县城和乡村。一方面因为战争，大城市的铁路交通线正好是日军进攻的重点，另一方面是想边走边普及教育、开启民智，为当地服务。这正是竺可桢对浙大西迁的期待，他希望浙大学子贴近中国社会现实明白自己将来需要承担的责任，也希望一路播撒科学的火种。因为他坚信，大学教育的目的是培养公忠坚毅，能担当大任、主持风气、转移国运的领导人才。

翻看竺可桢的日记，有这样一则事件。1938年，竺可桢带领师生抵达泰和不久，就了解到学校所在的上田村夏季苦水害久矣。于是，竺可桢发动师生，为当地测量、设计防洪堤坝，和当地政府沟通，组织民众参与建设。最终，在当年6月修筑起了一条长达7.5千米的防洪堤坝，村民把这条堤坝叫作浙大防洪堤。西迁途中，类似的事件不在少数，浙大师生一路都践行着竺可桢当初所期待的。

正是在这颠沛流离的西迁过程中，竺可桢主持校务会议，决定以“求是”二字作为浙大的校训，他希望以此激励师生。之后，竺可桢多次在演讲中阐释“求是”校训的内涵，揭示了“求是精神”就是一种“排万难冒百死以求真理”的精神，必须有严格的科学态度，一是不盲从，不附和，只问是非，不计利害；二是不武断，不蛮横；三是专心一致，实事求是。

浙江大学求是大讲堂

在艰难的烽火岁月里，竺可桢和他领导的这所大学，坚守着“求是精神”，顽强地推动着中国的教育，让科学的火种在这片土地茁壮成长。当时，与师生一同流亡的，还有全校的图书仪器。学校迁到哪里，图书仪器就跟到哪里，每到一地，就结茅架竹，搭屋建棚，图书仪器一箱箱开出来，按时开课。即便在流亡路上，浙大每星期都要请国内外一流的学者来演讲。于是，一篇篇高质量的论文在中国的山沟中完成。

1944年，英国科学家李约瑟博士于4月和10月两次访问浙大，他惊叹于浙大师生不惧战乱，在如此简陋的条件下居然能取得这么多科研成果。回到英国后，李约瑟在1945年10月27日出版的《自然》杂志上发表了文章《贵州和广西的科学》。

他在文章中这样写道，在遵义之东的湄潭是浙大科学活动的中心，在那里不仅有世界一流的气象学家和地理学家竺可桢，有世界一流的数学家陈建功、苏步青教授，还有世界一流的原子能物理学家卢鹤绂、王淦昌教授，他们是中国科学事业的希望。

求是精神　薪火相传

1946年，浙大回到了杭州。与离开时相比，浙大已发展成为文、理、工、农、师、法、医7个学院的全国性综合大学，成为国内最好的大学之一。

随着中华人民共和国的成立，已经60岁的竺可桢也掀开了人生新的一页。他结束了13年的浙大校长生涯，积极投身于新中国建设，继续践行他一生笃行的“求是精神”，踏遍祖国山河，为中国的气象学研究和应用贡献力量。

“1974年2月6日，气温最高零下1℃，最低零下7℃。东风一至二级，晴转多云。局报。”这是竺可桢留下的最后一篇日记，次日凌晨他离开了人世。斯人已逝，岁月流转，精神永存。

每年浙大新生收到的录取通知书上，有一段文字格外显眼，内容是竺可桢提出的两个问题：“诸位在校，有两个问题应该自己问问，第一，到浙大来做什么？第二，将来毕业后要做什么样的人？”这是浙大给新生上的第一课，给学生种下“求是”的种子。

一直以来，浙大师生始终秉承“求是创新”校训，坚持“求是精神”所倡导的革命精神、奋斗精神、牺牲精神和科学精神，在全面贯彻科学发展观、落实科教兴国战略、建设创新型国家和实现中华民族伟大复兴的历史进程中，不断作出新的更大的贡献。

竺可桢故居外景

竺可桢故里绍兴，距离竺可桢故居不远处有一所叫竺可桢中学的学校。学校坚持“让科学之光照亮美丽人生”的办学理念，弘扬“求是”的科学家精神。校园里建有竺可桢事迹长廊、竺可桢陈列室、竺可桢气象站、气象农家乐等气象科普基地。在教师的带领下，学生们在气象站做气象数据观测记录和分析，在气象农家乐实践气象知识在农业生产和花卉种植上的应用……在一次次实践活动中，学生的心中埋下了发扬“求是”的种子。

时至今日，竺可桢毕生倡导的“求是”科学精神，“努力为国，以天下为己任”的爱国情怀，“只问是非，不计利害”的治学态度，联系实际、不骄不躁、循序渐进的严谨学风，依旧值得学习与传承。

大事年表

1890年，出生于浙江绍兴东关（今属绍兴上虞）。

1905年，从东湖通艺学堂毕业，秋季入上海澄衷学堂学习。

1910年，考取第二期留美庚款公费生，入伊利诺伊大学农学院学习。

1913年，从伊利诺伊大学毕业后，进入哈佛大学地学系，研读气象学。

1915年，获得哈佛大学硕士学位，留在哈佛大学继续深造。

1918年，以论文《远东台风的新分类》获哈佛大学气象学博士学位后回国。

1921年，出任东南大学地学系主任，建立了中国大学中的第一个地学系。

1928年，辞去东南大学地学系主任职务，任气象研究所所长，在南京北极阁筹建气象研究所及气象台；出版了中国第一部近代气象学著作《气象学》。

1936年，任浙江大学校长，兼气象研究所所长。

1937年，率浙江大学师生迁至浙江建德。

1938年，率浙江大学师生从浙江迁至江西泰和，派员赴浙江搬运文澜阁四库全书。11月，决定以“求是”为浙江大学校训。浙江大学迁往广西宜山。

1940年，率浙江大学师生迁至贵州遵义、湄潭。

1946年，浙江大学迁回杭州。

1949年，中国科学院成立，被任命为中国科学院副院长兼计划局局长。

1962年，以72岁高龄加入中国共产党。

1963年，与宛敏渭合著的《物候学》出版。

1974年2月7日，在北京去世，享年84岁。

学思践悟

扬科学家精神，育“求是”好学子

黄军彪

绍兴上虞竺可桢中学创建于1973年，原名上虞东关中学，1997年易地新建。学校所在地东关镇山清水秀、人杰地灵。著名自然科学家竺可桢正出生于东关，学校借此命名。学校始终坚持“让科学之光照亮美丽人生”的办学理念，创新践行“活教育”思想，全力推进“科普教育”课程建设。

竺可桢出身于小商人家庭，自幼敏而好学。他生于、长于风雨飘摇的年代，年少时便立志要科学救国。此后一生，从求学到教书育人，再到发展气象事业、振兴浙大，最后投身于新中国的建设，竺可桢始终怀揣着一颗爱国救国的赤子之心。无论是当开拓进取的科学家，还是当孜孜以求的教育家，他坚持的“求是精神”所倡导的革命精神、奋斗精神、牺牲精神和科学精神，都值得学习。

为弘扬竺可桢的“求是精神”，践行竺可桢的教育观，学校提出了“求是”校训和努力建设“办学开放、质量上乘、特色鲜明、社会认可”的办学目标。学校也逐步形成了“求真、崇善、尚美”的校风，“止于至善”的教风和“惜时、勤学、多思、善问”的学风。全面加强中小学科学教育，大力提升青少年科学素养，对于浙江省建设教育强省、科技强省、人才强省具有重大而深远的意义。正因为此，学校坚持弘扬“求是”的科学家精神，高度重视学生科学教育，全面推进“科普教育”课程建设。这一过程中，学校基于竺可桢的教育观打造和构建了系列育人体系和拓展课程。

位于绍兴上虞竺可桢中学的竺可桢铜像

一、环境育人，潜移默化

学校打造了气象校园文化，建有竺可桢事迹长廊、竺可桢陈列室、竺可桢气象站、气象农家乐、气象实验室、求是广场和气象科普宣传长廊7大气象科普教育阵地。竺可桢事迹长廊、竺可桢陈列室等阵地，能够帮助学生了解竺可桢在少年时的艰难求学之路、成年后的气象探索之路和引领教育改革之路的事迹。

同时，竺可桢气象站、气象农家乐、气象实验室、求是广场为学生开设第二课堂提供了较好的活动场地。学生不仅可以在潜移默化中学到气象、农业等科普知识，还能养成积极的科学探究精神。

二、活动育人，彰显特色

为开阔学生气象视野，培养学生“求是”品质，学校每年都会组织气象科普进校园活动，活动包括气象科普讲座、气象科普知识竞赛、我是小小气象预报员评选、气象观测员技能大赛、自制简易气象观测仪器评比、校园周边气候环境调查、气象征文比赛等。同时，学校每学期还为学生提供一次“走出去”的机会，组织学生到上虞气象局、绍兴气象博物馆进行研学活动，组织学生开展科普夏令营。此外，为更好地培养学生的实践能力，扩大社会影响力，更好地服务大众，学校与街道社区联合，组织开展科普知识进社区活动，进行科普知识宣传、讲解和服务。

三、课程育人，循序渐进

学校利用气象站、气象农家乐和气象实验室三大气象科普活动基地开设形式多样的科普社团。在气象站，气象科普活动小组会在每天上午8时和下午2时对气象站内的数据进行观测记录和初步分析，并对未来天气走势作出简单的预测。在气象农家乐，学生们可以通过对基地内生物的生长观察记录，实践气象知识在农业生产和花卉种植上的应用，并通过对基地内外气象要素的观测，探究植被对小气候和微生态的影响。在气象实验室，师生能够利用卫星云图和气象雷达图对天气情况进行实时分析。在实践中，让学生掌握气象知识，种下科研的种子。

与此同时，为进一步丰富学生的科普知识，学校科普小组自主开发了科普校本课程《科学之光》，分上、中、下3册，分别在七年级、八年级和九年级3个年级中加以开设。科普校本课程的有计划实施对学校的科普教育起到了很好的促进作用，极大地丰富了学生的科普知识，拓展了学生的科普视野。

（作者系绍兴上虞竺可桢中学校长）

课堂传承

让科学之光照亮美丽人生

盛竹林　严　淇　荣雨欣

来到绍兴上虞竺可桢中学，大多数人的目光首先会被教学楼外墙上一行红色的标语吸引——让科学之光照亮美丽人生。

进入校园后，会遇见求是广场上矗立着的竺可桢铜像，学生给它系上了红领巾；沿着气象园的小径信步，可以顺便学习二十四节气相关知识；在竺可桢事迹长廊、竺可桢陈列室，与竺可桢来一场穿越时空的对话……在竺可桢中学，“竺可桢”从来不是孤立的、悬浮的文化符号，而是一直浸润着师生们的、如空气般存在的精神之光。

因此，我认为一堂聚焦于竺可桢及科学家精神的主题班会课完全可以由学生来主导。我提前两周给两名七年级学生布置了上课任务，在我们共同的探讨和策划中，有几方面的教学内容是不能少的。

首先，用与竺可桢有关的小故事来导入课程。如果一开始就跟学生们讲抽象的精神内涵，很难激发他们的学习欲望。因此，“小老师”先引导学生讲讲自己所认识和了解的竺可桢。

一些学生的了解比较简单：“竺可桢是个伟大的气象学家，一生致力气象学研究”“竺可桢担任过浙大的校长”“竺可桢是我们绍兴人”……

也有学生已经知道一些发人深省的小故事。例如，少年竺可桢在学堂求学的时候，老师问“什么最苦、什么最甜”，竺可桢的答案是“丧权辱国最苦，国家富强最甜”。又如，竺可桢在屋檐下观雨，见石板上有一排小坑，他的母亲循循善诱：

“这叫水滴石穿。读书、做事也是一样，只要持之以恒就会有成就”。通过一个个小故事，学生们自然而然地感受到竺可桢身上热爱祖国、求真创新、不懈追求等科学家精神。

其次，要让学生知晓学校与竺可桢之间的联系。对于七年级学生而言，这是一个了解家乡、校史，增强归属感的好机会。通过历史照片、视频、纪录片等形式，学生们了解到在学校附近就有竺可桢的故居，学校还加入了“科学家精神教育学校联盟”，每年会组织各种类型的气象科普活动和社团，之前有学长学姐曾到北京参加气象知识辩论赛。

再次，通过游戏的形式学习气象学知识。学习竺可桢，离不开气象学。七年级的学生已经了解了一些天气、节气等基本的气象学概念。两位“小老师”一致认为大家更喜欢用游戏的方式来进一步学习。果然，当屏幕上呈现出“比画猜词”游戏环节时，课堂气氛达到了高潮，学生纷纷上台参与。学生以小组为单位，一人通过肢体语言表演屏幕上出示的某种天气或节气，另一人猜测答案。在紧张热烈的气氛中，学生也了解到自己的一些知识点盲区，可以在课后进行查漏补缺。

最后，每人完成一项与气象学相关的科学小制作。利用事先准备好的吸管、卡纸、橡皮泥等材料，学生在两位“小老师”的带领下，顺利完成了简易风向标的制作。

绍兴上虞竺可桢中学学生在课堂上学习制作简易风向标

这堂特殊的班会课，学生从头到尾都是主角，他们在游戏和实验中学习气象学知识，领悟科学家精神。就像雅斯贝尔斯所说的“没有科学理论来指导实践，就犹如航船行驶没有舵和指南针一样”，科学激励着人们驱除愚昧，求实创新，并不断推动着社会的进步。从古至今，众多科学家为了祖国的科学事业鞠躬尽瘁，我们要循着科学家之光，不断前行。

（作者系绍兴上虞竺可桢中学教师和学生）

书影音推荐

书　名：《竺可桢全集》

作　者：竺可桢

出版社：上海科技教育出版社

《竺可桢全集》收录迄今可见的竺可桢文稿约2000万字，共24卷。第1—4卷为学术论文、大学讲义、科普文章、演讲词、工作报告、思想自传、信函、题词、序跋、诗作等；第5卷为外文著述；第6—21卷为1936—1974年的日记；第22—24卷为补编。各卷附珍贵历史照片。

书　名：《物候学》

作　者：竺可桢　宛敏渭

出版社：华东师范大学出版社

《物候学》是竺可桢和他的学生宛敏渭合作出版的书籍。这是我国第一部系统研究物候理论、物候知识以及物候学在生产实践过程中所起重要作用的专门著作。本书介绍了物候学的基本原理、定律、观测方法和观测记录，我国古代丰富的物候记载，世界各国物候学的发展，利用物候预告农时的方法，生物物候推移的原动力和我国发展物候学的展望等。本书初版于1963年，1973年修订再版，1980年再次修订增补，是一本了解中国和世界气候变迁与物候变化发展的好书。

书　名：《竺可桢传》

作　者： 孟宪明

出版社： 河南文艺出版社

《竺可桢传》记述了竺可桢的成长之路，他的童年时代，他的求学历程，他的梦想，他的探索与实践，他的勇敢，为人类带来了认知世界的曙光。史料翔实，注重史料性与趣味性、可读性，深入浅出。青少年看到科学家竺可桢成长的轨迹后，将点燃他们探索精神的热情。

纪录片：《于无声处——竺可桢日记》

来　源： 央视网

栏目名称： 解码科技史

竺可桢日记被认为是中国近代历史上一部重要的“日记体”史料。几十年的日记内容庞杂，行文简约，既有科学研究的各种资料，也有不少个人感

悟，更客观记录了中国近现代科学艰难起步，不断发展的历程。本片以竺可桢日记为载体，讲述老一代科学家们科学报国、矢志不移的情怀。

话　剧：《求是魂》

编　排：浙江大学黑白剧社

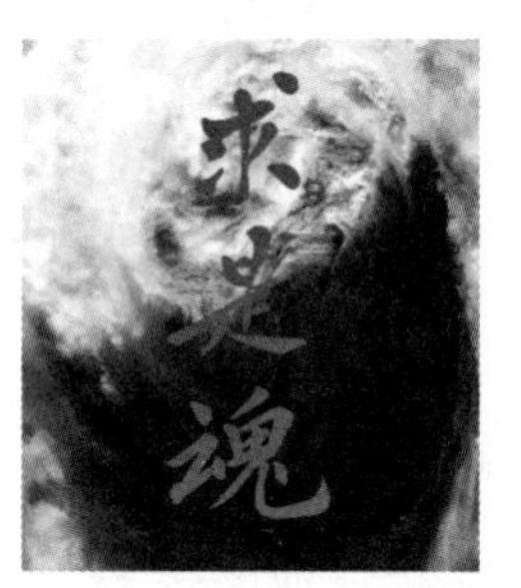

浙江大学大型原创话剧《求是魂》是中国科学技术协会倡导实施的“科学大师名校宣传工程”项目之一。为纪念竺可桢对我国科技、教育事业的突出贡献，弘扬科学大师的求是精神和高尚品德，浙江大学集结本校学生戏剧社团精锐力量，携手校内外专家，历时逾一年，打造了大型原创话剧《求是魂》。

全剧共分四幕九场，以反映竺可桢追求真理、培养英才、守护文明、爱国奉献的辉煌一生为主线，再现了大师一生中的重要片段，体现了浙大学子对大师所推崇和秉承的求是精神的理解与敬意。该剧在尊重史实的基础上，力求展现人物的魅力和戏剧的张力，以呈现给观众一台既有历史厚重、又有艺术灵性的校园话剧。

陈鹤琴

先生名片

陈鹤琴像

陈鹤琴（1892—1982），浙江上虞人。我国现代儿童教育的开拓者、儿童心理学奠基人，被称为“中国幼教之父”。1914年毕业于清华学堂高等科，赴美留学，获教育学硕士学位。他毕生从事儿童教育事业，开创“中国化”“科学化”儿童教育研究先河，其著作《儿童心理之研究》《家庭教育》成为中国现代幼教经典。

生平事迹

陈鹤琴：为中国儿童创造一个新世界

刘丹丹

光绪十八年（1892年）二月初七，浙江绍兴上虞百官镇刚刚下完一场大雪，天地间茫茫然一片。已亥时，从茅家弄传出一声婴儿啼哭划破夜空，作为这户人家最小的孩子，陈鹤琴出生了。

130年后，徜徉在上虞的街头，脚下的青石板镌刻着这座城市的悠悠历史。不禁遥想，童年时期的陈鹤琴是否也曾在青石板上蹦蹦跳跳。从上虞小镇上好玩的小孩子，到踏上出国留学路的学生，再到开创中国儿童心理、家庭教育、幼儿教育科学研究先河的先驱者，陈鹤琴将毕生精力投入幼儿教育的研究和实践，奠定了中国幼教事业的基础。

爱护儿童，是陈鹤琴的天性，研究儿童，被他认为是天职。陈鹤琴用前半生创办中国幼儿教育，后半生竭尽全力改进儿童教育，一辈子办成一件事，为中国儿童谋幸福。如今，站在同一片天空下，回溯陈鹤琴90载光辉岁月，他始终保持着孩童般赤诚与纯粹，以教育家的情怀和追求为笔，为中国儿童描绘出一个崭新的世界。

与儿童结缘：我喜欢儿童，儿童也喜欢我

“我的童年，没有像你们过得那样快乐呢！”

在陈鹤琴的自传《我的半生》一书中，他用母亲常说的“吃得苦中苦，方为人上人”这10个字向“亲爱的小孩子”们描述了自己的童年。陈鹤琴出生时，这个商人家庭已然家道中落，生活困窘。“夏天日长，到了下午四点钟，肚子饿了，就冷饭盛一碗开水冲冲，萝卜干过过，吃得很高兴。什么蛋糕，炒面，馒头，饼干，连梦也没有做过。”童年的记忆可以跟随一个人终生。

捉襟见肘的生活条件并没有消弭这个家庭对教育的信仰。陈鹤琴8岁进入私塾读书，选择开笔先生，入学前拜孔夫子，拜先生，拜见师母，分糕……在陈鹤琴看来，儿童上学是人生中一桩最重要的事情，也是一桩有趣味而值得纪念的事情。

从8岁到14岁，拜了四位先生，换了三个私塾，读了十部书，认识了四千多块头字，虽书中的意思茫然不知，但这段经历为陈鹤琴的童年着上了传统文化的底色，成为他继续求知的起点。

陈鹤琴的中学时代是在杭州蕙兰学校度过的，如今在蕙兰中学能看到陈鹤琴的一本日记，其中有一段讲的是他16岁入学前，母亲跟他讲：“你去杭州找你的四伯伯，他可以资助你读书。但是如果你读不好书，你只能回来做商贩。如果你能读书，就可以继续深造。”对此，陈鹤琴在自传中这样描述：“我在童年时代就已了解读书的重要，求学的机会到了，我便要牢牢抓住，死也不肯放松了。”

从私塾到中学再到大学，陈鹤琴不仅一路如饥似渴地学习知识，他还重视个人体魄的发展，开设校役补习夜校，创办义务小学，参与社会服务工作，奠定了爱国爱人的坚强基础。进入清华大学学习三年，这位从上虞小镇走出来的年轻人逐渐将自己的理想与国家和民族的前途命运连接起来。

1912年，陈鹤琴在清华大学学习

“清华的经费是美国退还的庚款，我觉得我所吃的是民脂民膏，我所用的也是民脂民膏，游学美国所有的费用，也都是民脂民膏。我如何不感激呢？我如何不思报答呢？”陈鹤琴爱国爱民的念头油然而生。出国游学，学什么专业才能更好地回报国家呢？陈鹤琴左思右想，难以抉择。

“我为什么要读教育？”在去往美国的邮船上，陈鹤琴扪心自问，一时间竟回答不出。“什么东西可以使我自食其力，不求于人呢？”思索良久后，医学两个字突然蹦出来。教育与医学在陈鹤琴的脑海中激烈地交战，几夜的失眠后，他终于做出了选择。“医生是医病的，我是要医人的。我喜欢儿童，儿童也喜欢我。我要学教育，回去教他们好。”

研究儿童：儿童教育是一门科学

陈鹤琴到美国后，就读于霍普金斯大学，3年的时间里，他主修了德文、英文、法文等语言，选修了政治学、教育学、心理学、地质学和生物学等多个学科。1917年，陈鹤琴又进入哥伦比亚大学师范学院，专修教育学和心理学，学习教育研究的方法和实验精神。在这里，他接触到大量先进的教育理论和进步的教育思想，为他一生的教育研究和实践，奠定了深厚的基础。

1919年9月，陈鹤琴学成归国，在南京高等师范学校教育科任心理学、儿童教育学教授，这也成为他60多年幼儿教育科研和实践生涯的起点。然而，彼时中国的儿童教育，可以说是一片荒芜。儿童被视为成人的附属品，关于儿童教育和儿童心理学的研究更是无从谈起。

在这片千疮百孔的土地上，一场有关教育改革的惊雷正在酝酿。陈鹤琴一方面改造学校风气，鼓励学生运动，积极开展社会问题和教育主题研究。另一方面，他与陶行知开展幼儿教育实践活动，探索一条教育民主化和科学化的路径。

“儿童不是成人的缩影，而是有他独特的生理、心理特点的。”陈鹤琴从儿童心理出发，通过实验和观察，掌握儿童的成长规律和心理特征，进而研究家庭教育、幼儿园教育、幼儿教师的培养、儿童教育机构的建设等。儿童心理研究就像一根针，串联起一套成熟的幼儿教育思想体系。1925年，《儿童心理之研究》和《家庭教育》两本专著的出版，正式拉开了中国儿童教育科学化的时代序幕。

陈鹤琴的研究成果

翻看《儿童心理之研究》，它不同于一般学术著作，也是中国历史上最早、最翔实的儿童成长日记。1920年，陈鹤琴的第一个孩子陈一鸣出生，陈鹤琴初为人父，顾不上兴奋，他拿起相机，不停地给襁褓中的婴儿拍照：皱眉头、打哈欠、啼哭……婴儿的一举一动都被认真记录下来，就这样持续记录了808天，积累了厚厚十余本的文字和照片资料，总结了自己教育孩子的101条经验。

陈鹤琴以长子陈一鸣为研究对象

这份成长记录日记是一位父亲对孩子成长历程的观察和留念，是陈鹤琴研究中国儿童的立足点，是中国现代教育史上第一例针对儿童的个案追踪观察和研究，将儿童发展过程建立在实验、统计和分析的基础上，使儿童教育在中国现代教育体系中拥有了独立学科地位。

解放儿童：“活教育”是开门的钥匙

提到陈鹤琴，与之相伴的就是“活教育”。1940年，在一场主题为“什么叫作‘活的教育’”演讲中，陈鹤琴首次提出

“活教育”。有别于传统的教育，活教育强调教育和生活、社会紧密相连。他曾在英文版的《活教育》一书中介绍：“活教育在产生和提出来之前是有其先行的。”将自己的孩子作为儿童研究的第一个对象，其实此时陈鹤琴已然开始了“活教育”探索。

陈鹤琴认为：“儿童期是发展个人最好的机会，什么语言，什么习惯，什么道德，什么能力，在儿童的时候学习最速，养成最易，发展最快。”为此，为儿童提供合适的学习环境就显得格外重要。

20世纪初的中国风雨飘摇，幼儿园的教育体系和课程设置都非常混乱，而且大多是外国化的。“抄来抄去，到底弄不出什么好的教育来。”陈鹤琴站出来，说出振聋发聩的一句话。在他看来，彼时的中国幼儿园普遍存在四种弊病：一是儿童与环境接触太少，在室内活动时间太多；二是课程设置单一；三是一般采用团体教授法，不考虑儿童的个性需求；四是幼儿教育没有具体目标。

1923年，陈鹤琴在自己家里创办了南京鼓楼幼稚园，将自己家庭教育的实验延伸到幼儿园教育，这里也成为科学化和中国化幼儿教育的实验场地。陈鹤琴亲手布置园地，种植花草，添置秋千、摇马等运动器具，定制课桌椅。每周，陈鹤琴带着孩子们至少去野外活动三次，在大自然中进行教育。

陈鹤琴设计的摇船

“建筑中国化的幼儿园园舍，改造西洋的玩具使之中国化，创造中国幼儿园的全部活动。”这是陈鹤琴从事幼儿教育的初衷。一边实验，一边总结，经过5年的实践和研究，陈鹤琴主持制定了《幼稚园课程暂行标准》，这也成为中国幼儿教育史上第一个课程标准。

陈鹤琴说，大自然、大社会是孩子们最好的教材，幼儿园的环境就是课程中心。他主张把幼儿园的课程搭建成一个系统。陈鹤琴提出“五指活动”课程体系：将幼儿教育课程内容划分为健康活动、社会活动、科学活动、艺术活动和文学活动5个方面。2001年，教育部颁布《幼儿园教育指导纲要（试行）》，将幼儿教育内容分为健康、社会、科学、艺术、语言5

个领域，与陈鹤琴几十年前提出的课程内容仅两字之差。

“‘活教育’理论至今仍具有重要的创新意义和实践指导价值。”南京师范大学教授虞永平说。在绍兴上虞鹤琴幼儿园，记者见到了前来指导的虞永平，每年他都会来好几次，为幼儿园课程建设等把脉问诊。

在陈鹤琴的家乡，以“鹤琴”命名的这所幼儿园始终践行“活教育”理念。在课程方面，鹤琴幼儿园结合园所特点和时代特性，将“活教育”理念与生态教育、自然教育等理论相整合，开展“新五指活动”实践研究，逐渐形成了“爱、活、做”的课程文化。

上虞鹤琴幼儿园的幼儿在做丰收游戏

“‘活教育’应该是在课程理念和目标中‘活’起来。”华东师范大学教授周念丽认为陈鹤琴提出“活教育”理论的背景与当下的背景有相似之处，她认为中国的幼儿园在构建园本课程时，要扎根自己的土壤，才能更有生命力。

石浦镇第一幼教集团幼儿学习制作鱼拓

在宁波象山有一家海港幼儿园，石浦镇第一幼教集团充分挖掘和利用所在地海洋渔业资源，以当地非遗文化鱼灯、鱼拓、鱼骨画等为载体，在幼儿园环境中渗透和运用大量的渔文化艺术，集合渔灯馆、渔拓馆等场馆，引导幼儿对艺术品的探索和创作，让幼儿在体验式游戏中感受和积累本土文化相关艺术经验。

发展儿童：一切为了儿童

陈鹤琴的观点鲜明，他主张的“活教育”理念本质就是从儿童出发。周念丽认为，与西方教育家的儿童中心理念不同，陈鹤琴在“活教育”中注入了“中国魂”——做现代中国人。

“以每人兴趣之微观，汇聚时代进步与民族复兴之宏观。这是我提出‘做中国人’、‘做现代中国人’的最终诉求。”在陈鹤琴等老一辈教育家心目中，儿童教育是一项神圣而伟大的事业，关系到民族和国家的未来。“一切为了儿童”不仅是教育家的情怀，更是他们身负的责任和使命。

陈鹤琴在“活教育”体系中提出三大目标：一是做人，做中国人，做现代中国人；二是大自然、大社会是知识的主要源泉；三是做中学，做中教，做中求进步。他认为做现代中国人需要具备5个条件：健全的身体、建设与创造的能力、服务的精神、合作的态度和世界的眼光。

不管是在对自己子女的教育还是在幼儿园的教育中，陈鹤琴都将儿童的身体强健放在第一位。他认为强国必须从儿童做起，户外活动、充足睡眠、正确坐姿等都是保障身体健康的条件。此外，他还关注儿童的心理健康。

在《家庭教育》中，他总结了101条理论，手把手指导家长保护儿童健康，反复告诫家长，不要随意打骂孩子。陶行知曾言："父母不会教养，小孩子不晓得要冤枉哭多少回，如果做父母采用陈先生的教导方法，小孩的眼泪可以省掉99%的。"

从教儿童到教幼师，陈鹤琴的"活教育"理念逐渐走向深化。1940年初，他冒着战火硝烟前往江西，创办培养幼儿园教师的学校，中国第一所公立幼稚师范学校——江西省立实验幼稚师范学校建设完成。陈鹤琴亲自为学校设计校徽，是一只红色的小狮子，他希望自己的学生未来的幼师"像一头觉醒的小狮子"。

自封为"老狮子"的陈鹤琴此时已年过半百，他带领全校师生开山建校，建屋盖舍，寻找水源，种菜做饭，边教学边劳动，真正做到了在做中教。在极其艰苦的条件下，陈鹤琴辗转多地教学，培养出几百名幼师毕业生，他们如同星星之火撒向全国各地，点燃全国幼教事业的希望之光。

陈鹤琴和公立幼儿师范学校的师生们

1953年，经陈鹤琴提议，南京师范学院成立附属幼儿师范学校，后成立附属幼儿园、儿童教育研究室、玩具研究室以及玩具工厂，形成产、教、学、研一体化的“幼儿师资”培养体系，“活教育”理念在幼儿师资培养中扎根，开创了幼儿师范教育理论和实践紧密结合的培养路线。

陈鹤琴与一对双胞胎姐妹

在学生眼中，陈鹤琴总是满脸红光，腰背挺直，面带微笑……始终心怀孩童般纯粹，有学生称他为“行年五十尚婴儿”。在家人眼中，他是慈爱的长辈，是温暖的陪伴，是前行的指引。

在中国幼儿教育发展史上，他不仅是一位勇于改革和创新的幼儿教育专家，更是一位拥有大教育观，将多个学科融会贯通的开路人。

1982年底，弥留之际的陈鹤琴要来纸笔，用颤抖的手写下：“我爱儿童，儿童也爱我”。这9个字是他一生的初心也是终点。

大事年表

1892年，出生于浙江绍兴上虞百官。

1900年，进入当地私塾读书。

1906年，进入杭州蕙兰学校读书。

1914年，清华毕业，考取公费留学。

1917年，进入哥伦比亚大学师范学院专修教育学和心理学。

1919年，回国后任南京高等师范学校教授、东南大学教务长。

1920年，陈一鸣出生，陈鹤琴对其进行儿童身心发展的连续观察和文字、摄影记录。

1923年，创办南京鼓楼幼稚园并兼任园长。

1925年，出版《儿童心理之研究》和《家庭教育》两本专著。

1927年，任晓庄乡村师范学校幼稚师范院院长兼指导员，支持陶行知创办燕子矶幼稚园。

1928年，任上海工部局华人教育处处长。

1931年，《儿童教育》上发表《四年来之中国幼稚教育》等文章。

1935年，发表《对于儿童年实施后的宏愿》，要求全民族全社会关心和教育儿童，维护、保障儿童权利。

1939年，发表《儿童玩具与教育》等多篇文章。

1940年，在江西创办了我国第一所公立幼稚师范学校——江西省立实验幼稚师范学校。

1942年，发表《活教育要怎样实施的》一文，总结两年来活教育实施经验。

1946年，《活教育理论与实施》出版。

1949年，任南京大学师范学院和南京师范学院院长。

1955年，任中国文学改革委员会委员。

1964年，被推选为“九三学社”中央委员兼南京市主任委员。

1979年，任中国教育学会名誉会长、全国幼儿教育研究会名誉理事长及江苏省心理学会名誉理事长等。

1981年，为浙江《幼儿教育》创刊题词：“热爱、了解和研究儿童，教育他们使之胜过前人。”

1982年底，在南京逝世。

寻根觅源

对话柯小卫：闻鹤琴之声 写教育华章

问：结合陈鹤琴先生的求学经历，请您介绍一下他投身儿童教育事业的几个关键节点。

答：陈鹤琴先生自小接受私塾教育，后来他到杭州读中学，在清华深造，又到美国学习。那时我们的国家面临内忧外患，受到了新教育思潮的影响，陈鹤琴先生深感教育不仅是儿童发展的基础，也是国家富强、社会进步的基石，因此他立志要从事儿童教育。

陈鹤琴先生教育思想的起点是重塑“以儿童为中心”的教育观。他认为儿童教育要尊重儿童的生长规律，符合儿童的特点，满足儿童的需要，要研究儿童只能站在儿童的视角来思考，要蹲下来跟儿童对话，而不是用成人的标准来要求儿童。每一位儿童教育工作者首先要爱儿童，然后要了解儿童。

陈鹤琴先生从儿童心理出发，开创中国儿童教育的科学化时代，成为陈鹤琴教育思想影响中国现代儿童教育的支点，这也正是他被称为中国现代幼儿教育奠基人的重要原因。陈鹤琴先生对长子陈一鸣的成长开展长达808天的连续观察和记录，是中国现代教育史上首例对于儿童个体的追踪研究，也是最早从儿童心理层面对儿童成长过程进行的分析和阐述。在此基础上形成的两本书《儿童心理之研究》和《家庭教育》，可以说是我们国家儿童教育步入科学化道路的标志。

陈鹤琴先生教育思想落脚点都在于实践，在于“做”。他创办了适应儿童身心发展的中国化、科学化、大众化幼儿园。从最初在自己家院子里办幼儿园，到成立优质教育研究会，创办刊物《优质教育》，再到办幼儿师范学校，成立中国最早的幼儿教育系，陈鹤琴先生始终在实践，致力为儿童创造健康向上、充满爱的环境。

问：陈鹤琴先生是如何定义儿童以及儿童时期的意义？

答：在中国学前教育史上，陈鹤琴先生是最早从客观的角度来正视儿童的学者。在《家庭教育》一书中，他将儿童的心理特点归纳为：小孩子好游戏，小孩子好模仿，小孩子好奇，小孩子喜欢成功，小孩子喜欢野外生活，小孩子喜欢合群，小孩子喜欢别人赞许。他认为，“我们要教小孩子必须先要了解小孩子的心理，若能根据小孩子的心理而施行教育，那教育必有良好的小孩。”

在《儿童心理之研究》一书中，陈鹤琴先生阐述了“儿童期”（亦称幼稚期）的意义。他认为，“儿童期”的价值体现在两个方面：一方面是“特殊性”，即儿童成长、发展的“独特性”。在他看来，“儿童成熟与否不能用成人的标准衡量，我们应当用儿童的成熟阶段来衡量儿童。”另一方面，儿童发展的“基础性”和“可持续性”。这一时期的价值，不仅在于儿童个人的“可塑性”与“预备适应环境的重要时期”，从社会和家庭层面而言，还是传递文化、创造文化的过程。

陈鹤琴先生明确提出“环境说”，即儿童的成长、发展受环境影响与制约。从家庭环境到幼儿园环境，从自然环境到社会环境，从小世界到大世界，儿童不断适应各种各样的环境。“儿童期”就是预备适应环境的重要时期，而这一过程应在儿童7岁前完成，使其在思想意识、语言、行为习惯等方面得到全面发展，以打好人生基础。

问：陈鹤琴的“活教育”理念对家庭教育和幼儿园的教育有何指导意义？

答：第一，儿童教育需要合适的环境，需要同伴和集体生活，我们要重视儿童的团体。其实幼儿园就是一个集体生活的环境群，幼儿园的教育是群育的过程，但是并不意味着忽视儿童的个性成长。在幼儿园集体生活的环境下，儿童形成对世界的认知和价值观。第二，儿童要走到自然中去，走到社会中去，了解自然现象的规律，了解人的活动以及人和人的关系。

基于以上认知，学前教育工作者应该着眼于为儿童创造恰当的环境，在环境中培养儿童的习惯，比如阅读环境、科学环境、娱乐环境、劳动环境等。教育正是在潜移默化中进行的，渗透在儿童的生活和行为中。陈鹤琴先生曾说过：“凡是儿童能做的也应该让他自己做，凡是儿童能想的应该让他自己想，你要儿童怎么做就要怎么教，鼓励儿童去发现他自己的世界。”

另外，他总结出儿童学习的四个步骤：第一叫实验观察，第二叫阅读参考，第三叫发表创作，第四叫反思交流。使孩子进入学习环境中去发现问题、分析问题，自己查找资料解决问题，最后发表自己的见解，与同伴进行讨论。这四个学习步骤一定是发生在真实生活中的，儿童在接触自然和社会的过程中，学习认知得到发展，也就是陈鹤琴先生的儿童发展观。

问：陈鹤琴先生对中国的幼儿教育有何期待？浙江这片土地上孕育的文化和教育氛围，对陈鹤琴先生有何影响？

答：像陈鹤琴先生这一代中国教育家，他们做教育事业的最终目的是改造社会，推动时代发展。他认为，儿童教育要把做人作为最基本的信条。做人要从培养良好的习惯开始，包括生活习惯和社会交往的习惯，从小养成良好的习惯，长大才能更好地融入社会、适应社会，才能建设和改造社会。

浙江自古以来就是人才辈出、崇文重教的地方，新时代新阶段，浙江不断发展丰富浙江精神，在创新教育理念和实践上走在全国前列。陈鹤琴先生的家乡是绍兴上虞，从小他就感受到浙江人民吃苦耐劳的品质和干事创业的浓厚氛围。在我小时候，陈鹤琴先生会用绍兴话给我讲书，他传统文化的底蕴非常深厚，他不仅懂儿童，还懂文化。

陈鹤琴先生本人很欣赏孟子，“富贵不能淫，贫贱不能移，威武不能屈”，其实他的人生也不是一帆风顺的，在遇到人生低谷时，这种传统文化中的宁折不弯的信念和精神支撑着他不断向前。教育不只是知识层面的认知提升，更是民族精神生生不息、赓续传承的过程。

（柯小卫，传记作家，陈鹤琴外孙，中国陶行知研究会常务理事、北京市陈鹤琴教育思想研究会副理事长）

学思践悟

让“活教育”理念绽放新光彩

——新五指活动之场馆实践探索

赵秀红

浙江绍兴上虞是教育家陈鹤琴先生的家乡，为纪念陈鹤琴先生，传承和弘扬“活教育”思想，1992年10月，上虞区政府把百官镇幼儿园更名为鹤琴幼儿园。更名以来，幼儿园以陈鹤琴先生的“活教育”思想为指导，从园所实际出发，深入开展五指活动的实践，全面落实“活教育”的原则，创出了一条幼儿园课程研究、实践和创新的新路。

20世纪40年代，陈鹤琴提出了“活教育”的五指活动。就好比人的五个手指，是灵活的、可以伸缩的，五指是长在儿童手掌上的，是整体的，也是血脉相连的。那么，如何让五指活动适应时代进步、教育发展、儿童变化，有效促进每位儿童各方面的和美发展呢？30多年来，鹤琴幼儿园一直在探索与实践，近5年，在虞永平教授的指导下，开展了新五指活动的实践研究。

新五指活动注重儿童生活经验的提升和学习方式的培养，依托《指南》目标和《纲要》精神，提炼了课程的基本理念和目标：做人——根本追求、生活——经验基础、实践——核心途径、创新——发展灵魂，培养健康、博爱、探索、尚美、创造的和美儿童。

场馆活动作为新五指活动课程实施的途径之一，是幼儿活动的主阵地。幼儿园充分发挥占地55亩的环境优势，基于“以实践为核心”的课程理念，积极开展各类场馆建设和活动的探索。

一、“活”的场馆建设，从无到有不断生发

幼儿园的场馆建设是把幼儿置于主体地位，尊重幼儿意愿，充分让幼儿“做”事，在“做”中提升幼儿的参与感、获得感与幸福感。

目前，幼儿园已有师幼共建生发的室内外场馆20多处，“一亭、二廊、三区、四馆、五园”的空间布局让幼儿在科学探究、艺术创作、运动游戏、社会交往、多元表达中获得全方位的成长。

幼儿园的“曹娥江”水利场就是“从无到有”的典型之一。有一天，大班幼儿提出：“我们在幼儿园也来挖一条曹娥江吧！”这得到了老师们的支持和鼓励。面对曹娥江“挖在哪里、挖多长、谁来挖、怎么挖”等一系列问题，幼儿进行了设计、规划、选址、招募工程队等筹备挖江活动。挖江工程开始了，各工程队分段挖掘，尝试用铁锹、锄头等各种工具挖土，有石头和树根的地段借助了挖掘机帮忙，历时近两个月，一条长50多米、宽近2米、深0.8米的“曹娥江”挖成了。孩子们试着往江里灌水，可是一点儿水都没有蓄起来，通过用雨伞布、塑料膜、混凝土等多种材料做蓄水实验，最后选择了用混凝土浇铺来蓄水……

上虞鹤琴幼儿园幼儿们在自己挖掘的“小曹娥江”里做船儿试水实验

“曹娥江”水利场于2019年开挖，历经五届大班幼儿的工程劳动，已经形成了一个自然的水系，繁育了很多水生动植物，“曹娥江”两岸也形成了一批建筑群。在水利场从无到有不断生发的过程中，孩子们观察、探索、体验和表现，发现问题、解决问题，获得了多方面的新经验。

二、“活”的场馆环境，从有到变动态调整

幼儿园的场馆环境不是一成不变的，而是动态调整的。场馆环境的变化，以幼儿需求为导向，促进幼儿发展为目标，对已有的场馆环境进行动态的丰富或改变。

幼儿园的小厨馆，原本只有室内的操作、清洗、切配、烹饪等简单的设备及工具。随着户外休闲烧烤等农庄活动的兴起，幼儿的生活经验也在不断丰富。根据幼儿的需求，师生共建了户外烧烤区、土灶区等，扩大了小厨馆的空间，提升了小厨馆的环境功能，满足幼儿更多的烹饪需求，丰富多种烹饪劳动体验。

幼儿园的越剧馆是在娃娃家小木屋的基础上变化而来的，是大班幼儿自主建设的场馆。大班开展了“越剧”主题活动，随着活动的深入，幼儿制作了各种各样的越剧头饰、服饰、道具、乐器等，学习了各种越剧经典桥段，幼儿想要找一个地方把这些作品进行展示与分享，并邀请全园小朋友来观看越剧表演，由此，萌发了想要建越剧馆的想法。于是幼儿对越剧馆的选址进行了实地考察，投票选定改造原为娃娃家的小木屋。

上虞鹤琴幼儿园幼儿表演越剧

建成后的越剧馆陈列了幼儿自制的戏服、头饰、表演道具、剧本等作品；各类越剧文创产品如戏剧脸谱、人物书签、云肩等；戏曲表演剧照及儿童读物等。在其他幼儿投票选出最想看的越剧节目后，越剧馆定期开放邀请全园小朋友来观看。

三、“活”的场馆活动，从内到外持续延伸

幼儿园的场馆活动，不仅重视已有的20多个场馆，师幼自愿申报，幼儿园统筹协调安排的定期活动，更注重场馆活动“从内到外”的持续延伸，让幼儿能在多个场馆的联动中、在丰富多样的真实场景体验中，获得多种生活经验，促进幼儿的发展。

从单一场馆内活动到多场馆联动，让场馆之间建立更多的联系。如：“曹娥江”里的水葫芦繁殖过多了，幼儿打捞后，有的送到羊圈喂羊，有的送到植物馆水培，有的送到艺术长廊供幼儿写生等。多余的送到堆肥场进行堆肥，发酵后的肥料用于小农场、果园的施肥等；幼儿收集小树林的树枝、树叶，在木工馆制作小船后，拿到“曹娥江”玩划船游戏……

从班级室内区域延展到户外场景，让全园幼儿共享场馆活动。如：在基于绍兴地域文化开展的主题教学中，中大班师幼创建了扎染坊、建筑坊、编织坊、剪纸坊、青瓷坊等区域，幼儿园鼓励班级把特色区域搬到户外。幼儿园关注不同年龄段的需求，体现在活动内容拓展和材料提供方面。如：大七班编织坊原以竹编为主，区域外设时，该班幼儿为小班幼儿提供了各种纸编材料，为中班幼儿提供了毛线、毛根等材料，大班增加了藤编材料等。

从园内活动延展到园外场景，进一步丰富拓展幼儿的实践经验。我园定期对幼儿园15千米范围内的资源进行调查梳理，目前选定了20多个“活教育”课程实践基地，作为新五指活动课程资源的丰富和补充。如：带幼儿走进阳光集团，了解各式灯具的使用方法及组装技术等，为“曹娥江”亮化工程的推进积累了经验，切实解决了幼儿在工程劳动中遇到的实际问题。此外，我们还将活动搬到巡特警大队、污水处理厂、资源再生利用公司等，让幼儿在各种真实场景下，亲身感受各种行业的特殊性，拓宽视野，建构与提升综合性的生活经验。

（作者系浙江绍兴上虞鹤琴幼儿园园长）

书影音推荐

书　名：《陈鹤琴全集》

作　者：陈鹤琴

出版社：江苏教育出版社

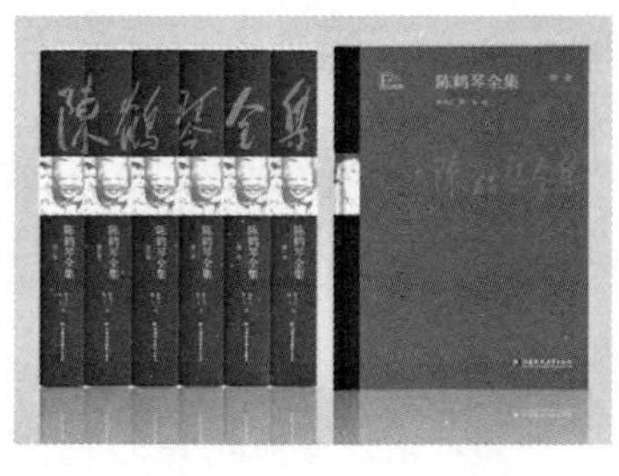

《全集》采取分类编年体例，分编为六卷。第一卷为儿童心理；第二卷、第三卷为幼儿教育、家庭教育；第四卷为小学教育；第五卷为师范教育、活教育理论、智力测验；第六卷为文字改革、在国际会议上的发言、考察欧洲教育报告、自传、青年修养、书信等。各卷篇目按内容及写作发表年代先后顺序排列。

书　名：《陈鹤琴幼儿教育文集》

作　者：陈鹤琴著　柯小卫编选

出版社：南京师范大学出版社

这套书是三卷本，上、中、下三卷分别为儿童心理研究、现代幼儿园学说、“活教育”理论与实施。书中共收录73篇著作、文章，涵盖陈鹤琴先生自20世纪20年代至60年代期间关于幼儿成长、发展的特点、规律以及现代幼儿园学说，包括性质、环境、教学活动、教师训练等内容。

书　名：《陈鹤琴教育思想研究文集》

作　者：江苏省陈鹤琴教育思想研究会

出版社：南京师范大学出版社

本文集聚焦于“陈鹤琴教育思想的时代价值、传承及其实践创新”这个命题，指引广大幼教工作者重新去发现和理解陈鹤琴教育思想的丰富内涵，与当前学前教育改革与发展的新要求联系起来，不断拓宽理论视野和实践策略，从而创造性地解决当前学前教育的实际问题。

书　名：《儿童心理之研究》

作　者：陈鹤琴

出版社：商务印书馆

本书被誉为“中国儿童心理学研究奠基之作”，是教育学名著《家庭教育》的姐妹篇。书中全方位聚焦儿童心理教育问题，分阶段探讨儿童的心理发育特点。

书　名：《家庭教育》

作　者：陈鹤琴

出版社：华东师范大学出版社

本书是系近今中国出版教育专书中最有价值之著作。全书分12章，立家庭教育原则101条。前2章述儿童心理及普通教导法，为提纲挈领之讨论；后10章都是拿具体的事实来解释各项建议之涵义。

书　名：《陈鹤琴教育思想读本·活教育》

作　者：陈鹤琴

出版社：南京师范大学出版社

本书集中了“活教育”学说的全部内容，由“三大目标”“十七条教学原则”“五指活动”“十三条训导原则”等内容组成，形成从理论、实践到检验标准的完整体系，使陈鹤琴教育学说扎根于本国的土壤之中。

书　名：《我的半生》

作　者：陈鹤琴

出版社：上海三联书店

陈鹤琴50岁时，写成了他的自传《我的半生》。他用鲜活的语言生动地描述了自己的家世、童年、中学时代以及海外留学的生活。

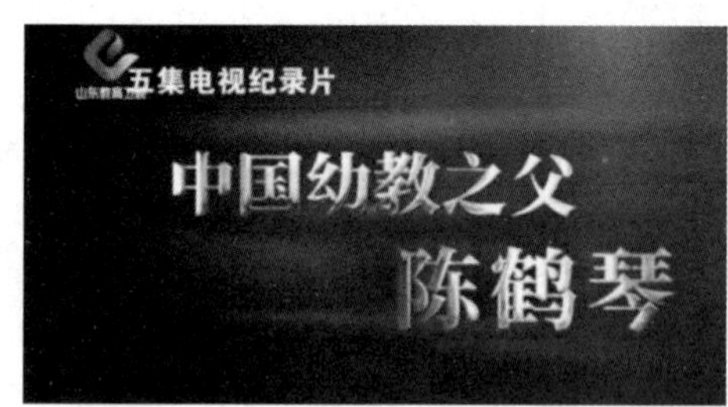

纪录片：《中国幼教之父——陈鹤琴》

主　编： 虞永平

组织方： 南京师范大学、中国学前教育研究会、江苏省陈鹤琴教育思想研究会等机构联合拍摄

五集电视纪录片《中国幼教之父——陈鹤琴》以陈鹤琴的人生经历为主线，以其教育思想为脉络，追溯陈鹤琴生前生活、工作轨迹。采访国内外著名专家学者以及陈鹤琴的亲属、幼教一线的园丁、幼童家长，回眸陈鹤琴一生的教育成就，全面解读陈鹤琴幼儿教育的理论与实践，完整、系统地记录陈鹤琴创建的具有中国特色的幼教理论和实践的主要历程。

后 记

朱诗琪

从启动到成稿，再到书籍的正式出版，这本《浙派大先生》历经了约一年半的精心打磨。

谈及此书的起源，它源自时任浙江教育报编辑部主编，现任浙江教育报刊总社副社长、副总编杨志刚的创意与策划。2023年3月，他提议在《浙江教育报》上设立一个新专版——浙派大先生，旨在展示浙江历代著名教育家的感人事迹与先进思想。这一内容策划的重任，便落在了我与《浙江教育报》资深编辑池沙洲的肩上。

对于一个长期以新闻采写为主，对教育史知之甚少的采编人员而言，这个任务是有难度的：首先，《浙江教育报》从未涉足过此类关于历史人物的专栏，缺乏现成的参考；其次，如何将这一内容与《浙江教育报》的特色相结合，满足读者的阅读需求，成了一大难题；再者，编辑部的采编人员多出身于新闻、文学类专业，对于历史传记类文章的采写把握不够精准。

然而，面对挑战，也得迎难而上。经过与池沙洲老师无数次的深入讨论，我们逐渐明确了“浙派大先生”专栏的策划思路与流程。首先，明确了“浙派大先生”的定义——即那些出生于浙江，对中国教育史作出杰出贡献的教育家；接着，从众多教育家中筛选出符合定义且适合采写的浙派教育家名单；随后，精心策划专版内的各栏目，并明确栏目的定位。

在查阅大量相关资料后，我们精心挑选出从东汉到近现代共39位符合“浙派大先生”定义且具备采写价值的人物，他们中既有黄宗羲、蔡元培、鲁迅等广为人知的浙江教育家，也有娄幼瑜、王致、虞翻等尚未被大众熟知的教育家。经过编辑部的反复讨论与筛选，最终确定了第一季的8位教育家名单，他们按时间顺序依次为：王充、王羲之、沈约、陆贽、沈括、陈亮、黄宗羲、蔡元培，名单按东汉、东晋、南朝、唐朝、北宋、南宋、明朝、清末民初的时间排序，涵盖了浙江教育文化史的各个重要时期；第二季则聚焦于近现代浙江教育家，包括经亨颐、章太炎、王国维、马寅初、鲁迅、夏丏尊、蒋梦麟、陈鹤琴、丰子恺和竺可桢共10位杰出的教育家。在这一过程中，我们受到浙江教育报刊总社发展规划部原主任周维强老师的指导与帮助，周老师深厚的浙江教育史研究背景和卓越的专业素养，为“大先生”人选的筛选提供了极大的便利，使得整个工作得以更加顺畅地推进。

如何将《浙江教育报》的特色发挥到极致，并让“浙派大先生”专版内容在众多类似的人物传记与介绍类文字中脱颖而出，是编辑部在筹划专版栏目时重点考虑的问题。《浙江教育报》长期以来一直专注于浙江教育新闻的传播，其受众主要集中在一线教师群体，与学校之间有着紧密的联系。开设“浙派大先生”专版的重要目的之一，便是传承这些浙江教育家的教育思想。基于这些特点和目的，我们将版面栏目划分为历史与传承两大类。历史类栏目旨在详尽描绘“大先生”们的生平事迹，深入挖掘他们的教育思想；而传承类则聚焦于当下学校对“大先生”教育精神的承袭与发展，如探寻与教育家紧密相关的学校，挖掘其教育思想在浙江学校中的传承脉络；或是邀请教师设计一堂生动的大先生课程，让学生亲身感受教育家的智慧与魅力。

一切准备就绪后，2023年4月，编辑部八个小组同步启动了“浙派大先生”第一季的资料收集和采写工作。他们奔赴杭州、绍兴、嘉兴、宁波、金华等地，足迹遍布“大先生”们曾经踏足之处。在古籍图书馆中，他们仔细查阅黄宗羲等教育家的原著，力求还原其思想精髓；他们与教育专家深入交流，探讨陈亮等教育家的精神内核；更与学校教师紧密合作，共同设计关于王充等教育家的校本课程……对于大部分记者而言，这些经历和任务都是“第一次”，新鲜且充满着挑战。

“做完这些版面，你们记者说不定都能算是研究某个教育家的‘专家’了！”这是采写过程中，一位专家跟我说起的玩笑话，但也反映了采编人员为了还原教育家生平、更好地展现教育家思想所做的努力和付出的艰辛。

好在第一季8期专版刊出后的效果没有辜负大家的努力，“浙派大先生”专版受到了读者的赞誉，引发了省内学校的强烈反响。不少读者打电话到编辑部，或在公众号后台留言，抒发对大先生的高山仰止之情。很多学校表示将努力开发大先生校本课程，并希望成立“大先生名校联盟”，将大先生思想精神发扬光大。

2023年11月，《浙派大先生》的书籍选题申报计划顺利通过，并获得了浙江教育报刊总社领导们的大力支持。编辑部计划于2024年9月，即第40个教师节之际，正式出版此书。因此，在2023年12月，编辑部趁热打铁，启动了第二季“大先生”的撰写工作，并在短短的4个月时间内，成功完成了共计10位“大先生”的相关内容，撰写、编辑了超过30篇文章。

第二季的文章在专业程度上较第一季有了显著提升，并且有幸约请到了多位“大先生”的后人与研究专家参与，如陈鹤琴的外孙柯小卫、马寅初的侄孙马大成、杭州师范大学弘一大师·丰子恺研究中心主任陈星、浙江大学教育学院教授刘正伟、浙江师范大学教育学院教授吴民祥等。他们的加入与执笔，为“浙派大先生”的内容增添了丰富的历史底蕴。

2024年9月，此书在山西教育出版社的大力协助下得以顺利出版。在此，我们要特别感谢责任编辑的精心编校，使得本书内容更加精准、完善。同时，我们也要对浙江教育报编辑部的两位校对老师苏小兰、徐文珍，以及两位美编老师黄轶、余江燕表示衷心的感谢，他们在文字校对和排版工作上的辛苦付出，为本书的顺利出版提供了重要保障。此外，还要感谢参与此书编写的杨志刚、蒋亦丰、张莺、池沙洲、刘丹丹、俞沁、张纯纯、季颖、童抒雯、许天怡、李平、汪恒、邵焕荣、舒玲玲、江晨、金澜、朱郑远、杨倩、邹红宇等各位同仁，正是大家的共同努力，才使得这本书能够呈现在读者面前。

最后，向所有关心此书写作和出版的领导、编辑以及读者们致以真诚的谢忱！